Hintergründe und Infos

① **Das Ostufer**

② **Das Westufer**

③ **Das Südufer**

Ausflüge vom See

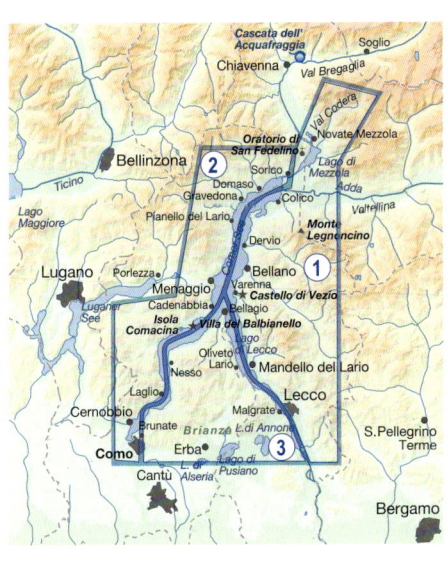

Kleiner Wanderführer

UNTERWEGS MIT EBERHARD FOHRER

Nein, es ist nicht der Gardasee, kein Vergnügungspark am Ufer, keine flächendeckenden Campingplätze, keine Schweinshaxe, kein Teutonengrill. Wer zum Comer See kommt, weiß entweder genau, was er will – oder er will einfach mal „etwas An

deres" sehen. Als ich das erste Mal den See erlebte, war ich beeindruckt von seiner Vielfältigkeit. Vor allem die Seemitte um Menaggio, Bellagio und Varenna ist mit üppiger und vielfältigster Vegetation gesegnet, der intime „Porticciolo" in Varenna verhalf mir sogar zu einem der schönsten Titelfotos meiner Reiseführer. Natürlich, im Hochsommer sind auch hier die Massen unterwegs, sogar bis USA und Japan hat sich die Schönheit des „Lario" mittlerweile herumgesprochen. Doch in Deutschland ist der Lago di Como noch keine wirklich Berühmtheit – aber er hat seine Fans, und zwar eingefleischte, die ihm Jahr für Jahr die Treue halten. Der Geldadel hat dagegen den Reiz des Alpensees mit dem mediterran-subtropischen Flair schon lange entdeckt – einst waren es Kardinäle und Grafen, heute sind es Clooney, Schumacher & Co, die sich an den Seeufern einkaufen. Dichter und Künstler verfielen der romantischen Stimmung, Franz Liszt komponierte, Adenauer spielte viele Sommer lang Boccia. Gediegene Villen sind zu besichtigen, herrliche Parkanlagen spiegeln den Glanz vergangener Epochen, schlichte Bergdörfer setzen Kontrapunkte. Trotzdem gab es bislang kaum einen Reiseführer zum See. Dies habe ich immer bedauert und diese Lücke galt es zu füllen – ich hoffe, es ist mir gelungen.

Text und Recherche: Eberhard Fohrer **Lektorat:** Matthias Häber, Peter Ritter
Redaktion und Layout: Annette Melber **Karten:** Hans-Joachim Bode, Judit Ladik,
Thomas Vogelmann **Umschlagkarte:** Thomas Vogelmann **Fotos:** Eberhard Fohrer
außer S. 135 Villa del Balbianello © David Paris, S. 186/187 Lungolago di Porlezza
© giemmephoto, S. 189 Achim Wigand **Covergestaltung:** Karl Serwotka
Covermotive: oben: Überfahrt auf die Isola Comacina unten: Blick auf Bellagio

1. AUFLAGE 2012

COMER SEE

EBERHARD FOHRER

Comer See – Die Vorschau   10

Comer See – Hintergründe & Infos   14

Daten und Fakten _____ 16

| Geografie | 16 | Wirtschaft | 22 |
| Flora | 20 | Umwelt | 22 |

Geschichte – kleine Chronik _____ 24

Lesetipps_____ 28

Reisepraktisches von A bis Z _____ 30

Anreise	30	Information	50
Mit Auto oder Motorrad	30	Internet	51
Mit der Bahn	34	Kinder	51
Mit dem Flugzeug	36	Klima und Reisezeit	53
Mit dem Fahrrad	37	Reisepapiere	54
Ärztliche Versorgung	38	Sport	55
Baden	38	Telefon	57
Einkaufen	39	Übernachten	58
Essen und Trinken	42	Unterwegs am Comer See	60
Fisch vom See	44	Mit dem Mietwagen	61
Fleischgerichte	45	Mit dem Bus	62
Risotto, Pasta und Polenta	45	Mit der Bahn	62
Sonstige Spezialitäten	46	Mit dem Schiff	63
Die Weine der Seeregion	48	Zoll	65
Feste und Veranstaltungen	49		
Geld	50		

Comer See – Reiseziele

Das Ostufer_____ 67

Colico	69	Lago di Mezzola	76
Umgebung von Colico	74	Dascio	79
Forte Montecchio	74	Von Colico nach Varenna	80
Forte di Fuentes	75	Laghetto di Piona	80
Pian di Spagna	76	Halbinsel von Piona	81

Dorio	82		Varenna	89
Corenno Plinio	82		Von Varenna nach Lecco	96
Dervio	83		Mandello del Lario	97
Monte Legnone und Monte Legnoncino	83		Abbadia-Lariana	98
			Lecco	99
Bellano	85		Umgebung von Lecco	102
Ausflug ins Hinterland	88			

Das Westufer _____ 105

Sorico	107		Villa del Balbianello	134
Gera Lario	108		Isola Comacina	136
Domaso	109		Von Lenno nach Como	138
Gravedona	113		Ossuccio	138
Umgebung von Gravedona	114		Sacro Monte di Ossuccio	138
Dongo	115		Argegno	139
Menaggio	120		Val d'Intelvi	140
Umgebung von Menaggio	125		Seeuferstraße von Torriggia nach Cernobbio	141
Von Cadenabbia nach Lenno (Riviera Tremezzina)	128		Laglio	141
Cadenabbia	128		Cernobbio	142
Tremezzo	129		Como	143
Villa Carlotta	131		Umgebung von Como	151
Lenno	133		Brunate	151

Das Südufer _____ 155

Von Lecco nach Bellagio	156		Villa Serbelloni	168
Von Como nach Bellagio	158		Villa Melzi	169
Bellagio	160		Von Bellagio nach Erba	171

Ausflüge vom See _____ 173

Chiavenna	175		Südufer	187
Umgebung von Chiavenna (Valchiavenna)	182		Seen in der Brianza	188
Val San Giacomo	182		Lago di Annone	188
Val Bregaglia (Bergell)	182		Lago di Pusiano	190
			Lago di Alserio	191
Lago di Lugano (Luganer See) italienischer Teil	184		Lago del Segrino	191
Lago di Piano	184		Bergamo	192
Porlezza	186		Città Alta	196
Nordufer	187		Umgebung von Bergamo	200
			Milano	201

Wanderung 1:   Von Cólico zum Forte di Fuentes und zurück [GPS]   224

Wanderung 2:
  Vom Dascio zum Oratorio di San Fedelino (Lago di Mezzola) [GPS]   227

Wanderung 3:
  Vom Rifugio Roccoli dei Lorla auf den Monte Legnoncino (1714 m) [GPS]   231

Wanderung 4:
  Auf dem „Sentiero del Viandante" von Varenna nach Bellano [GPS]   233

Wanderung 5: Abstieg von den Piani d'Erna zum Piazzale Funivia [GPS]   236

Wanderung 6: Von Domaso nach Sórico [GPS]   237

Wanderung 7:
  Von Menaggio über den Sasso Rancio nach Acquaseria [GPS]   241

Wanderung 8: Auf dem „Greenway del Lago di Como"
  von Colonno nach Cadenabbia [GPS]   244

[GPS] Mittels GPS kartierte Wanderung. Waypoint-Dateien zum Downloaden unter: www.michael-mueller-verlag.de/gps

Kartenverzeichnis

Übersicht Comersee   Umschlagklappe vorne

Cólico	70/71	Mailand	202/203
Bellano	85	Wanderübersicht	224
Varenna	91	Wanderung 1	225
Lecco	101	Wanderung 2	229
Menaggio	123	Wanderung 3	231
Isola Comacina	137	Wanderung 4	234
Bellagio	161	Wanderung 5	237
Como	145	Wanderung 6	239
Chiavenna	176/177	Wanderung 7	243
Bergamo	194/195	Wanderung 8	245

 Mit dem grünen Blatt haben unsere Autoren Betriebe hervorgehoben, die sich bemühen, regionalen und nachhaltig erzeugten Produkten den Vorzug zu geben.

Zeichenerklärung für die Karten und Pläne

═══ Autobahn	▲ Berggipfel	◣ Schloss/Burg
▬▬ asphaltierte Verbindungsstraße	⋇ Aussicht	◢ Schloss-/Burgruine
▬▬ asphaltierte Straße	Λ Campingplatz	⚓ Schiffsanlegestelle
═══ Nebenstraße	★ Allgemeine Sehenswürdigkeit	P Parkplatz
– – Eisenbahn	🏛 Museum	BUS Bushaltestelle
▓▓ Grünanlage	✚ Kirche	i Information
	✛ Kloster	⬡ Post

Alles im Kasten   222

Der „Lariosaurus": das Monster vom Comer See	18
Regio Insubrica: grenzüberschreitende Kulturidentität im Seengebiet	27
Tipps und Tricks für Bahnreisende in Italien	35
Stilecht essen: italienische Speisenfolge	43
Erlebnis Bahn: ein Ausflug mit dem Bernina Express	63
Castello di Vezio: Logenplatz über dem Comer See	95
28. April 1945: der letzte Tag des „Duce"	132
Cantù: Mekka für Möbelliebhaber	153
Crotti im Valchiavenna	180
Romanik in der Brianza	189
Im Valle Brembana: Arlecchino und Taleggio	199
Jesus als Papa?	216
Casa di Riposo per Musicisti: Verdis Herzensanliegen	218
San Fedele, Soldat und Märtyrer	228

Was haben Sie entdeckt?   Haben Sie eine gemütliche Trattoria, eine schöne Wanderung oder ein nettes Hotel entdeckt? Wenn Sie Ergänzungen, Verbesserungen oder neue Tipps zum Buch haben, lassen Sie es uns bitte wissen!

Schreiben Sie an: Eberhard Fohrer, Stichwort „Comer See" | c/o Michael Müller Verlag GmbH | Gerberei 19, D – 91054 Erlangen | eberhard.fohrer@michael-mueller-verlag.de

Vielen Dank   meiner Frau und Wanderbegleiterin Lucie Büchert-Fohrer

Wohin am Comer See?

(1) Das Ostufer → S. 68

Am nördlichen Seeende trifft sich alles auf der großen Liegewiese von Colico zum Baden und Windsurfen. Der nahe Lago di Mezzola kann mit einer schönen Wanderung erkundet werden, Bootsfahrt eingeschlossen. Weiter südlich ist Bellano für seinen Wildbach L'Orrido bekannt. Das idyllische Varenna besitzt mit dem Porticciolo den wohl romantischsten Hafen am See und wird vom Castello del Vezio überragt, das den besten Überblick über alle drei Seearme bietet. Im Hinterland kann man den Monte Legnoncino besteigen, die „Scherenstadt" Premana besuchen oder beim mondänen Lecco im Süden mit der Seilbahn das Hochplateau Piani d'Erna bezwingen.

(2) Das Westufer → S. 106

Domaso ist allen Zeltfreunden und Windsurfern ein Begriff, der Strand gehört zu den längsten am See. Dongo und Musso sind historische Pflaster, denn hier wurde 1945 Mussolini gefangengenommen. Das Idyll Rezzonico liegt versteckt am See. Menaggio ist mit seiner blühenden Uferpromenade und der lebendigen Piazza einer der sympathischsten Orte am See, in Cadenabbia und Tremezzo sind prächtige Villen und Gärten zu bewundern. Die Villa del Balbianello in Lenno ist für viele Besucher ein Muss, ebenso die einzige Seeinsel namens Isola Comacina. Und wer George Clooney in Laglio nicht sichtet, fährt weiter ins mondäne Como mit seinem stolzen Dom.

(3) Das Südufer → S. 156

Das Geschehen am spitz zulaufenden Südufer konzentriert sich im berühmten Städtchen Bellagio, der Inbegriff für Belle Époque am Comer See und weit über die Grenzen Europas hinaus bekannt. Unbedingt besuchenswert sind die zwei historischen Villen Melzi und Serbelloni mit ihren herrlichen Parkanlagen. Die strategische Mitte des Sees ist außerdem bestens geeignet für Ausflüge – per Schiff ist man schnell in Cadenabbia, Menaggio und Varenna, interessant ist aber auch landeinwärts von Bellagio die Radfahrerkirche Madonna di Ghisallo und auch die zwei Städte Como und Lecco sind relativ rasch zu erreichen.

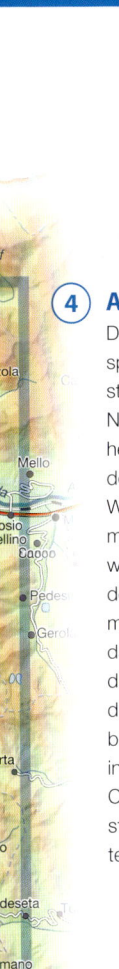

④ Ausflüge vom See → S. 174

Der Comer See liegt nur einen Katzensprung von Mailand entfernt. Einen Abstecher in die dynamische Metropole Norditaliens sollte man sich nicht entgehen lassen, der Dom zählt zweifellos zu den bedeutendsten Kirchenbauten der Welt. Den nahen Luganer See erreicht man von Menaggio am Westufer aus in wenigen Minuten, und auch ein Besuch der kleinen Seen in der Brianza ist leicht machbar. Nördlich vom Comer See liegt das hübsche Städtchen Chiavenna mit dem gewaltigen Wasserfall Cascata dell'Acquafraggia ganz in der Nähe. Last but not least gehört die Stadt Bergamo in den Voralpenhügeln südöstlich vom Comer See mit ihrer malerischen Oberstadt zu den besonders beliebten Städtezielen im Norden Italiens.

Comer See: Die Vorschau

Der See

Über die Alpen und hinunter zum See: Mit jedem Kilometer steigt das Thermometer, die ersten Weinreben, das stetige Blau des Himmels, ein erster genussvoller *caffè* in Chiavenna oder Lugano – und endlich die weite Wasserfläche, fjordartig eingebettet zwischen hohen, oft schneebedeckten Berghängen, die bis über 2000 m ansteigen. Schon Goethe ließ sich 1788 auf der Rückkehr von seiner berühmten „Italienischen Reise" den Abstecher zum Lago di Como nicht entgehen und segelte in der Seemitte zwischen Bellagio und Varenna ein Stück weit nach Norden.

Tiefblaues Wasser, subtropische Flora und alpine Bergwelt, weltvergessene Dörfer an den Hängen, grüne Wiesen und Ländlichkeit im Norden, blumengeschmückte Promenaden und prächtige Villen in der Seemitte – immer wieder besticht die natürliche Schönheit des 55 km langen Alpensees, der von den Einheimischen Lario (vom lateinischen Lacus Larius) genannt wird. Nach Gardasee und Lago Maggiore ist er zwar nur der drittgrößte der oberitalienischen Seen, hat jedoch mit 170 km die längste Küstenlänge und ist mit 410 m sogar das tiefste Binnengewässer Europas. Höchst ungewöhnlich ist auch sein „Grundriss", denn etwa in der Mitte spaltet er sich wie ein umgekehrtes Y in zwei gleich lange Ausläufer, an deren Enden die beiden größten Städte Lecco und Como liegen.

Der Tourismus hat am Comer See eine lange Tradition, schon im 17. und 18. Jh. begann ein erster Zustrom von Reisenden. Viele Künstler und Literaten fühlten sich von der erhabenen Kulisse und der dichten Atmosphäre angezogen, gefolgt von Geldadel, Prominenz und Politik. Über Jahrhunderte wurden die stillen Seeufer zum Refugium der Reichen und Schöngeistigen Europas. Heute steht der Lario zwar etwas im

Schatten von Gardasee und Lago Maggiore, doch viele Stammgäste kommen immer wieder und schätzen die meist ruhige und gelassene Stimmung, die so ganz anders ist als der Massenbetrieb an den Stränden von Riviera und Adria. Der Standard der Unterkünfte ist hoch, vom Grandhotel bis zur Jugendherberge gibt es eine breite Palette von Domizilen, stilvolle Palazzi und Seevillen können gebucht werden, gut ausgestattete Ferienwohnungen mit Seeblick und Pool sind keine Seltenheit. Wandern, Baden und Kultur – hier lässt sich dies alles bestens verbinden, ergänzt durch die erfreuliche kulinarische Tradition am See.

Villen und Gärten

Das Geheimnis des Sees: Sein unvergleichliches Klima. Nach Norden geschützt durch die hohen Alpenkämme bleiben die Temperaturen ganzjährig mild, die Winter sind nahezu frost- und schneefrei, die in der nahen Poebene so drückende Sommerhitze wird durch die Berge wohltuend ausgeglichen, stets weht eine frische Brise. Bereits in der Antike ließen sich Wohlhabende diese Vorzüge nicht entgehen, so besaßen etwa Plinius der Jüngere und seine Familie mehrere Villen im bester Seelage. Seit dem 16. Jh. begann der Adel, später gefolgt vom Großbürgertum, prachtvolle Refugien mit opulenten Parkanlagen zu erbauen und durch Pflanzen aus aller Welt zu bereichern. Vor allem in der Seemitte mit ihrem milden Klima und im Süden um Como reihen sich an den Ufern palastähnliche Villen mit allem Prunk von Klassizismus, Belle Époque und Jugendstil. Roto, violotto, rosa und blaue Kamolien, prachtvolle Rhododendren, üppige Magnolien, Azaleen, Rosen, Tulpen, Hortensien, Oleander und Geranien gedeihen in den weitläufigen Landschaftsgärten, umrahmt von Zedern, Zypressen und Palmen, Ginkgo- und Sequoia-Bäumen. Einige der herrschaftlichen

Anwesen wurden in Hotels umgewandelt, andere stehen zur Besichtigung offen, allen voran die *Villa Carlotta* in Cadenabbia, die *Villa del Balbianello* in Lenno, die *Villa Monastero* in Varenna sowie die Villen *Melzi* und *Serbelloni* in Bellagio. Und auch die Prominenz schätzt sie – nach dem Zweiten Weltkrieg verbrachte Bundeskanzler Adenauer zahlreiche Sommer in der Villa La Collina in Cadenabbia, Michael Schumacher besitzt ein Anwesen bei Lenno und auch Hollywoodstar George Clooney hat sich vor einigen Jahren am Seeufer eingekauft.

Sportlich am See

Die beständigen Winde in der nördlichen Seehälfte werden seit Langem von Seglern und Windsurfern geschätzt, sogar die abenteuerlustigen Kitesurfer sind seit einigen Jahren vermehrt anzutreffen. Surfeinrichtungen und -schulen gibt es vor allem in Domaso und Cólico, Segler reisen nach Dervio am nördlichen Ostufer, dort gibt es mehrere Segelschulen, und auch einige bekannte Regatten auf dem Oberen Lario nehmen hier ihren Ausgangspunkt. Baden kann man etwa von Anfang Juni bis Mitte September, im Juli und August wird das Wasser immerhin bis 24 °C warm. Wanderer finden eine unerschöpfliche Palette von Wegen – vom Seespaziergang bis zum hochalpinen Klettersteig. Und zum Ausgleich lässt sich nach einer anstrengenden Tour am nächsten Tag ein Kanu oder ein Motorboot mieten, Letzteres ist mit oder ohne Führerschein möglich.

Schönste Ziele

Die besten und längsten Strände finden sich im grünen Norden um *Colico*, *Sorico* und *Domaso*. Auf den zahlreichen Campingplätzen treffen sich sportlich ambitionierte Windsurfer, aber auch Familien mit Kindern fühlen sich auf den Badewiesen wohl. Als attraktives Ausflugsziel bietet sich das nahe Städtchen *Chiavenna* mit seinem histo-

„Die besten Strände liegen im grünen Norden"

rischen Zentrum an, nur ein Katzensprung ist es von dort zum imposanten Wasserfall *Cascata dell'Acquafraggia*, der sich 170 m tief in die Tiefe stürzt.

In der „goldenen" Seemitte liegen dagegen mit Bellagio, Menaggio und Varenna die wohl stimmungsvollsten Orte am See, deren historische Villen und Gartenanlagen viel fürs Auge bieten. Vor allem das Westufer um *Cadenabbia* und *Tremezzo* zeigt sich in wahrer Belle Époque-Pracht, *Menaggio* bietet die Atmosphäre eines freundlichen, gut ausgestatteten Touristenorts mit üppigen Uferpromenaden und im weiter südlich liegenden *Lenno* ist der Besuch der berühmten *Villa del Balbianello* fast ein Muss. *Bellagio* punktet dagegen mit seiner traumhafter Lage an der Spitze der Halbinsel zwischen den beiden Seearmen, während *Varenna* am Ostufer mit seinem malerischen kleinen Fischerhafen als Romantiktipp schlechthin gilt, mit der *Villa Monastero* einen prachtvollen Uferpark besitzt und

noch dazu von einer pittoresken Burgruine überragt wird.

Die zwei südlichen Seeausläufer sind z.T. von Steilufern begrenzt, doch vor allem *Como* ist mit seinem imposanten Dom und der fußgängerfreundlichen Altstadt ein begehrtes Ausflugsziel. Fast ein Muss ist danach ein Ausflug mit der Standseilbahn in den hochgelegenen Villenort *Brunate*, wo einem das südliche Seende zu Füßen liegt. Oberhalb von *Lecco* steigt das über 2400 m hohe Grigna-Massiv an, das mit seinen Kalkzinnen an die Dolomiten erinnert. Mit der Seilbahn kann man in wenigen Minuten das Hochplateau *Piani d'Erna* erreichen, wo eine Vielzahl von Wanderwegen und anspruchsvollen Klettersteigen wartet.

Und wer noch mehr sehen will, kann dank der gut organisierten Seeschifffahrt per Fähre oder Tragflügelboot bequem und schnell fast alle Küstenorte besuchen – und auch ein Ausflug in die oberitalienische Metropole Mailand ist mit Bus oder Bahn bequem möglich.

Im Park der Villa Cipressi in Varenna

Hintergründe & Infos

Daten und Fakten　　　→ S. 16

Geschichte –
　kleine Chronik　　　→ S. 24

Lesetipps　　　→ S. 28

Reisepraktisches
　von A bis Z　　　→ S. 30

Ruhe und Gelassenheit am See

Daten und Fakten

Geografie

Der Comer See ist nach Gardasee und Lago Maggiore der drittgrößte See Italiens. Wegen seiner charakteristischen Gestalt in Form eines umgedrehten „Y" besitzt er mit 170 km jedoch die längste Uferlinie aller italienischen Seen und ist zudem einer der tiefsten Europas.

Seine Oberfläche beträgt etwa 146 km² (Gardasee 370 km², Lago Maggiore 212 km²), er ist etwa 51 km lang und bis zu 4,2 km breit. Die tiefste Stelle liegt mit 414 m zwischen Argegno und Nesso im südwestlichen Arm des Sees, seine durchschnittliche Tiefe beträgt 154 m.

Wie die anderen großen italienischen Voralpenseen ist auch der Comer See durch die Ausschürfungen mächtiger Eiszeitgletscher entstanden. Verursacht durch das starke Absinken der Durchschnittstemperaturen wälzten sich vor einer Million Jahren gewaltige Eismassen durch die Täler des Alpenkamms in Richtung Poebene, hobelten dabei breite und steile Einschnitte aus und bedeckten sie mit einer bis zu 1000 m hohen Schicht aus Eis. Noch mehrere Eisschübe folgten, dann bildeten sich vor etwa 10.000 Jahren die Gletscherzungen zurück und hinterließen in den Ausschürfungen Schmelzwässer, darunter auch den Comer See. Im Gegensatz zu Gardasee und Lago Maggiore liegt der Comer See aber in einem sog. Zungenbecken, das sich vor den Bergen der Brianza in

Tourismus mit Tradition

zwei Arme teilt (mit der Landzunge von Sirmione besitzt der Gardasee ein ähnliches, aber nur im Miniaturformat ausgeprägtes Phänomen). Dank ihrer großen Wassermassen wirken die Seen klimatisch ausgleichend und erzeugen in ihrer nach Norden geschützten Lage am Südrand der Alpen ein Mikroklima, das v. a. am mittleren und südlichen Comer See subtropische und sogar tropische Vegetation begünstigt.

Der Comer See wird vom Fluss *Adda* durchflossen, der von Osten das Valtellina (Veltlin) entlang kommend bei Colico an der Nordspitze in den See mündet. Er verlässt ihn wieder am südöstlichen Ende bei Lecco und fließt bei Cremona in den Po, während der Comer Arm keinerlei Abfluss besitzt. Am nördlichen Seeende mündet außerdem der von Chiavenna kommende Fluss *Mera,* der hier den idyllischen kleinen *Lago di Mezzola* bildet. Zwischen den Mündungen von Adda und Mera liegt das 1500 ha große Naturreservat *Pian di Spagna,* eins der letzten Sumpfgebiete südlich der Alpen, entstanden durch Anschwemmungen der Adda und Schutzgebiet für zahlreiche Zugvögel und einheimische Wasservögel.

Vor allem der Norden des Comer Sees ist von hohen Bergen eingerahmt, der höchste ist der 2609 m hohe *Monte Legnone* südöstlich von Colico, der bestiegen werden kann. Beste Wandermöglichkeiten bieten auch am südöstlichen Seearm das 2409 m hohe *Grigna-Massiv,* ein Ausläufer der Bergamasker Alpen, und der 1875 m hohe Felsengrat des *Monte Resegone* oberhalb von Lecco.

Der „Lariosaurus": das Monster vom Comer See

1946, die Italiener waren gerade ein Jahr zuvor ein anderes Ungeheuer am Comer See losgeworden (→ S. 132), tauchte im See vor Colico ein weit harmloseres auf und füllte im November die Schlagzeilen der Lokalzeitung „Corriere Comasco". „2 bis 3 m lang", sei es gewesen, „mit starren Augen und einer Krause oder einem Kamm, von rosiger Farbe und mit einem Maul voller Zähne." Das sei doch kalter Kaffee, konterte wenige Tage später das Konkurrenzblatt „Corriere Lombardo", das Monster „Lariosaurus" sei schon 1940 beobachtet worden. Damals seien Ausflügler bei Varenna in einen Sturm geraten und hätten in einem Wellental eine gewaltige, 10 m lange Schlange mit grüner Haut und schwarzen Streifen gesehen. Nun geht es Schlag auf Schlag. Am 21. November 1946 schreibt der „Corriere Lombardo" über drei Angler, die das Ungeheuer nahe ihres Bootes bei Varenna gesichtet hätten. Nach der Zeitung „entspricht ihre Beschreibung fast völlig der vor Colico" – diese Meldung war sogar den New Yorker Zeitungen eine Schlagzeile wert. Aber schon am 22. November meldete die Presse, dass zwei junge Männer den Lariosaurus gefangen hätten: Es sei aber nur „ein riesiger, schrecklicher Stör" gewesen. Damit wollte man die schöne Monstergeschichte wohl sterben lassen, von der viele vermuteten, dass sie nur eine erfolgreiche Presseente gewesen sei.

Doch so einfach war der Lariosaurus nicht totzukriegen! Am 31. August 1954 sahen ihn Palmiro Bianchi und sein Sohn Sergio bei Argegno erneut: „Es war real, das kann ich bezeugen. [...] Es war 3 oder 4 m entfernt [...] Es war 80 oder 90 cm lang [...] Das Hinterteil glich mehr oder weniger einem Schwein. Ich habe sogar die Beine gesehen. Die Füße waren wie die einer Ente." Die nächste Beobachtung stammt vom August 1957. Nach Zeitungsberichten sollen zahllose Menschen am Ufer zwischen Musso und Dongo ein 6 m langes Tier gesichtet haben. Bei Sonnenuntergang sei „zwischen den Wellen ein ungeheurer Kopf" aufgetaucht, „von dreieckiger Form und mit leuchtenden Augen". Sein Körper war von „zylindrischer Form, er hatte Flossen und einen Schwanz, der breit war wie der eines Wals. Sein Maul stand stets offen, mit vielen scharfen, weißen Zähnen darin." Man rief nach Fischern, die das Monster fangen sollten, doch die einbrechende Dunkelheit verhinderte dies. Einen Monat später befand sich ein Tauchboot in 90 m Tiefe vor Dervio auf der Suche nach der Leiche einer Frau, die bei einem Autounfall in den See gefallen war. Sie erblickten „ein seltsames Tier, das an einem Felsen lehnte. [...] Es hatte einen Krokodilkopf und eine Zunge wie ein Reptil." 1965 ließ sich der Mailänder Bildhauer Romano Rui von den Berichten inspirieren und baute ein Gummiungeheuer, das er bei Ossuccio in den See setzte und das so lebensecht war, dass es sowohl Einheimische wie Touristen erschreckte ... ...

Die jüngsten Sichtungen sind dagegen eher unspektakulär. Um 1998 soll ein Hobbytaucher vor Menaggio „eine Begegnung mit einem großen Schatten von einem riesigen Fisch" gehabt haben. Anfang August 2002 sahen zwei Angler im Intelvi-Tal einen kleinen Alligator mit kurzem, trapezförmigem Kopf und zahnbewehrtem Maul. Und schließlich sichtete der Paddler Ferdinando Viti im März 2004 zwischen Carate Urio und Moltrasio eine riesige Luftblase im See, „die einen Durchmesser von mehr als einem halben Meter hatte." Der Zeuge distanzierte sich aber von „allen seltsamen und riesigen Wesen, die der Legende nach den Lario bevölkern sollen".

Zwei Bücher gibt es mittlerweile zum Thema: Giovanni Gallis Roman „Il Lariosauro" (2000), der die Ereignisse von 1946 Revue passieren lässt, und Gregor von Laufens „Lariosauro. C'è un mostro nel lago?" (2003), ein geschickt gemachter

Schwindel mit erfundenen Augenzeugenberichten. Man hat einen Song dem Untier gewidmet („El mustru" von Davide Van de Sfroos), und es besetzt eine Hauptrolle in „L'Inglesina in Soffitta" von Luca Masali (2004), einem Roman, der zur Zeit des Faschismus spielt – das Monster stellt sich darin als geheimes Boot heraus. Die neue Popularität hat sogar dafür gesorgt, dass mittlerweile „Fotos" des Monsters im Internet zu sehen sind (z. B. www.massimopolidoro.com/misteri/un-mostro-nel-lago-di-como.html): Die sehr schön gemachten Bilder zeigen ein Nessie ähnliches Wesen mit Höcker und langem Hals – so ist aus dem Riesenfisch mit Krause ein ganz traditionelles Ungeheuer geworden ...

Text und Recherche von Ulrich Magin, Buchtipp: Die Seeschlange vom Comer See, Twilight Verlag 2008

Versteinerungen des Lariosaurus im Castel del Vezio

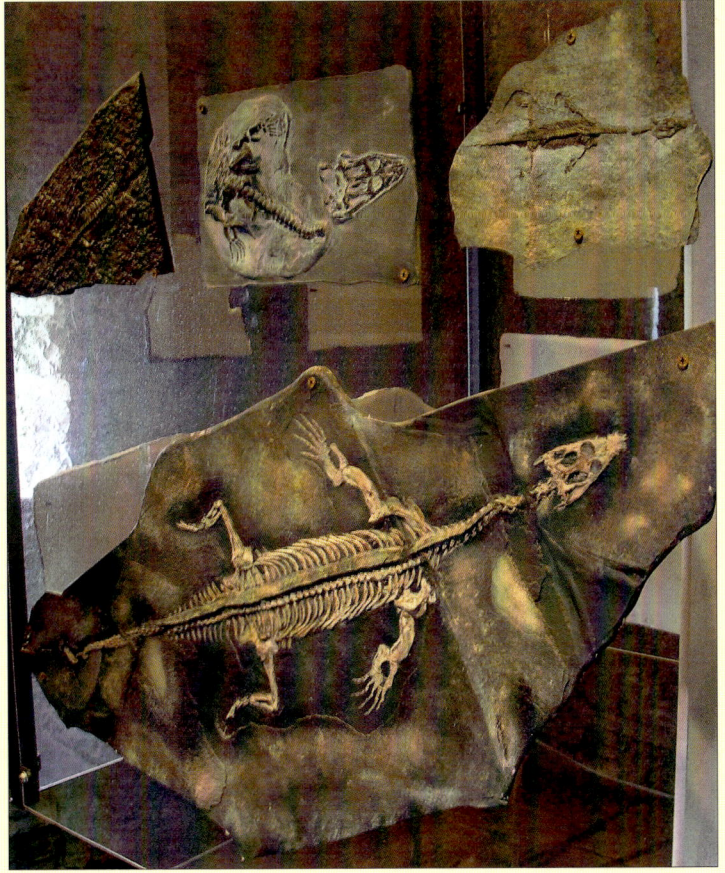

Üppige Vegetation: blühender Oleander, Zitronen und...

Flora

„Insubrische" Flora – nach dem Keltenstamm, der einst zwischen Po und den Oberitalienischen Seen siedelte und Mailand gründete – nennen Botaniker die einzigartige Pflanzenwelt mit 1900 Blütenpflanzen zwischen Kastanie und Kaktus, Bergblume und Palme, die es auf so engem Raum nirgendwo sonst in Europa gibt.

An den Ufern des Comer Sees hat der Eingriff des Menschen allerdings die Pflanzenwelt seit Hunderten von Jahren nachhaltig verändert: Aufgrund landwirtschaftlicher Interessen sind Weinreben, Oliven- und Obstbäume heimisch geworden, große Teile der ursprünglichen Waldflächen fielen dieser Kultivierung zum Opfer. Dazu kam das einzigartig milde Mikroklima des Sees, das schon seit Jahrhunderten zur Anlage herrlicher Parks und Gärten mit zahlreichen farbenprächtigen subtropischen und sogar tropischen Pflanzen führte.

Insubrische Flora: Unterhalb der 1000-Meter-Marke ist die *Edelkastanie* die vorherrschende Pflanze. Die mächtigen Bäume wurden bereits von den Römern um Christi Geburt eingeführt und werden seit dem Mittelalter intensiv genutzt. Ihre mehligen Früchte dienen den Menschen als Nahrung, die Schösslinge als Winterfutter für Ziegen und das Holz als Bau- und Brennmaterial. Den Unterwuchs im Kastanienwald bilden neben Ginster v. a. die zur Mittelmeervegetation zählenden Zistrosen, deren Blätter an Salbei erinnern. Neben sich duldet die Kastanie selten andere Bäume, nur sehr vereinzelt mischen sich Birken und Eschen in den Wald. Außerdem räubert die Kastanie in anderen Vegetationen, so ist der Eichengürtel fast vollständig von der Kastanie verdrängt worden.

botanische Vielfallt

Auch der von Edellaubhölzern (vornehmlich Linde, Ulme, Nussbaum und Stechpalme) gebildete Laubmischwaldgürtel zählt zur insubrischen Flora. Kalkhaltige Hänge verschaffen ihm im Sommer die nötige Wärme und Feuchtigkeit und verschonen ihn im Winter weitgehend vom Frost. Überall wo Sonne und Wärme nicht ausreichen, löst die Hopfenbuche die Edellaubhölzer ab. Doch die Licht liebenden, weit verstreut wachsenden Bäume werden von alters her zur Holzgewinnung genutzt und kommen daher nur noch selten vor.

Inneralpine Vegetation: Der Zwergstrauchgürtel mit Alpenrosen und Zwergwacholder oberhalb der Waldgrenze wurde von der Weidewirtschaft weitgehend zerstört. Die Waldgrenze selbst ist in den letzten 50 Jahren von 2300 auf 1900 m zurückgegangen; bis auf 1600 m dominieren Lärchen, nur vereinzelt von den kiefernähnlichen Zirben durchsetzt. Die größte Walddichte besitzt der kontinental geprägte Buchen-Weißtannen-Gürtel zwischen 1000 und 1600 m. Allerdings handelt es sich nicht um einen Mischwald, denn neben der Buche, die nährstoffreiche Böden liebt, kann sich kaum ein Nadelbaum behaupten. Christrose, Akelei und Pfingstrose, die den Unterwuchs in Buchenwäldern ausmachen, gehören bereits zu den insubrischen Arten. Nur an überwiegend trockenen Standorten bestimmt vorrangig die Wärme liebende Föhre die Zusammensetzung des Waldes; sie wird jedoch häufig abgeholzt und durch schnell wachsende Fichten ersetzt. Bei beiden Nadelbäumen bilden überwiegend Alpenrosen sowie Woll- und Riedgras den dürren Unterwuchs.

Eingeführte Pflanzen: Schon seit dem 17. Jh. wurden von Adel und Großbürgertum im Seegebiet Blumen- und Pflanzenarten aus aller Welt in prachtvollen botanischen Gärten und Parks heimisch gemacht, eingeführt u. a. aus Mexiko, Brasilien, Australien, China und dem Himalaja – Agaven, Araukarien und Azaleen, Kamelien, Magnolien und Dahlien, Geranien, Bananen und Rhododendren, Hibiskus und Gingko, Tulpen und Hortensien, Palmen und Kakteen, Zypressen, Zedern u. v. m. Allein im weltberühmten Park der *Villa Carlotta* (→ S. 131) gibt es auf einem Areal von 5500 m² etwa 150 verschiedene Rhododendron- und Azaleenarten, dazu kommen mehr als 70 verschiedene Nadelholzarten, Palmen, Lorbeerbäume, Papyrus, japanischer Ahorn, Myrten, Bananenbäume, Korkeichen, Kakteen, diverse Bambusarten, riesige Magnolien, ein Mammutbaum, japanische Koniferen und ein Dutzend Sorten von Clematis. Mittlerweile haben viele Arten die artifiziell angelegten Grundstücke überwunden und genießen an den Seehängen das fast schon mediterrane Klima. Besonders gut gedeiht die *Kamelie,* benannt nach dem österreichischen Naturkundler und Apotheker Georg Joseph Kamel, von der es mehr als 200 Arten gibt. Ursprünglich stammt sie aus Ostasien, breitete sich aber seit dem 18. Jh. in

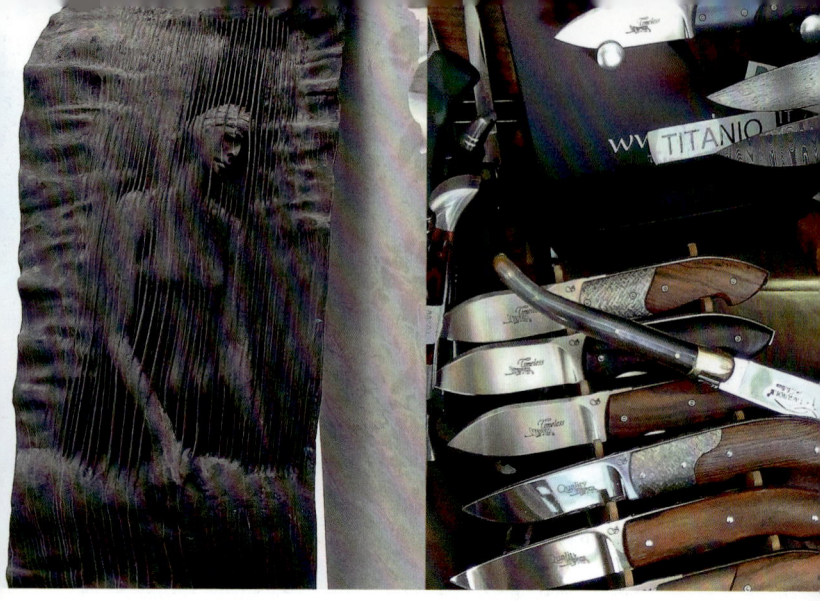

Denkmal für Seidenspinnerinnen in Menaggio, Messerproduktion in Premana

den Gärten der Villen und Parks am Comer See aus. Sie blüht vom Spätwinter bis zum Frühjahr und bringt dabei ein wahres Feuerwerk von Blüten in vielen Farben hervor – v. a. rot, violett, rosa und blau. Die markante *Zwerg- oder Sägepalme* (palma nana) wird übrigens auch gerne „Palma di Goethe" genannt, da sie der Dichterfürst im botanischen Garten von Padua gesehen und in seinem Werk „Die Metamorphose der Pflanzen" beschrieben hat.

Wirtschaft

Die landwirtschaftlichen Nutzflächen um den See sind in den letzten Jahrzehnten stark geschrumpft. Haupteinnahmequelle ist der Fremdenverkehr. Das Land um den Comer See ist punktuell aber auch industriell geprägt, gerade um Lecco und Como wirkt sich der Sog der Metropole Mailand aus. Como ist heute das wichtigste europäische Zentrum der *Seidenverarbeitung,* früher stellten die Seidenmanufakturen von Como sogar einen Großteil der gesamten Weltproduktion her. Bereits im 18. Jh. entstanden hier die ersten hydraulisch angetriebenen Webmaschinen, und noch bis zum Zweiten Weltkrieg wurden um den See Seidenraupen gezüchtet. Heute wird die Seide aus China importiert und hier zu Textilien verarbeitet. Insgesamt drei ehemalige Seidenspinnereien sind als Museen zu besichtigen. Im Umfeld von Como findet man außerdem *Stilmöbel* im Städtchen Cantù und im nahen Mendrisio (Schweiz) ein umfassendes *Designer Outlet.* Premana am Ostufer ist dagegen die *Scherenstadt* Italiens, wo bis zu zwei Drittel aller Messer, Scheren und Geflügelscheren Italiens hergestellt werden.

Umwelt

Am oberen Comer See kam es in früheren Jahrhunderten regelmäßig zu schweren Überschwemmungen am Zufluss der Adda. Die Schwemmmassen, die der Fluss mit sich brachte, wurden zu Sumpfland – die Malaria breitete sich aus. Erst in der zweiten Hälfte des 19. Jh. regulierten die Österreicher den Flusslauf und bauten einen künstlichen Kanal. Die große Ebene Pian di Spagna zwischen Adda und Mera wurde dadurch entwässert und konnte urbar gemacht werden. Auch wenn die Gefahr der Malaria damit beseitigt worden war, gab es in den letzten Jahren wiederholt schwere Überschwemmungen – nicht nur am Comer See, sondern im ganzen oberitalienischen Raum. Verantwortlich dafür könnte die Klimaveränderung sein, hervorgerufen durch den erhöhten Ausstoß von CO_2 und die dadurch verursachte globale Erwärmung.

Doch die Badeurlauber am Comer See interessiert natürlich in erster Linie die Wasserqualität. Ist der See dem sommerlichen Ansturm gewachsen, reichen die vorhandenen Einrichtungen wie Kanalisation, Kläranlagen etc. aus? Die Umweltorganisation *Legambiente* (www.legambiente.it) untersucht jedes Jahr an verschiedenen Stellen die Wasserqualität. Die im Sommer 2011 entnommenen Proben zeigten an elf Stellen eine starke bakterielle Belastung des Wassers (sieben am Ostufer und vier am Westufer), v. a. im Bereich von Flussmündungen. Der Grund für die Verschmutzung liegt im Wesentlichen darin begründet, dass die Kläranlagen am See veraltet und zu klein sind. So gelangt nach wie vor ungeklärtes Abwasser in den See. Die Gemeinden sind seit Längerem aufgefordert, in neue Anlagen zu investieren, deutliche Besserung würde auch eine Ringkanalisation bringen, wie es sie schon lange am Gardasee gibt. Da die Bakterien Hautreizungen, Erbrechen und Durchfall verursachen können, wird es wohl in den nächsten Jahren hier und dort zu Badeverboten kommen. Aber natürlich gibt es am Comer See auch viele saubere Badestellen – die begehrte blaue Flagge der „Stiftung für Umwelterziehung" FEE (Foundation for Environmental Education) hat bisher allerdings noch keiner der Strände erhalten.

Historische Wassermarken   Sauberes Wasser für Badeurlauber

Geschichte – kleine Chronik

Bronzezeit
Bauern, Hirten und Jäger siedeln sich im Seengebiet an. Im Valcamonica nördlich vom Iseosee sind prähistorische Felszeichnungen erhalten, Reste einer Pfahlbausiedlung der Bronzezeit (18.–13. Jh. v. Chr.) hat man südlich vom Lago Maggiore entdeckt.

7. Jh. v. Chr.
Die Etrusker aus der Toskana und Umbrien überqueren die großen Sümpfe der Poebene und siedeln sich im Gebiet der Seen an.

um 400 v. Chr.
Die keltischen Insubrer überqueren von Norden die Alpen und verdrängen die Etrusker wieder bis über den Apennin nach Süden. Sie siedeln v. a. im Gebiet der Seen, gründen aber auch schon das spätere Mailand.

196 v. Chr.– 450 n. Chr.
Die Römer besetzen Oberitalien als Ausgangspunkt für weitere Landnahmen. In der Mitte dieser Provinz Gallia Cisalpina liegt Mediolanum (Ort der Mitte), das heutige Mailand. Sie machen die Ebene urbar und bauen Straßen am See, der Adel errichtet an den Ufern prächtige Sommersitze. In Como werden die beiden Gelehrten Plinius der Ältere (23–79 n. Chr.) und sein Neffe Plinius der Jüngere (61–113 n. Chr.) geboren. Letzterer schreibt die berühmten Pliniusbriefe (369 Briefe in zehn Büchern), die zu den herausragenden historischen Quellen des 1. Jh. n. Chr. gehören. Seine Familie, die zum römischen Adel zählt, besitzt um den Comer See Villen und Landgüter.

um 520
In den Zeiten der Völkerwanderung übernehmen Ostgoten und später Langobarden die Reste des Römerreichs. Die Langobarden

errichten ein Herzogtum in Norditalien – auf sie geht der Name „Lombardei" zurück. Viele Bürger Comos flüchten vor ihnen auf die Seeinsel Isola Comacina, befestigen diese und nennen sie Cristopolis, „Stadt Christi".

774
Der Frankenkönig Karl der Große wird vom Papst um Hilfe gerufen und erobert das Langobardenreich. Zum Dank empfängt er im Jahr 800 die Kaiserkrone aus der Hand des Papstes.

ab 900
Im Einverständnis mit den Päpsten, die den Einfluss der deutschen Kaiser fürchten, werden die oberitalienischen Provinzfürsten immer mächtiger. Insbesondere die Bischöfe aus Como und Mailand dehnen ihre Machtbereiche über das Seengebiet aus und geraten miteinander in Konflikt.

12. Jh.
Während des zehnjährigen Krieges zwischen Mailand und Como (1118–1127) verbündet sich die Isola Comacina mit Mailand. 1159 wird die Stadt jedoch von Kaiser Friedrich Barbarossa besiegt und 1169 macht die kaisertreue Stadtrepublik Como auf der Insel alles dem Erdboden gleich. Kaiser Barbarossa verbietet danach in einem Dekret den Wiederaufbau und der Bischof von Como verflucht die Insel für alle Zeiten. Ein großer Umzug namens „Palio del Baradello" erinnert noch heute in Como alljährlich an den triumphalen Einzug Barbarossas in die verbündete Stadt (→ Feste). 1176 wird Barbarossa in der Schlacht von Legnano von den vereinten Kommunen Norditaliens, der sogenannten „Lega Lombarda", besiegt. Er muss ihre Unabhängigkeit anerkennen. Die vorher erbeuteten Schätze will Barbarossa noch auf Schiffen nach Chiavenna transportieren lassen, doch im oberen Lario werden sie von einer Flotte aus Gravedona geraubt, sogar die Kaiserkrone wird dabei entwendet.

13. Jh.
Zwischen den Städten entbrennt der Konflikt von papsttreuen Guelfen und kaisertreuen Ghibellinen. Starke Adelsherrschaften entstehen in ganz Oberitalien, „Signorie" genannt. Die guelfischen Visconti gründen das Herzogtum von Mailand und expandieren in der ganzen Lombardei. Sie erobern Bellinzona und bauen die strategische Talsperre zur mächtigen Grenzfestung aus (heute Teil des Weltkulturerbes der UNESCO). Am Comer See sind zunächst die Rusca tonangebend, werden aber bald von den Visconti besiegt, die bereits am Lago Maggiore und Luganer See herrschen und ihr Gebiet bis Chiavenna und ins Valtellina ausdehnen.

1441
Francesco Sforza heiratet die einzige Tochter von Filippo Maria Visconti und erhält die Zusage zur Nachfolge im Herzogtum von Mailand. Damit ist der Comer See im Besitz der Sforza.

16. Jh.
Nach dem Tod des letzten Sforza-Herzogs fällt das Herzogtum Mailand mit dem Comer See an die spanischen Habsburger. Sie verlegen Truppen an den See und bauen Burgen, da die „Bündner" (ein Zusammenschluss von drei Bünden im heutigen Graubünden, die sich vom Deutschen Reich losgesagt hatten) von Norden ins Valtellina (Veltlin) und zum See drängen. Von 1512 bis 1797 stehen die Region um Chiavenna und das Valtellina im Besitz der Bündner. Wiederholt fallen auch die Franzosen und Eidgenossen am See ein.

13. Jh.
Zwischen den Städten entbrennt der Konflikt von papsttreuen Guelfen und kaisertreuen Ghibellinen. Starke Adelsherrschaften entstehen in ganz Oberitalien, „Signorie" genannt. Die guelfischen

Visconti gründen das Herzogtum von Mailand und expandieren in der ganzen Lombardei. Sie erobern Bellinzona und bauen die strategische Talsperre zur mächtigen Grenzfestung aus (heute Teil des Weltkulturerbes der UNESCO). Am Comer See sind zunächst die Rusca tonangebend, werden aber bald von den Visconti besiegt, die bereits am Lago Maggiore und Luganer See herrschen und ihr Gebiet bis Chiavenna und ins Valtellina ausdehnen.

1441   Francesco Sforza heiratet die einzige Tochter von Filippo Maria Visconti und erhält die Zusage zur Nachfolge im Herzogtum von Mailand. Damit ist der Comer See im Besitz der Sforza.

16. Jh.   Nach dem Tod des letzten Sforza-Herzogs fällt das Herzogtum Mailand mit dem Comer See an die spanischen Habsburger. Sie verlegen Truppen an den See und bauen Burgen, da die „Bündner" (ein Zusammenschluss von drei Bünden im heutigen Graubünden, die sich vom Deutschen Reich losgesagt hatten) von Norden ins Valtellina (Veltlin) und zum See drängen. Von 1512 bis 1797 bleiben die Region um Chiavenna und das Valtellina im Besitz der Bündner. Wiederholt fallen auch die Franzosen und Eidgenossen am See ein.

17. Jh.   1629–31 wütet die Pest in Norditalien, eingeschleppt durch deutsche und französische Landsknechte im Dreißigjährigen Krieg. Mehr als 200.000 Menschen fallen ihr zum Opfer. Alessandro Manzoni aus Lecco am Comer See schildert die Mailänder Pest in seinem berühmten Roman „I Promessi Sposi" (→ Lesetipps).

In der zweiten Hälfte des Jahrhunderts entdeckt der lombardische Adel das klimatisch verwöhnte West- und Südufer des Sees, Villen werden gebaut und es entsteht ein erster Edeltourismus.

18. Jh.   Im Spanischen Erbfolgekrieg (1701–14) fällt das Herzogtum Mailand an die österreichischen Habsburger. 1796 besiegt Napoleon die Habsburger und erobert die Lombardei. 1797 ruft er einen Großteil Oberitaliens zur „Cisalpinischen Republik" aus. Chiavenna, Bormio und das Valtellina sagen sich von der Bündner Herrschaft los und werden der Republik angegliedert.

1800–05   1802 wird die Cisalpinische Republik umgewandelt in die Italienische Republik, Vizepräsident ist Francesco Melzi d'Eril (1753–1816), der Bauherr der Villa Melzi in Bellagio am Comer See. 1805 geht die Republik im neuen Königreich Italien auf.

Napoleon baut eine Heerstraße über den Simplon, um Truppen schnell von Paris nach Mailand verlegen zu können. Dies erleichtert später die touristische Anreise an den Seen.

1815   Nach der endgültigen Niederlage Napoleons wird den Habsburgern auf dem Wiener Kongress Südtirol-Trentino, Venetien und die Lombardei zugesprochen, zu welcher der Comer See gehört.

1817–30   Der Postweg über den St. Gotthard wird zur Straße ausgebaut.

1848   In Mailand fordern die Revolutionäre die Unabhängigkeit der Lombardei von Österreich. Im März kommt es zu einem Volksaufstand, den die Österreicher nur mit Verstärkung aus Österreich niederschlagen können. In den nächsten zwei Jahrzehnten erkämpft die italienische Einigungsbewegung des „Risorgimento" (Wiedererstehen) in schweren Schlachten (Magenta, Solferino) die Befreiung von der Fremdherrschaft.

1861   Das Königreich Italien unter Vittorio Emanuele II wird ausgerufen.

Zweite Hälfte des 19. Jh.	Der europäische Adel und das Großbürgertum entdecken den Lago Maggiore und den Comer See als Reiseziele mit idealem Klima. Stolze Paläste und Grandhotels entstehen an den Seeufern.
1882	Die Eröffnung der St.-Gotthard-Bahn beschert dem Seenland Tourismus und einen bescheidenen Wirtschaftsaufschwung.
Erster Weltkrieg	Die zur Abwehr einer erwarteten deutsch-österreichischen Invasion durch die Schweiz errichtete Cadorna-Verteidigungslinie verläuft im nördlichen Bereich des Comer Sees. Das große Forte Montecchio bei Colico soll mit vier mächtigen Kanonen den See nach Norden und Osten schützen. Der befürchtete Angriff am Comer See findet jedoch nicht statt.
1919–40	Die großen Hotels aus der Zeit der Belle Époque erleben ihre Blütezeit.
Zweiter Weltkrieg	Nach der Kapitulation Italiens am 8. September 1943 erstarkt die – Partisanenbewegung in Oberitalien. Mussolini wird von den Deutschen als Marionette für die faschistische Republik von Salò (mit gleichnamiger Hauptstadt am Gardasee, später Mailand) eingesetzt. Auf der Flucht in die Schweiz wird er am 27. April 1945 bei Dongo am Westufer des Comer Sees von Partisanen gefasst und am nächsten Tag im nahen Dorf Giulino di Mezzegra erschossen.
1946	Erstmals taucht das Ungeheuer vom Comer See auf (→ Kasten, S. 18).
1980	Der Gotthard-Straßentunnel wird nach achtjähriger Bauzeit für den Autoverkehr freigegeben. Seit 1987 ist die Autobahn N 2 von Basel über Bellinzona und Chiasso bis Como durchgehend befahrbar.

Regio Insubrica: grenzüberschreitende Kulturidentität im Seengebiet

„Regio Insubrica" nannten die Römer die Region zwischen Lago Maggiore, Luganer See, Comer See und den Gebirgszügen Monte Rosa und Adamello. Namensgeber war der keltische Stamm der Insubrer, der seit etwa 400 v. Chr. die Region besiedelte und auch Mailand gründete. „Regio Insubrica" nennt sich heute auch eine grenzüberschreitende Arbeitsgemeinschaft, in der die italienischen Provinzen Sondrio, Novara, Lecco, Como, Varese, Verbano-Cusio-Ossola sowie der Schweizer Kanton Tessin vertreten sind. Sie verstehen sich als Kultureinheit – eine sog. „Euroregion" –, in der Italienisch und der insubrische Dialekt gesprochen werden (Slogan: „Eine Grenze, die zwei befreundete Länder vereinigt"). Man kümmert sich zusammen um Kultur- und Bildungsprojekte und natürlich auch um den Ausbau des Tourismus. In Como und Varese gibt es sogar eine Università dell'Insubria mit etwa 7000 Studenten (www.uninsubria.it).

„Insubrica" bzw. „Insubria" ist aber leider auch – ähnlich wie „Padania" im Nordosten Italiens – ein Schlagwort der rechtslastigen italienischen Regionalpartei Lega Nord geworden. Abgrenzung gegen den wirtschaftlich schwachen Süden Italiens, Überbetonung regionaler Eigenheiten und Ausländerfeindlichkeit vermischen sich darin zu einem populistischen Gebräu, dessen Anhänger sich am liebsten von Italien abspalten würden.

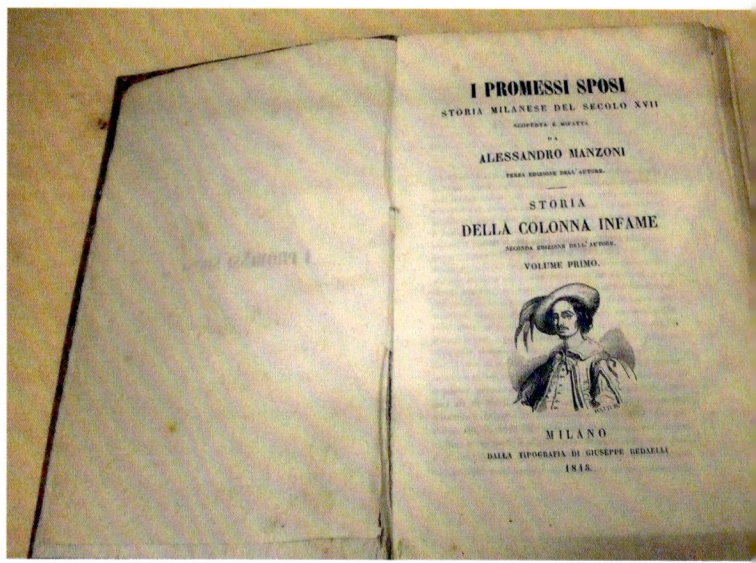

Historischer Druck der „I Promessi Sposi"…

Lesetipps

Viele Dichter und Künstler haben sich vom Charme des Comer Sees inspirieren lassen. Das blaue Wasser und die allgegenwärtige Sonne, die blühende Vegetation und die herrlichen Panoramen – all das hat sich auch in einigen literarischen Werken von Rang niedergeschlagen.

Die Brautleute, Alessandro Manzoni, Carl Hanser Verlag 2000 (frühere Übersetzungen zumeist unter dem Titel „Die Verlobten"). Der Klassiker vom Comer See. Manzoni (1785–1873) wuchs in Lecco am südöstlichen Seearm auf und dort spielt auch sein Roman „I Promessi Sposi", die Geschichte zweier Liebenden während der spanischen Herrschaft in der Lombardei des 17. Jh. Der 1827 erschienene Roman schildert die gesellschaftlichen Verhältnisse der Zeit und war ein großer Erfolg, er gilt als erster moderner italienischer Roman, Goethe schätzte ihn sehr. Der spanische Adlige Don Rodrigo will Lucia verführen, doch sie liebt Renzo und will ihn heiraten. Rodrigo lässt sie daraufhin entführen und zu einem für seine Grausamkeit bekannten Raubritter bringen. Dieser wandelt sich jedoch angesichts der Unschuld und Frömmigkeit Lu-

cias zu einem überzeugten Christen und entlässt sie nach Mailand. Dort wütet die Pest (→ Geschichte), Renzo und Lucia stecken sich beide an, überstehen die Seuche aber und können heiraten. Alessandro Manzonis Wohnhaus in Lecco ist gut erhalten und kann besichtigt werden.

Die Kartause von Parma, Stendhal, Carl Hanser Verlag 2007. Der französische Schriftsteller Marie Henri Beyle (1783–1842) lebte längere Zeit in Bellagio und schrieb dort unter dem Pseudonym Stendhal in der Villa Melzi sein Reisebuch „Rome, Naples et Florence". Seine Eindrücke vom Comer See hat er im berühmten Roman „Die Kartause von Parma" verarbeitet (1839), der seit 2007 in neuer, sehr beachteter Übersetzung vorliegt. Schauplätze sind u. a. Mailand, Como, Paris und Genf. Der junge, aufbrausende Fabrizio del Dongo ersticht in der Nähe

Ebene und weite, stille Fruchtbarkeit." Hermann Hesse lebte lange in Montagnola am nahen Luganer See.

Die Seidenhändlerin, Gabriela Galvani, Aufbau Verlag 2008. Eine historische Familien- und Liebesgeschichte zur Zeit der napoleonischen Besetzung Italiens Ende des 18. Jh., eingebettet in die politischen Wirren der Zeit. Handlungsort sind Como und Lugano, Gabriela Galvani schreibt spannend und sehr kenntnisreich über die Epoche.

Regina Zimet – die Anne Frank des Veltlins, Desertina Verlag 2007. Die dreiköpfige Familie Zimet wandert noch vor dem Zweiten Weltkrieg von Leipzig zu Verwandten in Mailand aus. Als 1943 auch in Italien die systematische Vernichtung der Juden bevorsteht, versuchen sie, die Schweiz zu erreichen. In Morbegno im Valtellina endet der Fluchtversuch und die mutige Familie Della Nave gibt ihnen dort für 16 Monate Unterschlupf. Das 13-jährige Schulmädchen Regina Zimet hat die Flucht und das Leben im kleinen Dorf in ihrem Tagebuch beschrieben. Der Bündner Lehrer Marco Frigg, dessen Großmutter aus dem Valtellina stammt, hat ihre Geschichte auf Deutsch und Italienisch herausgebracht. Anders als bei Anne Frank verläuft Reginas Geschichte glücklich – Familie Zimet überlebt den Holocaust und reist im Anschluss an den Krieg nach Israel (damals Palästina) aus.

Sommer am See, Alberto Vigevani. Friedenauer Presse 2007. Eine zarte, von vielen Rezensenten sehr gelobte Erzählung aus den 50er Jahren über die Zeit des Heranreifens eines Jugendlichen. Der 14-jährige Giacomo aus Mailand verbringt mit seiner Familie die Ferien in Menaggio und lernt die ersten Lockrufe der Liebe kennen. Die seelischen Gemütsschwankungen des Jungen verweben sich mit den Stimmungen am See.

...und sein Autor

von Parma wegen einer hübschen Frau seinen Nebenbuhler. Er wird in der Zitadelle von Parma eingekerkert, kann aber entfliehen und verliebt sich in die fromme Clelia. Der Roman gilt als Liebeserklärung Stendhals an Italien und seine Lebensart.

Goethe, Balzac und Tolstoi lobten den Roman, den Stendhal in nur 53 Tagen herunterschrieb, überschwänglich.

Spaziergang am Comer See, Hermann Hesse. Ein Essay über den See, der für Hesse der „schönste Eintritt ins italienische Land" ist. Zu finden im Reisebuch „Italien" (Suhrkamp 1996), in dem Hesses vielfältige Reisetexte zu Italien zusammengefasst sind. „Man ist den Bergen noch nahe und spürt doch schon mit ahnendem Verlangen

Unterwegs zum Fernpass: Blick auf die österreichische Seite der Zugspitze

Reisepraktisches von A bis Z

Anreise

Der Comer See ist von Süddeutschland aus per Auto, Bahn oder Flugzeug in relativ kurzer Zeit zu erreichen. Mit dem Auto fährt man etwa sechs Stunden von Stuttgart via Zürich und ebenso lang von München über St. Moritz und Chiavenna, staufreie Fahrt vorausgesetzt. Man kann aber auch die Brennerautobahn nehmen und im Bereich Mailand die Anschlüsse nach Como oder Lecco nehmen – das dauert etwas länger, aber man hat durchgehend Autobahn unter den Rädern. Per Bahn sind es etwa sieben Stunden von Stuttgart oder acht von München via Zürich nach Como. Zeitlich am günstigsten ist aber sicherlich der stau- und stressfreie Flug zum Großflughafen Malpensa bei Mailand, von wo es gute Bus- und Zugverbindungen zum See gibt. Oder Sie fliegen den Flughafen Lugano-Agno an, den einzigen internationalen Airport im Tessin. Dazu müssen Sie allerdings in Zürich umsteigen.

Mit Auto oder Motorrad

Mehrere Alpenpässe stehen Auto- und Motorrad-Touristen zur Verfügung. Ganzjährig zu befahren sind allerdings nur die Autobahnstrecken durch den St.-Gotthard- und den San-Bernardino-Tunnel sowie über den Brenner, die Passstraßen sind zwischen November und April geschlossen.

Für die Benutzung von Autobahnen (auf grünen Schildern angekündigt) benötigen Sie in der Schweiz eine jährlich neue Vignette, die bei Automobilclubs, aber auch an Grenzstationen für 40 Fr./33 € (2012) erhältlich ist. In Österreich besteht ebenfalls auf den Autobahnen Vignettenpflicht. Die Zehntagesvignette für PKW kostet 8 €, eine Zweimonatsvignette 23,40 €, die Jahresvignette 77,80 € (Motorrad 4,60 €/11,70 €/31 €). Und auch die italienischen Autostrade sind kostenpflichtig. Die Gebühren (pedaggio) berechnen sich nach der Länge der gefahrenen Strecke und nach Art und Größe des Fahrzeugs, für PKW/Motorräder kostet die Fahrt vom Brenner auf der A 22/A 4 bis Verona z. B. 17,40 €. Die Tarife kann man unter www.auto strade.it ermitteln. Kontrollstellen (Alt Stazione!) gibt es am Beginn jedes neuen Autobahnabschnitts und an jeder Einfahrt. Hier wird ein Ticket ausgegeben (am Automat entweder bereits griffbereit oder gelben bzw. roten Knopf drücken), beim Verlassen oder Wechseln der Autobahn wird zur Kasse gebe-

Abfahrt am Malojapass

ten. Mautkarte nicht verlieren, sonst muss die mögliche Gesamtstrecke gezahlt werden. Den Zahlungsverkehr erleichtert die magnetische *Viacard*, erhältlich für 25,50 € und 51 € bei den Automobilclubs, außerdem bei großen Autobahnraststätten. Für Karteninhaber gibt es an den Zahlstellen Extraspuren, dort werden die Beträge automatisch abgebucht (Autobahnticket einführen, Betrag erscheint auf der elektronischen Anzeigetafel, dann Viacard einführen).

Achtung: Alle Alpenübergänge sind staugefährdet, v. a. an Feiertagen. Zu Ferienbeginn und bei plötzlichem Schneefall sind bis zu 30 km lange Schlangen keine Seltenheit. Jeweils zur vollen Stunde gibt das Schweizer Radio DRS nach den politischen Nachrichten und dem Wetterbericht Staumeldungen durch.

Italienische Autobahnen sind kostenpflichtig

Spartipp: Kalkulieren Sie bei Hin- und Rückreise Ihren Tankvorrat so, dass Sie in der Schweiz oder in Österreich tanken können. Dort sind die Spritpreise günstiger als in Italien.

St.-Gotthard-Pass (A 2/E 35): Urlauber aus dem Westen Deutschlands fahren meist auf der Gotthardroute von Basel über Luzern, den 2108 m hohen St.-Gotthard-Pass (17 km langer Straßentunnel sowie alternativ zwei Passstraßen), Bellinzona und Lugano nach *Como*. Allerdings ist das der meistbefahrene Alpentransit: Über sechs Millionen Autos rollen jährlich über diesen Übergang, der im Tunnel nur über eine Fahrspur in jeder Richtung verfügt. Entsprechend häufig sind Staus. Tipp: Man kann den Tunnel umgehen, indem man bei der Ausfahrt Amsteg auf die alte Gotthardstraße abfährt und in Göschenen wieder auf die Autobahn zurückkehrt. In Seenähe kann dann, wer nicht direkt nach Como will, bereits bei Lugano nach *Menaggio* am Westufer abzweigen, das sind nur etwa 27 km.

San-Bernardino-Pass/Splügenpass: Eine gute Route für Reisende aus dem Westen Deutschlands und Österreichs ist die Strecke über Bregenz und St. Margrethen auf der A 13 nach *Chur* und weiter in Richtung San-Bernardino-Pass. Kurz vor dem Pass zweigt die SS 36 über den steilen *Splügenpass* (2118 m) nach *Chiavenna* ab. Von dort ist es nur noch ein Katzensprung zum Nordende des Sees. Alternativ dazu kann man auch auf der Autobahn bleiben, den 6,5 km langen San-Bernardino-Tunnel durchqueren (oder die sehr viel schönere Passstraße benutzen) und über Bellinzona nach Lugano und weiter nach Como fahren (bei Lugano Abzweigmöglichkeit nach Menaggio).

Alternativen Julierpass, bei Chur Süd zweigt die Julierstraße N 3 nach Süden ab. Über Lenzerheide und Tiefencastel geht es hinauf zum Julierpass (2284 m), kurz darauf erreicht man den Silvaplanersee im Oberengadin (→ Engadin).

Albulapass Ab Tiefencastel kann man auch die reizvolle Höhenstraße über den Albulapass (2312 m) nehmen. Sie folgt den Bahnschienen der Rhätischen Bahn, die immer wieder mit imposanten Steinviadukten den Weg kreuzt – hier fährt der berühmte Bernina Express (→ S. 63). Kurz vor Bergün geht es mit steilen Serpentinen hinauf, dann wird die Straße schmal und zusehends schlechter (im Winter ist sie auf 6 km Länge gesperrt und wird als Rodelstrecke genutzt – „Schlittelstrecke" genannt). Am Pass lädt ein Hospiz zur Rast

ein. Dann geht es hinunter nach La Punt-Chamues im Engadin (→ Engadin).

Grimselpass/Nufenenpass, wer aus dem Westen Deutschlands kommt und den verkehrsreichen Gotthardpass meiden will, fährt über Bern bis Spiez auf der Autobahn A 6, dann auf der A 8 über Interlaken bis Meiringen und anschließend zum Grimselpass (2165 m) hinauf. Knapp nach dem Grimsel zweigt man rechts ins Wallis ab. Beim Dörfchen Ulrichen führt eine Straße über den landschaftlich beeindruckenden, 2478 m hohen Nufenenpass ins 25 km lange Val Bedretto, bei Airolo trifft man dann auf die Gotthard-Autobahn. Die Grimsel-Nufenen-Route ist v. a. bei Motorradfahrern beliebt, die Pässe sind allerdings nur im Sommer befahrbar. Für Gespanne ist die Nufenenstraße nicht zu empfehlen.

Engadin: landschaftlich reizvolle Variante, falls man von Bayern schnell zum Comer See gelangen will. Zunächst fährt man von München nach Garmisch-Partenkirchen und zweigt dort in Richtung *Fernpass* (1209 m) ab. Kurz vor dem Pass sehr schöner Zugspitzblick beim gleichnamigen Rasthaus, danach kurvt die steile Bergstraße hinunter zum hübschen *Fernsteinsee* (Selbstbedienungsrestaurant, Hotel und Campingplatz). Bei Nassereith nach Imst abzweigen und weiter auf der B 171 bis Landeck, dahinter ein Hochtal hinauf zur italienischen Grenze am *Reschenpass* (1504 m), aber kurz vor dem Pass in die nahe Schweiz abzweigen (beschildert), Grenzkontrolle in *Martina*. Auf der Landstraße 27 das attraktive Hochtal des Inns entlang – zunächst durch das Unterengadin, dann über Zernez ins Oberengadin. Man durchquert die prächtige Engadiner Seenplatte, kommt dabei durch das mondäne St. Moritz am gleichnamigen See, danach geht es am Silvaplaner- und Silsersee entlang, schließlich Abfahrt über die einzigartige Serpentinenstraße am *Malo-*

Kitesurfer am Silvaplanersee

japass (1815 m) und über die Grenze. Das Tal fällt stetig und steil ab, bis Chiavenna sind es fast 1500 Höhenmeter, mit jedem Kilometer steigt die Temperatur – und die Vorfreude. Über *Chiavenna* (netter Zwischenaufenthalt) gelangt man rasch zum Nordende des Comer Sees.

Spartipp: Kurz vor dem Reschenpass Abstecher ins Zollausschlussgebiet von Samnaun (Schweiz), dort tankt man fast zollfrei und somit ca. 0,30 € pro Liter billiger als in Österreich.

Brenner: Wer aus bzw. über Süddeutschland oder aus dem Osten Österreichs anreist, kann die Brennerautobahn (A 22) benutzen. Diese Strecke ist kilometermäßig zwar länger als die Querverbindung durch das Engadin, aber man fährt durchgehend auf der Autobahn. Von *Innsbruck* zum Brenner hinauf überquert man die 820 m lange und 190 m hohe Europa-Brücke (mautpflichtig, ca. 8 €) und passiert am *Brennerpass* in 1374 m Höhe die österreichisch-italienische Grenze. Danach geht es zügig bergab, die lang ausgleitenden Südtiroler Täler entlang, sommerliche Staugefahr birgt allerdings die große Mautstelle bei Sterzing. Über Bozen, Trento und Rovereto kommt man relativ rasch nach *Verona,* wo man auf die A 4 in Richtung *Mailand* wechselt – eine der meistbefahrenen Autobahnen im Land mit bis zu vier Spuren in jeder Richtung. Bei der schönen Stadt Bergamo (→ S. 192) wechselt man auf die SS 342 hinauf nach *Lecco* bzw. hinter Mailand auf einen Autobahnzubringer nach *Como.*

Bahnlinie am Ostufer des Comer Sees

Mit der Bahn

Der Comer See liegt an der bekannten Gotthardlinie, neben der Brennerstrecke die wichtigste Alpentransversale der Bahn. Wer aus dem Westen Deutschlands, aus dem Westen Österreichs oder der Schweiz kommt, erreicht Como am See direkt von Basel über Luzern, Bellinzona, Lugano und Chiasso. Bereits diese Anreise kann zum erfreulichen Erlebnis werden, denn bekanntlich bieten die Schweizerischen Bundesbahnen (SBB bzw. FFS, Ferrovie Federali Svizzere) einen Service, der in Europa seinesgleichen sucht. Nirgendwo sonst sitzen Sie in ICE-Großraumwagen so komfortabel, nirgendwo sonst ist die Information via Lautsprecher so verlässlich, nirgendwo sonst der Transport des Fahrrads so problemlos.

Aus dem Osten Deutschlands und Österreichs kommend, können die Alpen aber natürlich auch auf der *Brennerstrecke* überquert werden. In Verona, der Stadt von Romeo und Juli, steigt man um, fährt am Nordrand der Poebene entlang in Richtung Mailand und erreicht über Bergamo das südliche Seeende in Lecco. Und auch wer mit dem Flieger anreist, hat von den *Flughäfen* bei Mailand und Bergamo gute Bahn- und Busverbindungen zum See (→ Anreise mit dem Flugzeug).

City-Night-Line: Besonders zeitsparend und bequem ist die Anreise mit den City-Night-Line-Zügen: Man reist während der Nacht an (z. B. Abfahrt Hamburg 0.31 Uhr, Ankunft Basel 10.37 Uhr) und hat dann am nächsten Tag die Erlebnisreise durch die Berge.

Autoreisezug: Die bequeme, allerdings nicht gerade billige Variante heißt „Entspannt mit dem Auto ankommen". Mindestens einmal wöchentlich fahren Autoreisezüge der Deutschen Bahn nach Verona (Venetien) und Alessandria (Piemont). Von dort sind es nur noch ein, zwei Autostunden zum Comer See. Die Züge nach Verona starten von Anfang April bis Ende Oktober ein- bis mehrmals wöchentlich ab Berlin, Düsseldorf, Hamburg und Hildesheim, nach Alessandria ab Berlin, Düsseldorf, Hamburg und Neu-Isenburg. Infos unter ☎ 01805-996633 www.dbautozug.de.

DB-Preise Der sog. **Europa-Spezial-Tarif** kostet in der 2. Klasse je nach Zielort in Italien 39–59 € pro einfache Strecke (1. Klasse ab 69 €), hinzu kommen 4 € Reservierungszuschlag (1. Klasse 5 €). Diese Tarife sind auch in den Nachtzügen gültig, hinzu kommen jedoch pro Pers. 4 € für den normalen Sitzplatz, 10 € für den Schlafsessel, je nach Belegung 20–30 € für die Liegewagen bzw. 40–60 € für den Schlafwagen (Einzelbelegung 100 €). Nicht ganz so günstig sind die Normalpreise für die **City-Night-Line-Verbindungen**. Reduzieren kann man die Kosten aber durch die **BahnCard-Varianten** 25 bzw. 50 und durch die beiden Frühbuchertarife **Sparpreis 25** und **Sparpreis 50** (jeweils 25 bzw. 50 % Rabatt auf den Normaltarif).

Alle diese Angebote sind jedoch kontingentiert, d. h. man sollte sich so früh wie möglich um einen Platz kümmern. Infos und Buchung unter ☎ 01805-996633, www.bahn.de/p/view/angebot/international/europaspezial/italien.shtml und www.bahn.de/citynightline, bei den Reisezentren der DB und in Reisebüros mit DB-Lizenz.

Information Deutsche Bahn (DB), www.bahn.de; Österreichische Bundesbahnen (ÖBB) www.oebb.at. Schweizerische Bundesbahnen (SBB), www.sbb.ch.; Italienische Staatsbahnen (FS) www.ferroviedellostato.it.

Tipps und Tricks für Bahnreisende in Italien

- Aus den Fahrplänen sollte man sich den geeigneten Zug heraussuchen: Nahverkehrszüge **Locale** (L) bzw. **Regionale** (R) sind langsam und halten an jeder Station. Etwas flotter bewegen sich **Diretto** (D) und **Interregionale** (IR), die aber ebenfalls häufig halten. Mit dem **Espresso** (E) ist die Fahrt dagegen schon wesentlich zügiger. Am schnellsten fahren die komfortablen **Intercity/Eurocity-Züge** (IC/EC), allerdings mit teils erheblichen Zuschlägen.

- Am Fahrkartenschalter sagt man: „**Un biglietto (due biglietti) per Como (Lecco, Milano s), solo andata (andata/ritorno)**" – „einen Fahrschein (zwei Fahrscheine) nach Como (Lecco, Milano …), einfache Fahrt (hin und zurück)".

- Wichtig: Bevor man den Bahnsteig betritt, muss man das Zugticket an einem der Automaten **entwerten**, die an den Zugängen aufgestellt sind. Andernfalls gilt man als potenzieller Schwarzfahrer – und das kann einiges kosten!

- **Nachlösen im Zug** ist in Italien nur möglich, wenn der Schalter des Abfahrtsbahnhofs geschlossen ist. Sollte das nicht der Fall sein, zahlt man beim Schaffner mehr als das Doppelte des regulären Fahrpreises!

- Wenn der Fahrkartenschalter geschlossen ist, gibt es die Zugtickets in der Regel in der **Bahnhofsbar** oder im **Zeitschriften-** bzw. **Tabacchi-Laden**. Immer häufiger ersetzen allerdings auch **Automaten** die Schalter (Menüführung auch in Deutsch).

- **Zuschlagspflichtige IC-Züge** sind auf den aushängenden Fahrplänen mit gestrichelter Linie gekennzeichnet (Zuschlag = supplemento).

- Auf den Fahrplänen immer die Spalte „Servizi diretti e annotazioni" beachten. Dort ist vermerkt, ob der betreffende Zug nur **werktags** („si effetua nei giorni lavorativi") oder nur **feiertags** („si effetua nei festivi") fährt.

- Auf kleineren Bahnhöfen hängen oft zusätzlich die Abfahrts-/Ankunftszeiten der **nächstgrößeren Bahnhöfe** bzw. Städte aus – nicht verwechseln!

- Gut zu wissen: **partenza** = Abfahrt, **arrivo** = Ankunft, **binario** = Gleis, **coincidenza** = Anschluss, **orario** = Fahrplan, **prezzo del biglietto** = Fahrpreis.

Mit dem Flugzeug

Norditalien hat sich zu einem bevorzugten Ziel für Billigfluglinien entwickelt – so mancher Urlauber steigt deshalb vom Auto auf den Flieger um. Auch Kurztrips von wenigen Tagen sind jetzt populär geworden, weil finanziell erschwinglich.

Wichtig ist jedoch eine frühzeitige Buchung, denn je näher der Abflugtag rückt, desto teurer wird das vermeintliche Schnäppchen. Falls man nicht mit öffentlichen Verkehrsmitteln unterwegs sein will, muss außerdem die Anmietung eines Leihwagens in die Kosten einbezogen werden (→ S. 61).

Besonders häufig werden Flüge zum Mailänder Großflughafen *Malpensa* angeboten, der nur wenige Kilometer südlich vom Comer See liegt und mit dem See per Bus und Bahn verbunden ist (→ S. 37). *Linate,* der zweite Mailänder Airport, liegt östlich der Stadt. Der Flughafen *Orio al Serio* bei Bergamo östlich vom Comer See ist ebenfalls ein beliebtes Drehkreuz für Low-Cost-Carrier.

Billigflüge werden u. a. angeboten von **Air Berlin** (www.airberlin.com), **easyJet** (www.easyjet.com), **Germanwings** (www.germanwings.com), **Ryanair** (www.ryanair.com) und **TUIfly** (www.tuifly.com). Sie können ausschließlich online gebucht werden. Gute Websites zum Vergleich der aktuellen Preise sind www.billig-flieger-vergleich.de, www.traveljungle.de und www.billigflieger.de.

Eine seenahe Alternative ist der internationale Flughafen von *Lugano* – winzig, aber funktional für gerade mal 200.000 Fluggäste pro Jahr. Seit 2004 bedient Darwin Airline (www.darwinairline.com) im „Swiss-Auftrag" die Route Zürich–Lugano/Agno viermal täglich. Man muss also erst nach Zürich fliegen, das geht mit täglichen Linienflügen ab Berlin, Hamburg, Dresden, Leipzig, Hannover, Düsseldorf, Frankfurt am Main, Stuttgart und München, von Österreich ab Wien und Salzburg. Mit ein bis zwei Stunden Aufenthalt muss man in Zürich rechnen.

Ankunft nach kurzem Flug

Flughäfen im Umfeld des Comer Sees

Mailand Der Flughafen **Malpensa** liegt etwa 45 km nordwestlich der Stadt bei Gallarate, nicht weit vom Südende des Lago Maggiore. Mit einem Zug der Gesellschaft „Trenord" (www.trenord.it) fährt man bis Saronno und steigt dort nach Como um südlichen Westufer um. Wer ans Ostufer will, muss für ca. 7,50 € mit den Bussen von „Malpensa Shuttle" (www.malpensa shuttle.it) oder „Malpensa Bus Express" (www.autostradale.it) zum Hauptbahnhof Stazione Centrale fahren, von dort gehen Züge nach Lecco und weiter am Ostufer entlang. ✆ 02-232323, www.seamilano.eu.

Der kleinere Airport **Linate** liegt etwa 6 km östlich vom Mailänder Zentrum. Shuttle-busse von Starfly (✆ 02-58587237, www. starfly.net) fahren von 6.15 bis 22.45 Uhr alle 30 Min. zur Piazza Luigi di Savoia neben dem Hauptbahnhof, Fahrzeit ca. 30 Min., Fahrpreis ca. 5 €, Tickets im Bus. Günstiger ist der ATM-Bus 73, der für ca. 1,80 € von 6 Uhr bis Mitternacht alle 10 Min. zur Piazza San Babila fährt. Nach Como bzw. Lecco

kann man die staatliche FS ab Hauptbahnhof nehmen, die private Bahngesellschaft „Trenord" (www.trenord.it) fährt ab Milano Nord (Piazza Cadorna) nach Como. ✆ 02-232323, www.milanolinate.eu.

Bergamo Der Flughafen **Orio al Serio** liegt in unmittelbarer Stadtnähe. Shuttle-Busse von ATB fahren regelmäßig in 10 Min. zum Hauptbahnhof (ca. 2 €, www. atb.bergamo.it). Von dort gibt es Direktzüge nach Lecco am Comer See und weiter am Ostufer entlang. Um nach Como zu gelangen, muss man in Mailand umsteigen. ✆ 035-326323, www.sacbo.it.

Lugano Der Flughafen **Lugano** liegt in Agno, 6 km südwestlich von Lugano. Der Airport-Shuttle FLP (Ferrovie Luganesi SA, www.flpsa.ch) fährt Lugano-Hauptbahnhof zwischen 8 und 21 Uhr alle 10 Min. an. Vom 1,5 km entfernten Busbahnhof Cassarate geht es mit dem Bus C12 der Gesellschaft ASF weiter nach Menaggio am Comer See. ✆ 091-6101111, www.lugano-airport.ch.

Mit dem Fahrrad

Die Gegend um den Comer See ist sicherlich ein Traum für sportlich ambitionierte Radfahrer – aber wie schafft man seinen Drahtesel ins Urlaubsgebiet, wenn man nicht mit dem eigenen Auto unterwegs ist? Bei guter Organisation ist das kein Problem.

Fahrradmitnahme in der Bahn: Das Fahrrad kann vom Bummelzug bis zum IC in den meisten Zügen mitreisen. In Fernzügen von Deutschland nach Italien muss für ca. 10 € eine *internationale Fahrradkarte* erworben werden, damit ist auch gleich ein Radstellplatz reserviert. Achtung: Hin- und Rückreise können im Fall Italien nicht zusammen gebucht werden (nur Nachtzüge möglich), die Rückfahrkarte muss in Italien gekauft werden. Die Deutsche Bahn bietet auf ihrer Internetseite (www. bahn.de) unter „Services" Informationen für Radfahrer an und unterhält außerdem die Radfahrer-Hotline ✆ 01805-996633 (0,14 € pro Min.). Ein Fahrrad als *Gepäckstück* aufzugeben und es dann einige Tage später am Zielbahnhof abzuholen, ist nur nach Südtirol möglich (ca. 25,80 €, transportgerechte Verpackung nötig). Problemlos ist der Transport in speziellen *Fahrradtaschen* (110 × 80 × 40 cm), die in Italien in allen Zügen, außer dem Hochgeschwindigkeitszug „Pendolino", mitgenommen werden dürfen, allerdings ist auch dafür eine Fahrradkarte notwendig.

Fahrradmitnahme im Flugzeug: Billigflieger berechnen dafür 25 € pro Flug, rechtzeitige Anmeldung und Bezahlung sind obligatorisch. Das Rad muss gut verpackt sein: Lenker nach innen drehen, Pedale entfernen, Luft aus den Reifen lassen und das Rad in Plastikfolie, Pappe o. Ä. einwickeln. Die Fluggesellschaft lässt sich per Unterschrift bestätigen, dass sie für keinerlei Schäden aufkommt.

Ärztliche Versorgung

Die meisten niedergelassenen Ärzte behandeln nur gegen Barzahlung, die heimische Krankenkasse erstattet die Kosten jedoch gegen detaillierte Rechnung ganz oder anteilig zurück (je nach Kasse verschieden), Zahnarztkosten werden allerdings nicht übernommen. Urlauber mit der Europäischen Krankenversicherungskarte, kurz EHIC (European Health Insurance Card) genannt, werden in staatlichen italienischen Krankenhäusern kostenfrei behandelt. Auch bei einigen Ärzten, die dem staatlichen italienischen Gesundheitssystem angeschlossen sind, ist die Behandlung gratis. Sie erhalten die Karte bei Ihrer gesetzlichen Krankenkasse, mittlerweile meist auch online.

Der Abschluss einer privaten *Auslandskrankenversicherung* (meist unter 0,50 € pro Tag) ist für Mitglieder privater Krankenkassen sinnvoll, und wenn Sie gegen die hohen Kosten eines unfall- oder krankheitsbedingten Rücktransports abgesichert sein wollen.

In den Sommermonaten werden in den größeren Urlaubsorten Sanitätsstationen namens *Guardia Medica Turistica* betrieben. Ohne Krankenschein kostet eine Behandlung dort ca. 21 €, ein Hausbesuch 31 €, ein Rezept 6 €.

Notrufe: Ambulanz (pronto soccorso) ✆ 118, Polizeinotruf ✆ 112 (europaweit mit dem Handy zu erreichen), Polizei ✆ 113, Feuerwehr (pompieri) ✆ 115, Pannenhilfe (soccorso stradale) ✆ 803116 (vom Handy 800116800).

Baden

Im Mai ist das Wasser noch kalt, im Juni und September liegen die Wassertemperaturen im Comer See aber bereits um die 19 bis 20 °C und im Juli/August steigen sie sogar bis 24 °C. Die Wasserqualität ist wegen fehlender bzw. veralteter Kläranlagen leider nicht überall optimal (→ S. 23).

Obwohl Privatgrundstücke, steinige Abschnitte und Steilufer vielerorts den Einstieg ins Wasser unmöglich machen, gibt es viele Uferzonen mit guten Badeplätzen, v. a. im Norden des Sees. Die meisten Strandbereiche bestehen aus Kies, manchmal mit Sand vermengt, reine Sandstrände gibt es nur wenige, z. B. *La Punta* bei Sorico (→ S. 107). Längster Strand am See ist mit fast 2 km der beliebte Windsurferstrand von *Domaso* (→ S. 109), besonders schön ist der Strand *Montecchio Nord* bei Colico (→ S. 69) mit seiner großzügigen Liegewiese. Aber auch der geschützte Strand im *Laghetto di Piona* (→ S. 80) weiter südlich bietet schöne Bademöglichkeiten. Hinter den Stränden liegen oft kleine oder große Wiesen mit schattigen Bäumen, nicht selten reihen sich dort auch mehrere Campingplätze aneinander. Wichtig bei Problemen: Alle größeren Badestrände sind mit Nummern gekennzeichnet, die vor Ort zusammen mit Telefonnummern der Ersten Hilfe aushängen. Bei einem Notfall kann man so genau angeben, wo man sich befindet. Im Hochsommer werden die größeren Strände außerdem von Bademeistern überwacht.

Wappnen Sie sich gegen Stechmücken, die sich in der Dämmerung und vor Sommergewittern am Wasser tummeln – einschlägige Mittel finden Sie in den italienischen Supermärkten.

Einkaufen

Shoppen am Lario macht Spaß. Die kleinen, urigen Tante-Emma-Läden sind hier noch nicht ausgestorben, und beim Stöbern in den engen Altstadtgassen lässt sich manche Entdeckung machen. Dazu kommt in fast jedem Seeort einmal wöchentlich ein großer, bunter Markt.

Zunächst sind es sicher v. a. die kulinarischen Produkte, die einen Seeurlaub in höchst erfreulicher Weise abrunden. Prall gefüllt und farbig präsentieren sich die Theken der Feinkostläden mit frischem Obst und vielfältigem Gemüse, dazu gibt es

Wein, Salami und Käse, Grappa und Liköre in ansprechenden Flaschen, wertvollen Essig, frische und getrocknete Pilze, eingelegte Früchte, Honig verschiedener Blüten, Gewürze – und natürlich Olivenöl. Nicht jeder weiß etwa, dass um die Mitte des Comer Sees das nördlichste Olivenanbaugebiet Europas liegt. Der Ölproduzent „Vanini Osvaldo" (www.oliovanini.it) hat seinen Standort in Lenno am Westufer, und aus Varenna am Ostufer gegenüber stammt das Olivenöl „Laghi Lombardi Lario" – beide Öle sind zu empfehlen. Und auch wenn direkt am See nur wenig Wein angebaut wird, lohnt unbedingt die Mitnahme eines guten Tropfens aus einer der zahlreichen Enoteche (Weinhandlungen mit Verkostung).

Selbstverständlich ist der Lario aber nicht nur Urlaubsgebiet, sondern besitzt auch traditionell gewachsene Zentren handwerklicher und industrieller Produktion. Vor allem Como muss in dieser Hinsicht genannt werden, denn es gehört zu den Dreh- und Angelpunkten der weltweiten *Seidenverarbeitung* (→ Wirtschaft). Wenn man also gediegene Seidentextilien und -stoffe kaufen will, ist man in Como richtig und noch dazu in feiner Gesellschaft – das Weiße Haus hat hier schon geordert, und der Vatikan ist ebenfalls Kunde. Im Umfeld von Como finden sich außerdem *Stilmöbel* im Städtchen Cantù, im nahen Mendrisio (Schweiz) ein umfassendes *Designer Outlet* und in Premana am Ostufer werden *Messer und Scheren* aller Art hergestellt. Und schließlich ist auch die *Modemetropole* Mailand nur einen Steinwurf entfernt, wo man entweder – mit dem nötigen Kleingeld ausgestattet – direkt bei Versace kauft oder aber in Second-Hand-Outlets (sog. „Stocks") auf die Suche geht.

Märkte gibt es am See reichlich. Fliegende Händler besuchen reihum die großen Uferstädte und an jedem Wochentag findet in einem anderen Ort

Olivenholzmanufaktur in Bellagio

ein großer *Straßenmarkt* statt, der sich oft die ganze Uferpromenade entlangzieht oder mehrere Straßenzüge in Beschlag nimmt. Zwar ist das Angebot – abgesehen von den wirklich wunderbaren Kulinaria – nicht unbedingt originell, doch kann man Schnäppchen machen. Fälschungen von Markenartikeln sind allerdings gängige Handelsware, und in Italien ist es seit einigen Jahren strafbar, offensichtliche Plagiate zu Dumpingpreisen zu erwerben. Besonders beliebt sind die sommerlichen *Abendmärkte* namens „Mercatini Estate", die mit ihrem bunten Treiben, Musik und historischem Handwerk viele Besucher anziehen. Interessant und vielseitig sind außerdem die *Antiquitäten- und Flohmärkte* (mercatini di antiquariato/mercatini delle pulci), die ein- bis mehrmals monatlich in verschiedenen Orten am See abgehalten werden, aber auch in den nahen Städten.

Und schließlich haben sich auch viele Kunsthandwerker und Künstler, kreative Boutiquen und Galeristen am Lago niedergelassen: Aquarellisten und Keramiker, Seidenmaler und Schmuckmacher, Textildesigner und Fotografen. Sie alle schätzen das milde Klima, die betörende Vielfalt und die Farbenpracht des Sees – und nicht zuletzt das Geschäft mit den Urlaubern.

Einkaufstipps

- **Samstag** ist Einkaufstag, v. a. nachmittags fallen die Einheimischen in Scharen in den größeren Orten ein. Wer in Ruhe vergleichen und wählen will, sollte sich einen anderen Tag aussuchen. Am Montagvormittag sind die meisten Läden allerdings geschlossen.

- Einkauf direkt bei der **Fabrik** ist beliebt und kann deutlich Geld sparen. Viele Firmen bieten ihre Produkte in großen Outlets direkt an. Schilder mit „Punto Vendita Diretto" (Direktverkauf) o. Ä. weisen den Weg.

- **Schlussverkäufe** (saldi) im Juli/August und Februar bringen radikale Preisnachlässe von 50 % und mehr.

Beliebt und günstig: Pizza vom Blech

Essen und Trinken

Die Bauernfamilien in den traditionell armen Alpentälern der Region ernährten sich früher von Milchprodukten, Hirse, Buchweizen und Gerste, im Herbst kamen Pilze und Kastanien hinzu. Fleisch gab es nur zu besonderen Anlässen.

Am Lario selbst bildete dagegen der Seefisch über viele Jahrhunderte die Grundlage der Ernährung. Mittlerweile ist die Fischerei allerdings fast ausgestorben, denn wegen der riesigen Nachfrage werden die Fische schon lange nicht mehr ausschließlich aus dem See geholt, sondern in großen Anlagen rundum gezüchtet oder importiert. Nur noch etwa 40 Fischer sind heute am See tätig.

Als Beilage zu Fisch und Fleisch wird traditionell *Polenta* gereicht, der gelbe Maisbrei bzw. -kuchen ist ja in ganz Oberitalien fast eine Art Nationalgericht. Ansonsten ist v. a. Reis ein Kennzeichen der lombardischen Küche, denn die riesigen Reisfelder am Po sorgen in beiden Regionen für ununterbrochenen Nachschub, was sich in variantenreichen *Risotti* niederschlägt. Überbleibsel der alten bäuerlichen Küche sind außerdem Gemüsesuppen und Eintöpfe – *Minestrone* ist nichts anderes als sommerliche Resteverwertung, Saisongemüse, Kartoffeln und Teigwaren sowie zur Würze geriebener Käse gehören dazu. Als sättigende Einlagen in Suppen nimmt man gerne *Urgiada,* das sind Perlgraupen (Gersten-/Weizenkörner), die am offenen Feuer und im Kaminrauch gekocht wurden.

Am See essen zu gehen ist stimmungsvoll und ein Vergnügen. Leider verleitet das Geschäft mit den Touristen hier und dort schon mal einen Wirt dazu, das „Essen von der Stange" zu perfektionieren – gerade in der Hochsaison sind in den Zentren der Urlaubsorte überschaubare Portionen, mäßige Qualität und hohe Preise leider nicht mehr unüblich. Tipp deshalb: Setzen Sie sich ins Auto und fahren Sie in die

Umgebung, dort erhält man bessere Qualität in größerer Menge für weniger Geld. Die regionalen Kochtraditionen in den Tälern um den See sind bodenständig und authentisch geblieben. Einen Versuch wert sind auch die ländlichen Lokale, die unter dem Stichwort „Agriturismo" firmieren – diese besitzen durchgängig ein recht hohes Qualitätsniveau bei relativ kulanten Preisen. Generell: Verlassen Sie sich nicht nur auf die standardisierte Speisekarte des Hauses, sondern lassen Sie sich beraten, wählen Sie die Spezialitäten des Hauses und seien Sie experimentierfreudig.

Stilecht essen: italienische Speisenfolge

Der volle Reiz der italienischen Küche entfaltet sich besonders, wenn man sich an die traditionelle Speisenfolge hält. Zunächst stimmt man den Magen mit einem oder mehreren *Antipasti* (Vorspeisen) ein – z. B. geräucherter Schinken mit Melone, zartes Carpaccio (hauchdünne Scheiben rohes Rinderfilet) oder Polenta con Luccio (Polenta mit Hecht). Dann folgt der *Primo Piatto* (erster Gang), meist Nudeln oder Reis – z. B. Gnocchi, Strangolapreti oder Tortellini. Alternativ kann man auch eine *Minestra* (Suppe) wählen. Jetzt erst kommt der *Secondo* (Hauptgang) auf den Tisch, entweder Fleisch oder Fisch. Traditionell wird er ohne *Contorni* (Beilagen) serviert, diese müssen extra bestellt werden. Mancherorts hat man sich aber den deutschen Essgewohnheiten angepasst und bietet das Hauptgericht mit Beilagen an (auf der Karte meist vermerkt). Zu guter Letzt könnte man noch ein *Dessert* (Nachtisch) wählen, doch meist ist man zu diesem Zeitpunkt bereits satt. In jedem Fall ist aber ein kleiner, schwarzer Espresso (kein Cappuccino!) ein schöner Abschluss: Man nennt ihn einfach „Caffè" oder „Caffè Licio", kann ihn aber auch mit einem Schluck Grappa abrunden (caffè corretto) oder als „Caffè Macchiato" mit geschäumter Milch trinken.

Wer sich auf ein solch üppiges Menü einlässt, muss keine Angst haben, hungrig wieder aufzustehen. Doch es hat seinen Preis. Essen gehen ist in Italien kein ganz billiger Spaß. Selbstverständlich gibt es aber immer die Möglichkeit, nur einen Primo Piatto zu wählen, also z. B. ein Nudelgericht, dazu Salat o. Ä. – auch viele Einheimische verhalten sich so, und v. a. mittags wird in vielen Lokalen ein Primo als einfaches Tagesgericht angeboten. Pizza gibt es gewöhnlich nur abends, doch viele Lokale befeuern ihre Holzöfen mittlerweile auch schon mittags und machen darauf mit „Pizza anche Mezzogiorno" aufmerksam. Sparsame können in Touristenorten auch häufig ein sog. „Festpreismenü" ordern (menu a prezzo fisso/menu turistico). Dieses ist weitaus günstiger als Speisen à la carte, allerdings nicht immer von nachhaltiger Qualität.

Vorsicht bei der Preiskalkulation anhand aushängender Speisekarten – der ausgedruckte Preis der einzelnen Gerichte sagt noch nichts über den tatsächlichen Endpreis aus, denn bei jeder Mahlzeit werden pro Person noch zwischen 1,50 und 3 € für *Coperto* (Gedeck) aufgeschlagen. *Servizio* (Bedienung) ist dagegen meist im Preis enthalten – jedoch nicht immer. Gerade in gehobeneren Lokalen muss dafür noch oft 10–15 % Aufpreis in Kauf genommen werden. Erfreulicherweise ist in den letzten Jahren verstärkt der Trend zu bemerken, diese Extras aus Gründen der verschärften Konkurrenz nicht mehr zu berechnen.

Nur noch selten zu sehen: Fischer am See

Fisch vom See

In jedem Restaurant gibt es Seefisch, zubereitet meist nach einfacher, volkstümlicher Tradition, gebraten oder eingelegt. Besonders charakteristisch sind am Comer See die *Missoltini* (Finten) – ein einstiger Meeresfisch aus der Ordnung der Heringsartigen, der sich ursprünglich nur zum Laichen in Süßwasser begab, dann aber dort sesshaft wurde. Sie werden im Mai und Juni gefischt, an der Sonne getrocknet, danach gesalzen und zusammen mit Lorbeerblättern in Holzbehältern namens „Missolte" aufbewahrt. Nach einigen Monaten gart man sie auf dem Grill, beträufelt sie mit Essig und Öl und reicht dazu geröstete Polenta.

Der aus Amerika eingeführte *Pesce Persico* (Flussbarsch) stammt aus der Familie der Lachse. Er wird wegen seines feinen, weißen Fleisches sehr geschätzt und überall am See gerne mit Risotto serviert.

Der *Lavarello* (Blaufelchen/Renke), in manchen Gebieten auch als *Coregone* bekannt, ist ein Süßwasserfisch mit festem, weißem Fleisch und wenig Gräten, der oft in Weißweinsoße gereicht wird.

Weit verbreitet sind Forellen, z. B. die *Trota Fario* (Bachforelle), die *Trota Iridea* (Regenbogenforelle), die große *Trota Marmorata Alpina* (Marmorataforelle) und die begehrte *Trota Salmonata* (Lachsforelle), ein typischer Zuchtfisch, den man an der rötlichen Farbe des Fleisches erkennt, hervorgerufen durch den von einer Alge produzierten Futterzusatzstoff Astaxanthin.

Luccio (Hecht) wird gerne als Vorspeise mit Polenta gereicht, ebenso die gesalzenen und an der Luft getrockneten *Aole* (kleine Süßwassersardinen).

Die karpfenartige und grätenreiche *Alborella* (Ukelei, auch „Laube" genannt) wendet man in Mehl, anschließend wird sie in Öl frittiert.

Zubereitungsarten: Fisch steht meistens „alla griglia" (gegrillt) auf der Speisekarte, besonders lecker ist er aber auch „al cartoccio" (in Folie). Eine sehr geschätzte

Abends Forelle

Zubereitungsart ist außerdem Pesce in Carpione, dabei wird der Fisch in eine mit fein gehacktem Gemüse und Kräutern aromatisierte Essigmarinade eingelegt – je länger die Verweildauer, desto zarter und köstlicher mundet er.

Fleischgerichte

Traditionelle Hauptgerichte, wie sie v. a. in den urigen Crotti im Valchiavenna nördlich vom See serviert werden (→ S. 180), sind *Costine di Maiale* (Schälrippchen vom Schwein im Specksteintopf) und *Capretto* (Zicklein), im Herbst ergänzt durch Gems-, Reh- und Hirschpfeffer. Aus dem Val d'Intelvi im Südwesten des Comer Sees stammt die *Furmentada,* eine Weizensuppe mit Schweineschwarten.

Dazu kommen natürlich die typischen Gerichte der Lombardei, z. B. *Ossobuco* bzw. *Stinco di Vitello,* das ist Kalbshaxe mit Knochen, meist in Brühe, in Aceto Balsamico (Balsamessig) oder Wein geschmort und mit Reis serviert. Das berühmte *Costoletta alla Milanese* entspricht in etwa dem Wiener Schnitzel, allerdings wurde das Rezept nicht aus Österreich importiert, sondern gerade umgekehrt – der Feldmarschall Radetzky war es angeblich, der das Gericht in Mailand entdeckte und mit nach Hause brachte. *Bollito Misto* ist in ganz Oberitalien verbreitet und meint verschiedene gekochte Fleischsorten wie Rind, Huhn und Kalb, die zusammen mit Gemüse geschmort und zubereitet werden. Als besondere Spezialität gelten außerdem Spießgerichte, z. B. die *Spiedini di Vitello* (Kalbfleischspießchen) sowie *Porchetta* (Spanferkel). Weiterhin gibt es *Vitello Tonnato,* das ist dünn aufgeschnittenes, mit Weißwein und Gemüse gekochtes Kalbfleisch, das als Antipasto serviert wird, die Kuttelsuppe *Busecca* und schließlich den *Zampone alla Milanese,* ein vollständig entbeinter Schweinsfuß, gefüllt mit dem Haxenfleisch selbst, Wurstbrät und anderen zerkleinerten Schweineteilen sowie verschiedenen Gewürzen. Ein fester Bestandteil der lombardischen Hausmannskost ist schließlich die *Casoeula,* ein deftiger Eintopf aus Würstchen, verschiedenen Stücken vom Schwein (Rippchen, Schwarten, Füße, Ohren), Wirsing, Karotten, Sellerie und Zwiebeln, die bis in die Zeit der spanischen Besetzung der Lombardei zurückgehen soll.

Risotto, Pasta und Polenta

Der berühmte *Risotto alla Milanese* ist mit Safran gewürzt bzw. gefärbt – die Entstehungslegende erzählt von einem Glaserlehrling, der bei der Restaurierung der Glasfenster des Mailänder Doms stets Safran in die Farben mischte und dies dann auch bei der Hochzeitstafel seines Meisters ausprobierte. *Minestrone alla Milanese,* eine Gemüsesuppe Mailänder Art, wird ebenfalls mit Reiseinlage (anstatt der üblichen Pasta) gereicht und der *Risotto alla Luganiga* besitzt eine kräftige Wursteinlage.

Direkt am See schmeckt es besonders gut

Neben den bekannten Pastagerichten gibt es im Seengebiet z. B. *Pizzoccheri* (Band-nudeln aus Buchweizen) und *Gnocchetti di Chiavenna* (Klößchen aus Weizenmehl).

Lokale Polentavarianten sind beispielsweise die *Polenta Cuncia* mit Käse, Butter und Knoblauch, die mit Käse gefüllten Polentabällchen namens *Balota* und v. a. die *Polenta Taragna*, eine Mischung aus Maismehl und dunklem Buchweizenmehl (schwarze Käsepolenta), in die mit einem Stock namens „Tarai" (tarare = tarie-ren, ausgleichen) Käse und Butter untergerührt werden.

Rauchverbot: Seit Januar 2005 gilt in allen italienischen Gastronomiebetrieben, von der kleinsten Bar bis zum Sternetempel, absolutes Rauchverbot, das – ei-nigermaßen unerwartet und auch ein bisschen unitalienisch – strikt eingehal-ten wird. Zuwiderhandlungen sind mit durchaus empfindlichen Strafen belegt und werden zudem als sehr unhöflich empfunden. Zum Qualmen also raus auf die Straße zu den anderen Verbannten – eine gute Möglichkeit für einen Plausch mit den Einheimischen.

Sonstige Spezialitäten

Wurst: Die Herstellung von Wurst und Schinken hat in den Tälern um den See eine jahrhundertlange Tradition. An erster Stelle muss natürlich die bekannte *Bresaola* (Bündner Fleisch) genannt werden, ein luftgetrockneter Rinderschinken aus dem Valtellina mit der geschützten Ursprungsbezeichnung „della Valtellina", eingeführt von den Graubündnern während ihrer Herrschaft im 16./17. Jh. Der *Violino di Ca-pra della Valchiavenna* ist ein getrockneter Schlegelschinken von der Ziege, von der Form her einer Geige nicht unähnlich. Gleichfalls beliebt sind die Schweins-würste namens *Luganighe*, geschätzt werden aber auch Salami und Mortadella.

Kastanien: Die *Castagne* (Kastanien) waren früher ein Hauptnahrungsmittel. Sie wurden in den Wäldern geerntet, getrocknet, gemahlen und anschließend zu Pasta, Brot und auch Kuchen verarbeitet. In den Zeiten des Wirtschaftsbooms nach dem Zweiten Weltkrieg wurde das sog. „Brot der Armen" dann vernachlässigt und findet erst heute wieder in der lokalen Küche Verwendung, z. B. in Süßspeisen oder als *Gnocchi di Castagne.*

Käse: Die Alpentäler um den Comer See sind auch für ihre Käsespezialitäten bekannt, die hauptsächlich von der intensiven Rinderwirtschaft herrühren. Auf den örtlichen Almen wird der Käse aus nicht entrahmter Kuhmilch hergestellt, die traditionell in Kupferkesseln auf Holzfeuer gekocht wird, und dann für Monate in den Crotti gelagert. Von den Tessiner Bergkäsen sind als „Formaggini" besonders der frische Kräuterkäse *Büscion* und der weißschimmlige Frischkäse namens *Zincarlin* aus Kuh- oder Ziegenmilch zu empfehlen. Am oberen Comer See um Domaso und Gravedona wird der *Semuda* hergestellt (bekannt auch als „Semüda" oder „Furmagela"), weiterhin gibt es *Casoretta, Piazzavachera,* die Ziegenkäse *Caprino* und *Caprinotto* sowie den Weichkäse *Taleggio.*

Süßspeisen: Die traditionelle *Miascia* macht man aus altbackenem Brot, Milch, Eiern und Rosinen. Das Brot wird einige Stunden in Milch eingeweicht, die Rosinen in Wasser. Das aufgeweichte Brot verquirlt man, bis es eine homogene Masse geworden ist, dann rührt man Eier, Zitronenschalen, Rosinen, fein gehackte Äpfel und Pfirsiche unter, kann aber auch getrocknete Feigen, Kakaopulver oder Rosmarin verwenden – ein Schuss Rotwein kann nicht schaden. Typisch für den Comer See ist auch der *Pan Mataloch,* ein Kuchen mit getrockneten und kandierten Früchten. Den berühmten Mailänder Früchteku chen *Panettone* isst man hauptsächlich zur Weihnachtszeit, gewöhnlich wird er mit einem eingeritzten Kreuz gesegnet.

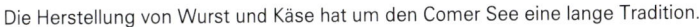

Die Herstellung von Wurst und Käse hat um den Comer See eine lange Tradition.

Die Weine der Seeregion

Jeder größere Ort besitzt mindestens eine Weinstube, „Cantina", „Osteria" oder „Enoteca" genannt. Dort können Sie in angenehmer Atmosphäre die besten Weine der Region kennenlernen, dazu oft auch die traditionelle örtliche Küche.

Am See selbst wird nur wenig Wein angebaut und auch generell genießen die lombardischen Weine keinen sonderlich hohen Bekanntheitsgrad. Zu den besten Anbaugebieten zählen die *Valtellina* östlich vom Comer See und die *Franciacorta* südlich vom Iseosee – letztere Region ist bekannt für ihren Spumante, z. T. mit DOCG-Klassifizierung. Am Comer See steht aber natürlich auch eine breite Palette anderer norditalienischer Weine zur Auswahl, darunter viele aus der benachbarten Weinregion Piemont. Von dort hat man die Wahl zwischen den hochklassigen, aus der Nebbiolotraube gewonnenen Rotweinen *Barolo* und *Barbaresco*, dem etwas süffigeren „Allerweltswein" *Barbera*, von dem es aber auch exzellente, im Barrique (Eichenfass) ausgebaute Varianten gibt, dem fruchtigfrischen *Dolcetto* und dem leichten, trockenen *Nebbiolo* mit seinem typischen Veilchenaroma.

In vielen Restaurants kann man einen offenen Vino della Casa (Wein des Hauses) bestellen, dieser ist preiswerter als Flaschenwein und in der Regel gut. Gern wird der leichte, rote Barbera angeboten, der weiße Tischwein kommt dagegen häufig aus Venetien. In den Crotti nördlich vom See wird häufig der herbe Landwein namens *Nostrano* getrunken und zwar stilecht aus dem „Boccalino", einem Tonkrug (0,2 l) mit Henkel und Schnabel.

Wer einen guten Tropfen kosten will, muss auswählen. Achten Sie immer auf die Ursprungsbezeichnung eines Weines: Qualitätsweine werden ausgezeichnet mit DOC (Denominazione di Origine Controllata = kontrollierte Ursprungsbezeichnung), die allerbesten mit DOCG (Denominazione di Origine Controllata e Garantita = kontrollierte und garantierte Ursprungsbezeichnung). Weine, die mit „Indicazione Geografica Tipica" (IGT) ausgezeichnet sind, stammen ebenfalls aus einer bestimmten Herkunftsregion, einfache Tafelweine nennt man „Vino della Tavola".

Feste und Veranstaltungen

Zu Beginn der Urlaubssaison im Frühjahr ist es v. a. die üppige Vegetation, die im Mittelpunkt vieler Feste steht. Zwischen April und August finden dann in zahlreichen Orten Ruderregatten mit den traditionellen Fischerkähnen namens „Batèl" statt, und im Sommer ziehen mehrere hochkarätige Musikfestivals Besucher an. Dazu begleiten überall Feuerwerke die Urlaubssaison.

Ostern: Besonders die Kamelie, die in Hunderten von Arten am See blüht, wird mit großen Ausstellungen gefeiert, u. a. am Osterwochenende mit der *Mostra delle Camelie* im Palazzo Gallio zwischen Domaso und Gravedona.

Mai: Die *Festa dei Fiori* eröffnet die Saison in Menaggio, ein Wochenende voller Blumen und Musik. In der ersten Maihälfte findet im Naturschutzgebiet Pian di Spagna am Nordende des Comer Sees ein *Birdwatching Festival* statt (www.piandispagna.it). Dabei gibt es Vorträge, Führungen und Filme zum Naturschutzgebiet. Am letzten Wochenende öffnen zahlreiche Weinkellereien am See und im nahen Valtellina ihre Tore, und es kann nach Herzenslust verkostet werden. *Cantine Aperte* nennt sich diese Aktion.

Juni: Am 24. Juni (oder am darauffolgenden Wochenende, falls dieser Tag nicht auf ein Wochenende fällt) findet auf der Isola Comacina die *Festa di San Giovanni* statt, eine Johannisnacht mit Feuerwerk und großer Bootsprozession.

Juli: Vor einigen Jahren ist das Festival *Musica sull'Acqua* in der Abtei von Piona bei Colico ins Leben gerufen worden und bislang ein großer Erfolg (www.festival musicasullacqua.org). Von Klassik bis zu Musicals und Jazz reicht die Spannweite. Gleich eine ganze Woche lang wird Ende Juli in Dongo das *Lariofest* gefeiert (www. lariosoccorso.org/Lariofest). Jeden Abend Livemusik, Tanz und lokale Spezialitäten. Ein Shuttlebus verkehrt dazu gratis von Sorico bis San Siro.

Juni bis August: Das große *Festival Lago di Como* (www.festivallagodicomo.it) bietet zahlreiche Konzerte rund um den See, hauptsächlich an der Westseite. Dabei gibt es Jazz im Rahmen des *Lario-Jazz-&-Rhythm-'n'-Blues-Festivals* sowie Klassik bei den *Sinfolario-Sommerkonzerten.*

August: Am Abend des 14. Augusts findet in Gravedona die populäre *Festa di Ferragosto,* ein Fest mit viel Musik und Folklore, dazu eine große Schiffsprozession statt. Ab 22 Uhr gibt es dann das größte Feuerwerk am See.

Ende August bis Mitte September: Der große *Palio del Baradello* zeigt die Geschichte der Stadt zur Zeit Barbarossas, nachdem 1159 der gemeinsame Feind Mailand besiegt worden war. Barbarossa zieht mit einem prachtvollen Umzug in die Stadt ein, dazu gibt es Reiterspiele, Tauziehen, Wettrennen etc. (www.paliodel baradello.it).

September: Mitte des Monats wird in Mezzegra bei Tremezzo die *Sagra dei Misultin* zu Ehren der Fischspezialität „Missoltini" gefeiert. Am zweiten Wochenende kann man die große *Sagra dei Crotti* im Ortsteil Pratogiano von Chiavenna (→ S. 177) besuchen, ein populäres Volksfest mit Degustationen, kulinarischen Kostproben, Musik und Tanz.

Oktober: Die *Sagra delle Castagne,* das traditionelle Fest zu Ehren der Kastanie, wird in vielen Seeorten gefeiert. Die Kastanien werden in großen Pfannen am offenen Feuer geröstet.

Gesetzliche Feiertage

An folgenden gesetzlichen Feiertagen bleiben Geschäfte, Banken, Ämter und Schulen geschlossen:

1. Januar. Capodanno (Neujahr)

6. Januar: Epifania (Dreikönigstag)

Ostermonntag: Lunedì dell'Angelo (Achtung: Karfreitag ist kein Feiertag!)

25. April: Festa della Liberazione (Tag der Befreiung vom Faschismus)

Pfingsten: Pentecoste (nur der Sonntag).

2. Juni: Festa della Repubblica (Tag der Gründung der Republik).

1. Mai: Festa dei Lavoratori (Tag der Arbeit)

15. August: Assunzione della Beata Vergine Maria (Mariä Himmelfahrt), „Ferragosto" genannt. Dieses Hauptfest der Marienverehrung ist in Italien ein großes Familienereignis und Höhepunkt der Urlaubssaison.

1. November: Ognissanti (Allerheiligen)

8. Dezember: Immacolata (Mariä Empfängnis)

25. Dezember: Natale (Weihnachten)

26. Dezember: Santo Stefano (Tag des heiligen Stephan).

Geld

In Italien gilt der Euro (€), in der nahen Schweiz bezahlt man mit Schweizer Franken (Fr.). 1 € entspricht etwa 1,20 Fr., 1 Fr. entspricht 0,83 € (Stand: Mai 2012). Mit Bankkarte und Geheimnummer müssen Sie keine einzige Bank betreten, um an Geld zu kommen, denn in allen größeren Orten gibt es Banken mit *Geldautomaten* (Menüführung auch in Deutsch). Pro Abhebung zahlt man allerdings ca. 4–6 €. Kunden von Citibank, Commerzbank, Comdirect, Deutsche Bank, SEB und HypoVereinsbank können bei ausländischen Zweigstellen kostenlos Geld abheben, bei Ing-DiBa sind euroweit Abhebungen an allen Automaten mit Visazeichen kostenfrei, mit der Postbank SparCard sind es bis zu zehn Abhebungen im Jahr.

Information

Das staatliche italienische Fremdenverkehrsamt *ENIT* (Ente Nazionale Industrie Turistiche) betreibt wegen der angespannten Haushaltslage seit 2011 in Deutschland nur noch ein einziges Informationsbüro, in Österreich und der Schweiz ebenfalls.

In Italien besitzt jede Provinz ein Verkehrsamt, das für die gesamte Provinz Auskünfte gibt, genannt APT (Azienda di Promozione Turistica) oder IAT (Ufficio Informazioni e di Accoglienza Turistica). Zusätzlich verfügen alle Städte und touristisch bedeutsamen Orte über eigene Informationsstellen, die ebenfalls meist IAT heißen. Oft wird dort deutsch gesprochen. Am Comer See gibt es in fast jedem Ort ein Informationsbüro, detaillierte Hinweise finden Sie im Reiseteil dieses Buches bei den Serviceangaben zu dem jeweiligen Ort.

Ente Nazionale Industrie Turistiche (ENIT) Deutschland, Barckhausstr. 10, D-60325 Frankfurt am Main, ☎ 0049-69-237434, 🖷 0049-69-232894, frankfurt@enit.it, www.enit-italia.de; Mo–Fr 10–17 Uhr, Sa/So geschl.

Österreich, Mariahilfer Straße 1b (Mezzanin – Top XVI), A-1060 Wien, ☎ 0043-1-5051639, 🖷 0043-1-5050248, vienna@enit.it, www.enit.at;

Mo–Do 9–17, Fr 9–15.30 Uhr, Sa/So geschl.

Schweiz, Uraniastr. 32, CH-8001 Zürich, ☎ 0041-43-4664040, 🖷 0041-43-4664041, zurich@enit.it, www.enit.ch; Mo–Fr 9–17 Uhr, Sa/So geschl.

Comer See Inforadio Täglich um 13 und 19 Uhr gibt es deutschsprachige Veranstaltungshinweise und Freizeittipps auf Radio Bellagio 103 (103.30 und 103.50 MHz).

Internet

Wer zwischendurch schnell einmal seine Mails abrufen möchte, findet in manchen Orten öffentlich zugängliche Terminals in Bars und Cafés (mit ca. 4–5 € pro Std. relativ teuer) oder häufig auch in den Stadtbibliotheken (biblioteca comunale), dort meist umsonst, dafür mit beschränkten Öffnungszeiten. Viele Hotels und auch Campingplätze bieten außerdem an WLAN-Hotspots die Möglichkeit zur Einwahl ins Netz, meistens gratis.

Informationsreiche Websites zum Comer See:

www.comersee.ws ▪ www.comer-see-italien.com ▪ www.comer-see.net ▪ www.comersee-info.de ▪ www.comer-see.it ▪ www.comerseeonline.com ▪ www.comoeilsuolago.it ▪ www.comersee-feriendomizile.de

Kinder

Für den Badeurlaub am See empfehlen sich besonders Colico mit seiner großen Liegewiese, der geschützte Laghetto di Piona weiter südlich und der lange Strand von Domaso am Gegenufer.

Aber es gibt auch noch einiges mehr zu tun und zu erleben, falls die Sprösslinge tatsächlich einmal vom Baden im See oder hauseigenen Swimmingpool genug haben sollten. So kann man in den meisten Badeorten Tret- und Ruderboot fahren, z. T. auch Minigolf spielen oder Fahrräder ausleihen, und auch Spielplätze sind relativ häufig anzutreffen. Natürlich lässt es sich im See auch wunderbar angeln, wobei Kinder bis 13 Jahre keinen Angelschein benötigen (→ Sport). Aber das Allergrößte ist natürlich, mit einem echten Schiff auf den See hinauszufahren. Die Schiffe der „Navigazione Laghi" laufen mehrmals täglich die meisten Badeorte an. Vielleicht will Papi jedoch sogar ein Motorboot mieten, was auch ohne Führerschein vielerorts möglich ist. Getoppt werden kann so eine Unternehmung wohl nur durch einen Rundflug per Wasserflugzeug (→ S. 65).

Ostufer: Bei Colico im Norden bietet das *Forte di Fuentes* mit seinem zentralen, grasbewachsenen Platz genug Raum fürs Picknick und zum Herumtollen (→ S. 75), für größere Kinder ist sicherlich auch die Besichtigung des *Forte Montecchio* mit seinen mächtigen Kanonen interessant (→ S. 74). Der *Orrido* in Bellano ist ein Wasserfall, der tosend aus dem Felsen bricht (→ S. 86), während man mit dem *Castello di Vezio* oberhalb von Varenna eine echte kleine Ritterburg besichtigen kann, in der noch dazu das „Monster vom Comer See" ausgestellt ist (→ S. 95). Für Motor-Kids lohnt in Mandello del Lario kurz vor Lecco das Museum der *Moto-Guzzi-Werke*, die hier seit 1921 ihre legendären Motorräder produzieren (→ S. 97).

Süd- und Westufer: In *Menaggio* und *Bellagio* kann man sich mit kleinen Touristenzüglein durch die Umgebung fahren lassen (→ S. 121 u. 162), hübsch ist auch eine Bootsfahrt auf dem kleinen *Lago di Mezzola* am Nordende des Comer Sees (→ S. 227). Für größere Kinder und Jugendliche ist sicherlich das Museum von *Dongo* interessant, wo Mussolini gefangen gehalten wurde (→ S. 115). In *Menaggio* lässt es sich auf einer gepflegten Anlage entspannt Minigolf spielen, auch ein Reitzentrum gibt es dort (→ S. 121). Eine Überfahrt zur *Isola Comacina,* der einzigen Insel im Comer See, sollte man sich ebenfalls nicht entgehen lassen (→ S. 136). Und wer den Hollywoodfilm „Ocean's Eleven" kennt, interessiert sich vielleicht für George Clooney (→ S. 142), James-Bond-Fans kommen am See aber ebenfalls auf ihre Kosten (→ S. 127). Anschaulichen Physikunterricht gibt es in Como im *Tempio Voltiano,* der dem Erfinder der elektrischen Batterie gewidmet ist (→ S. 151). Und wenn man mit der *Standseilbahn* nach Brunate hinauffährt, liegt einem der See zu Füßen (→ S. 151).

Umgebung: Ein Ausflug nach *Mailand* ist sicherlich für die ganze Familie ein Erlebnis (→ S. 201), bei Bergamo gibt es außerdem den Tierpark *Le Cornelle* und den großen Vergnügungspark *Minitalia Leolandia* (→ S. 200).

Klima und Reisezeit

Das Klima am Comer See ist noch nicht so ausgeprägt mediterran wie in Mittelitalien. Doch auf der „Sonnenseite der Alpen" ist alles ein bisschen üppiger und intensiver als im germanischen Norden, und wenn es nördlich der Berge noch eisig kalt ist, öffnen hier bereits die Kamelien ihre Blüten. Schon der berühmte antike Dichter Vergil hat den Comer See im zweiten Buch seiner Georgica als „lieblichen See" (lacus amoenus) bezeichnet.

Generell sind die Temperaturen am Comer See ganzjährig mild, denn die Berge halten die kalten Nordwinde ab, und die großen Wassermassen wirken zusätzlich ausgleichend. Im kurzen und meist ausgesprochen trockenen Winter fällt das Thermometer kaum unter 0 °C. In den niedrigeren Lagen zieht der Frühling schon im Februar mit seiner Blütenpracht ein (etwa sechs Wochen vor Mitteleuropa) und noch der Oktober zeigt sich mild und warm – ideale Voraussetzungen für die Anlage zahlreicher botanischer Gärten, in denen eine erstaunliche Pflanzenvielfalt aus aller Welt gedeiht.

Zu Ostern beginnt die Saison, im *April* und *Mai* grünt und blüht alles in fast subtropischem Überschwang, die Temperaturen sind mild und Windsurfer finden dank der stabilen Windverhältnisse (→ Sport) ideale Bedingungen. Zum Baden ist es allerdings noch zu kühl. Der Mai ist eine wunderbare Zeit für Aktivurlauber und Kulturreisende, ebenso die erste *Junihälfte* – es ist warm, aber nicht zu warm. Doch schon zu Beginn des Monats kann man spüren, wie es Tag für Tag heißer wird, die Badesaison beginnt. Hin und wieder kann es im Seegebiet aber auch zu heftigen Gewitterschauern kommen. Die zweite Julihälfte und die ersten drei Wochen des *Augusts* sollten – falls nicht an die Schulferien gebunden – besser gemieden werden: Die Badeorte sind überfüllt und die Campingplätze bis auf den letzten Platz belegt. Staus auf den Uferstraßen, ständig belegte Restaurants und gestresstes Personal gehören dann zum Alltag. Andererseits finden in dieser Zeit fast an jedem Wochenende Feste und Festivals statt.

Im *September* beginnt vielerorts wieder die Schule, und am noch badewarmen See kehrt wieder Ruhe ein. Allerdings kann es in dieser Zeit auch zu lang andauernden und heftigen Regenfällen kommen, die im Gebiet der Oberitalienischen Seen oft besonders intensiv ausfallen und schon zu schweren Überschwemmungen geführt haben – die wunderbar klare Luft und die damit verbundene optimale Fernsicht können nach solchen Tagen aber reich entschädigen. Der *Oktober* ist meist trockener, Kastanienreife und Weinernte werden überall mit Festlichkeiten begangen, aber auch die Pilze sprießen, die Speisekarten locken mit Wildgerichten. Die nahen Schweizer genießen jetzt ihre zweiwöchigen Herbstferien, und Bergwanderer freuen sich über die letzten schönen Tage, die bis in den November hinein anhalten können.

Wasser-/Lufttemperaturen am Comer See: Im Frühjahr (März bis Mai) beträgt die Wassertemperatur 10–16, die der Luft tagsüber 15–22 °C. Von Juni bis August steigen die Wassertemperaturen von 19 bis zum Spitzenwert von 24 °C, die Luft hat 20–30 °C. Im September kommt man noch auf die akzeptablen Werte von 18–20 bzw. 20–25 °C, im Oktober/November fallen sie auf 10–15 bzw. 10–20 °C.

Reisepapiere

Für den Aufenthalt in Italien genügt der Personalausweis (carta d'identità). Wer auf Nummer sicher gehen will, nimmt außerdem seinen Reisepass (passaporto) mit, zusätzlich Kopien beider Papiere. Kinder unter 16 Jahren benötigen einen *Kinderausweis* (ab zehn Jahren mit Lichtbild). Kinder und Jugendliche, die ohne Erwach-

sene reisen, sollten außer ihrem Ausweis eine schriftliche Vollmacht der Erziehungsberechtigten mitnehmen, sie könnten sonst an der Grenze zurückgewiesen werden (Reisevollmacht zum Ausdrucken unter www.forium.de/redaktion/jugend reisen-sicher-im-urlaub-ohne-eltern). Hunde oder Katzen dürfen nur mit, wenn Sie ein tierärztliches Impfzeugnis gegen Tollwut vorlegen können, neuerdings im „Hundepass" notiert.

Seit 1998 gibt es beim Transit von Deutschland über Österreich nach Italien keine Grenzkontrollen mehr, die entsprechenden Einrichtungen stehen leer oder wurden abgebaut. Bei der Anreise über die Schweiz, die kein EU-Land, aber dem Schengen-Raum beigetreten ist, finden Personenkontrollen nur noch bei „begründetem Verdacht" statt. Waren können hingegen jederzeit kontrolliert werden. Für Autofahrer empfiehlt es sich, die grüne Versicherungskarte mitzunehmen.

Sport

Der See, aber auch die umgebenden Berge ermöglichen eine breite Palette von Sportarten – v. a. Wassersportler finden ideale Gegebenheiten, denn die Windverhältnisse am Comer See sind von Mai bis September ausgesprochen stabil. Besonders die nördliche Seehälfte ist zum Segeln und Windsurfen geeignet – morgens bringt der Tivano frischen Wind aus den Bergen, ab dem späten Vormittag bis zum Abend bläst der Thermikwind Breva aus der Poebene zum See herauf, vornehmlich stabile Hochdruckwetterlagen lassen ihn aufleben. Die Windstärken betragen meist um die 2–3 Bft, lediglich die Tage mit böigem Föhn können ein wenig unangenehm werden.

Angeln: Am Comer See ist Fischen ganzjährig erlaubt, in Flüssen nur vom letzten Märzsonntag bis zum letzten Septembersonntag. In jedem Fall ist eine Lizenz nötig, die bei der Gemeinde oder beim Fremdenverkehrsamt beantragt werden kann („Licenza di pesca nelle acque interne, tipo D"). Kinder bis 13 Jahre können ohne diesen Schein angeln.

Fliegen: Fallschirmspringen, Drachen- und Segelfliegen sowie Paragliding haben Aufwind bekommen in der Bergwelt um den See. Ein begehrter Startpunkt für Gleitschirmflieger ist der *Monte Legnone* am nördlichen Ostufer (→ S. 83).

Golf: Der „Menaggio & Cadenabbia Golf Club" ist eine besonders schöne 18-Loch-Golfanlage oberhalb von Menaggio. Auch George Cloooney lässt sich dort gelegentlich sehen (☎ 0344-32103, www.menaggio.it).
Zwei weitere Plätze sind der „Golf Club Lanzo" in Lanzo d'Intelvi (Località Piano delle Noci, ☎ 031-839060, www.golflanzo.it) und der „Golf Club Lecco" beim Lago di Annone (Annone Brianza, Frazione Pizzighettone 1, ☎ 0341-579525, www.golfclublecco.it).

Kanufahren: Kanus können z. B. im „Windsurf Center Domaso" und bei „Son of a Beach" und „Bit of Salt" in Colico gemietet werden.

Kitesurfen: Für die mutigen Jungs, die mit ihren Lenkdrachen die tollsten Sprünge veranstalten, gibt es drei Startplätze am oberen See – einen an der Flussmündung in Gravedona, die Wiese neben dem Jachthafen in Gera Lario und die Spiaggia Montecchio Nord in Cólico. Am letzterem Spot bietet „Surfy's Kite-Schule" Kurse (www.surfys.ch). Achtung: Kitesurfer benötigen eine kostenpflichtige Genehmigung, pro Saison ca. 20 €. Bei Nordwind ist Kitesurfen nicht anzuraten, da der Wind sehr stark und böig sein kann!

Radfahren: Für Mountainbiker gibt es im bergigen Hinterland zahllose Trails über alte Militärstraßen, holprige Waldwege, und Trampelpfade. Teilweise sind sie sehr schmal und nicht einfach zu befahren, nicht zuletzt wegen der zahlreichen Steigungen, es gibt aber auch kilometerlange Abfahrten. Am See selbst sind Radwege eher Mangelware. Vor allem am Westufer herrscht viel motorisierter Verkehr, zumindest die Tunnel können aber oft umfahren werden. An der Ostseite ist der Verkehr auf der Uferstraße deutlich geringer, da die meisten PKW und LKW die parallel dazu verlaufende Schnellstraße nutzen.

Junge Freizeitsportler in Como

Segeln: Wegen der guten Windverhältnisse haben sich Segelschulen, insbesondere im Norden des Sees, niedergelassen, z. B. der „Circolo Vela Canottieri Domaso" (www.canottieridomaso.it) in *Domaso* und das „Centro Vela Dervio" *(www.centroveladervio.it)* in *Dervio*. Von März bis September finden dort auch mehrere große Segelregatten statt. Bei Vorlage eines Segelscheins können in vielen Orten Boote gemietet werden.

Tauchen: Tauchschulen gibt es in Cosio Valtellino im Valtellina (www.addasub.it), in Tremezzo (☎ 329-0720992) und bei Lecco (www.embolodeepdiversclub.net).

Wandern: Die Wanderwege im bergigen Seengebiet sind zahlreich und besitzen die unterschiedlichsten Schwierigkeitsgrade – vom gemütlichen Spaziergang am Seeufer bis zum alpinen Steig in über 2000 m Höhe. Acht detaillierte Wanderbeschreibungen finden Sie im „Kleinen Wanderführer" ab S. 220.

Windsurfen: Windsurfbretter können im Norden des Sees in allen Badeorten geliehen werden. Zentrum des windigen Vergnügens ist *Domaso* am Westufer, aber auch in Colico und Dervio am Gegenufer gibt es mehrere Windsurfschulen.

Telefon

Öffentliche Telefone funktionieren in Italien mit *magnetischen Telefonkarten* (carta telefonica), erhältlich für 5 bzw. 10 € in Tabak- und Zeitschriftenläden, manchmal auch an Rezeptionen von Hotels und Campingplätzen. Als Alternative dazu gibt es *internationale Telefonkarten* (scheda telefonica internazionale), die etwa 10 € kosten. Damit fährt man deutlich günstiger als mit den normalen Telefonkarten. Man führt sie jedoch nicht ins Telefon ein, sondern wählt eine kostenlose Nummer (numero verde), die auf der Karte vermerkt ist – sowohl fürs Festnetz (rete fissa) wie fürs Handy (cellulare). Danach gibt man die Geheimnummer ein, die ebenfalls auf der Karte vermerkt ist, und kann erst dann die Teilnehmernummer wählen. Vor jedem Gespräch wird das Guthaben angesagt.

Landesvorwahlen, Ortskennziffern und Mobilfunknummern

- Wenn Sie **aus Italien** ins Ausland anrufen, muss erst die Landesvorwahl eingegeben werden: Deutschland 0049; Österreich 0043; Schweiz 0041. Dann jeweils die Null der Ortsvorwahl weglassen.
- Wenn Sie aus dem Ausland **nach Italien** anrufen, muss erst die italienische Landesvorwahl 0039 eingegeben werden. **Danach muss die Null der Ortsvorwahl mitgewählt werden!**
- Wenn Sie in Italien **innerhalb eines Fernsprechbereichs** (Provinz, Großstadt etc.) telefonieren, müssen Sie die Ortskennziffern mitwählen – also innerhalb der Stadt Verona 045, in Mailand 02 etc.
- Italienische **Mobiltelefonnummern** beginnen statt mit einer 0 mit einer 3.
- Werktags zwischen 22 und 8 Uhr und an Sonntagen von 0 bis 24 Uhr telefoniert man billiger.

Mobiltelefon: Sobald sich das Handy in eines der italienischen Handynetze eingebucht hat, kann man fast überall problemlos telefonieren und Anrufe entgegennehmen, Funklöcher treten nur vereinzelt in den Bergen auf. Gezahlt werden die jeweiligen Tarife des italienischen Netzbetreibers, zusätzlich fallen für jeden Anruf sog. Roaming-Gebühren Ihres Mobilfunk-Providers an, die jedoch in den letzten Jahren auf Betreiben der EU deutlich reduziert wurden. Achtung: Wenn Sie in Italien angerufen werden, zahlen Sie immer die Weiterleitungsgebühren – selbst wenn der Anrufer in Italien ist, wird das Gespräch über Deutschland umgeleitet. Auch für Anrufe auf Ihre Mailbox zahlen Sie doppelt: den Anruf aus Deutschland und die Umleitung auf die Mailbox in Deutschland (Tipp: absolute Rufumleitung Ihres Handys deaktivieren).

Für den, der viel telefoniert oder längere Zeit in Italien bleibt, lohnt sich eventuell der Kauf einer wiederaufladbaren SIM-Karte von einer der vier italienischen

Mobiltelefongesellschaften Telecom Italia (www.tim.it), Vodafone (www.vodafone.it), Wind (www.wind.it) und Tre (www.tre.it), die Preise beginnen bei 10 €. Man bekommt damit eine italienische Nummer und muss die Gespräche, die aus dem Ausland kommen, nicht mitfinanzieren. Für den Kauf wird der Personalausweis und eine Adresse (auch Hotel o. Ä.) in Italien benötigt. Das Aufladen ist auch an Bankautomaten möglich.

Aktuelle Hinweise über mobiles Telefonieren im Ausland unter www.teltarif.de/reise.

Übernachten

Am Comer See finden sich Unterkünfte aller Art – vom herrschaftlichen Grandhotel im Belle-Époque-Stil über die historische Villa mit Seeblick bis zur einfachen Pension im alten Stadthaus, vom schlichten Agriturismo-Betrieb in den Bergen bis zum mondänen Viersternehotel im prächtigen Landschaftsgarten. Am Westufer ist dabei die Auswahl deutlich größer als an der Ostseite. Eine Vielzahl von Empfehlungen finden Sie im Reiseteil dieses Buches unter den jeweiligen Orten. Anderweitige Informationsmöglichkeiten sind die einschlägigen Internetseiten (→ Internet auf S. 51) oder die italienischen Fremdenverkehrsämter in Deutschland, Österreich oder der Schweiz(→ Information auf S. 50), die Ihnen auf Anfrage kostenlose und alljährlich aktualisierte **Unterkunftsverzeichnisse** vom See zuschicken. Darin sind alle registrierten Hotels, aber auch Pensionen und Privatzimmer, Ferienwohnungen und Campingplätze mit Adresse, Preisangaben, Öffnungszeiten und Hinweisen zur Ausstattung verzeichnet. In der Regel erhalten Sie diese Unterlagen auch kostenlos bei den lokalen Informationsämtern (sowohl für Hotels als auch für Ferienwohnungen).

Die meisten Hotels öffnen zu Ostern und schließen im Oktober. Im Winter sind die meisten Betriebe geschlossen, in dieser Zeit sollte man sich vorab informieren, welche Hotels am Urlaubsort geöffnet sind. Problemmonate für individuell Reisende sind Juli und August. Vor allem im August, dem traditionellen Reisemonat für Familienferien, ist in den Seeorten ein Großteil der verfügbaren Betten und Stellplätze ausgebucht. Vorbestellung ist ratsam, sollte jedoch möglichst frühzeitig vorgenommen werden, um Erfolg zu haben. Anders in der Nebensaison: Dann sind die Hoteliers froh, ihre Zimmer voll zu bekommen, und man kann noch hier und dort ein Schnäppchen machen. In der Hochsaison besteht in Häusern mit Restaurant auch manchmal Pensionspflicht, d. h., Übernachtung mit Frühstück und mindestens einer weiteren Mahlzeit (Halbpension) werden berechnet.

Die in diesem Buch angegebenen **Hotelpreise** sind Zirkapreise und beziehen sich auf ein **Doppelzimmer (DZ) mit Bad** sowie gegebenenfalls mit Frühstück. **Zimmer mit Etagendusche** sind als solche kenntlich gemacht. Wenn eine Preisspanne angegeben ist, steht die erste Zahl für den Zimmerpreis in der **Nebensaison**, die zweite bezieht sich auf die **Hauptsaison** (Juli/August). **Halb- bzw. Vollpensionspreise** sind pro Person angegeben.

Bed & Breakfast: Eine gute Alternative zu den großen Seehotels bieten die immer zahlreicher werdenden privaten Vermieter, die oft nur über wenige Zimmer verfügen, aber dementsprechend persönlichen Service bieten und auch preislich meist nicht überzogen sind. Infos z. B. bei www.bed-and-breakfast-italien.com und natürlich im praktischen Reiseteil dieses Führers.

Ferienhäuser und -wohnungen: Unterkünfte dieser Art gibt es zahlreich im ganzen Seegebiet. Sehr viele Anbieter findet man im Internet oder über Tages- und Wochenzeitungen. Eine umfassende Auswahl am Comer See besitzen u. a. *La Breva* (www.labreva. com) und *Siglinde Fischer* (www. siglinde-fischer.de). Viele Optionen bieten außerdem www.comersee-ferien domizile.com, www.fewo-direkt.de und www.interchalet.com.

Agriturismo: Die immer populärer werdenden Bauernhöfe mit Unterkunft und Essen können im Internet abgefragt und gebucht werden, z. B. über www.agri turismo-on-line.com oder www.turismo verde.it. Die Zimmer sind meist funktional ausgestattet, bestechen aber häufig durch die schöne Lage und Aussicht – die hauseigene Küche ist fast immer erfreulich.

Camping: Besonders groß ist die Zahl der Zeltplätze bei *Domaso und Sorico* am westlichen oberen Lario. Geöffnet sind sie in der Regel etwa April/Mai bis September/Oktober, gelegentlich auch ganzjährig. Leider sind viele Plätze am See von Dauercampern belegt, sodass gerade im Hochsommer ohne frühzeitige Vorbuchung nichts mehr zu finden ist.

Wohnmobile: Die meisten Orte am See besitzen ausgewiesene Stellplätze, allerdings nicht immer mit Ver- und Entsorgungsmöglichkeiten. Hilfe bietet die Website www.camperweb.it.

Jugendherbergen: Hostels der IYHF gibt es direkt am Lago in *Como* und *Menaggio,* ein privates Hostel am Seeufer in Domaso. Detaillierte Infos unter den jeweiligen Orten, im Internet unter www.aighostels.com.

Wann kommt die nächste Fähre

Unterwegs am Comer See

Die Uferstraßen an Ost- und Westufer sind im Allgemeinen problemlos zu befahren. Am Ostufer verläuft sogar zusätzlich zur eigentlichen Uferstraße die autobahnähnlich ausgebaute Schnellstraße SS 36, die vom Fernverkehr genutzt wird und so die Uferstraße stark entlastet.

Sommerzeit ist allerdings nicht nur Urlaubszeit, sondern auch Ausflugszeit für Mailänder, Bergamasker und das nahe Tessin. Besonders voll wird es an den Wochenenden, wenn Zehntausende von Städtern den See aufsuchen. Während sich ganze Großfamilien im Auto zum Picknick am Seeufer aufmachen, donnern waghalsige, meist junge Leute auf ihren schicken Motorrädern risikobereit über die kurvigen Sträßchen im Hinterland und schneiden rasant die Kurven – eine äußerst vorsichtige und defensive Fahrweise ist dann unbedingte Notwendigkeit. Am Sonntagnachmittag setzt schließlich der Rückreiseverkehr ein, und auf den wichtigen Straßenverbindungen steht man nicht selten im Stau. Tipp: antizyklisch fahren, d. h. an den Anreisetagen Freitag und Samstag möglichst in Richtung der großen Städte Bergamo und Mailand und ab Sonntagnachmittag in die Gegenrichtung, wo dann die Fahrspuren nahezu autofrei sind.

Die vom See abzweigenden Nebenstraßen bilden aber nicht nur wegen der verwegenen Zweiradakrobaten eine Herausforderung, denn oft steigen die Berghänge extrem steil an, und es geht in abenteuerlichen Haarnadelkurven sehr eng hinauf – langsam und mit Bedacht fahren ist hier angesagt. Dies gilt ebenso für die Verkehrsführungen in den verwinkelten Ortschaften oberhalb des Sees, wo man sich nicht selten in Zentimeterarbeit zwischen den alten Häusern hindurchmanövrieren muss.

Mit dem Mietwagen

Mit einer vorab getätigten Online-Buchung bei einem Mietwagenbroker fährt man oft günstiger als mit einer Anmietung vor Ort. Unter www.billiger-mietwagen.de und www.mietwagennet.de lassen sich die Angebote diverser Broker vergleichen und buchen. Broker sind z. B. www.autoeurope.de, www.autovermietung.de, www.economycarrentals.com, www.m-broker.de, www.rentacar-europe.com und www.sungo.de. Leider ist der Service vor Ort im Fall einer Panne oder eines Unfalls nicht immer zufriedenstellend. Wichtig: Alle Verleiher verlangen bei der Anmiete eine Kaution, dafür ist fast immer eine Kreditkarte nötig, Bargeld wird nur in seltenen Fällen akzeptiert. Prüfen Sie außerdem genau den gebotenen Versicherungsschutz, Vollkasko mit oder ohne Selbstbeteiligung ist zu empfehlen.

Rund um den italienischen Verkehr

Italienische Verkehrsschilder accendere i fari = Licht einschalten; **attenzione uscita veicoli** = Vorsicht Ausfahrt; **deviazione** = Umleitung; **divieto di accesso** = Zufahrt verboten; **rallentare** = langsam fahren, z. B. wegen **lavori in corso** (Bauarbeiten) oder wegen **pericolo** (Gefahr, oft vor Steigungen und Kreuzungen); **inizio/fine cantiere** = Beginn/Ende der Baustelle; **inizio zona tutelata** = Beginn der Parkverbotszone; **parcheggio** = Parkplatz; **rotatoria** = Kreisverkehr; **senso unico** = Einbahnstraße; **strada interrotta** = Straße gesperrt; **strada senza uscita** = Sackgasse; **temporaneamente limitato al percorso** = Durchfahrt vorübergehend verboten; **tornante** = Steilkehre; **tutti direzioni** = alle Richtungen; **zona a traffico limitato** = Bereich mit eingeschränktem Verkehr; **zona disco** = Parken mit Parkscheibe; **zona pedonale** = Fußgängerzone; **zona rimorchio** = Abschleppzone.

Bußgelder Die italienischen Bußgelder gehören zu den höchsten in Europa, Parkverstöße und Geschwindigkeitsüberschreitungen werden deutlich strenger geahndet als in Deutschland. Die Mindestgebühr für Falschparken beträgt 35 €, Radarkontrollen werden in Italien seit 2004 durchgeführt. Ende 2010 ist eine EU-Verordnung in Kraft getreten, wonach Verkehrsverstöße ab 70 € ins Heimatland zurückverfolgt werden können. Die Bußgelder sollen von den heimischen Behörden „konsequent" eingetrieben werden – ob es dazu kommen wird, bleibt abzuwarten.

Pannenhilfe Der Straßenhilfsdienst des italienischen Automobilclubs ACI (www.aci.it) ist in ganz Italien rund um die Uhr unter 803-116 zu erreichen (aus den Mobilfunknetzen mit 800116800). Die Pannenhilfe ist kostenpflichtig, auch für Mitglieder von Automobilclubs. Im Rahmen der „ADAC-PlusMitgliedschaft" werden Kosten anteilig übernommen. **Deutschsprachiger Notrufdienst des ADAC** (Via Borgazzi 25/27, I-20052 Monza), 039-21041.

Parken Eine kostenintensive Angelegenheit ist das Parken v. a. im Hochsommer – gratis kann man dann oft nur weit außerhalb der Ortszentren parken. Gebührenpflichtige Parkplätze findet man zentral an den Uferstraßen (beschildert), Preise ca. 1,50–2,50 € pro Std.

Tanken Die Preise liegen auf italienischer Seite etwa so hoch wie in Deutschland, deutlich günstiger tankt man in der nahen Schweiz. Tankstellen sind in Italien an den Autobahnen durchgehend 24 Std. geöffnet, in Ortschaften meist Mo–Sa 8–12.30 und 15–19 Uhr, Sonntag ist Ruhetag. An vielen Zapfautomaten können Sie während der Schließzeiten im Self-Service-Verfahren mit unzerknitterten Euroscheinen oder immer öfter auch mit Kredit- oder Bankkarte tanken.

Wer **LPG-Gas** tankt, kann sich unter http://new.eurogasauto.egm.it/it/egmsearch/find business über die Standorte der Zapfstellen in Italien informieren. Am Comer See gibt es eine Tankstelle am Westufer in Dongo (Shell Fuel und Auto-Gas Dongo, Via Statale 40), eine weitere östlich vom See in Piantedo, nicht weit von Colico (Gas Auto Piantedo, Via San Martino 1/A).

Unfälle An der Windschutzscheibe eines in Italien zugelassenen Wagens ist ein Aufkleber mit der Adresse der Versicherungsgesellschaft und der Versicherungsnummer angebracht. Diese unbedingt notieren und Zeugen ermitteln. Außerdem unbedingt ein Formular für den **Unfallbericht** im Auto mitführen, auf Italienisch **CID** genannt.

Wichtige Verkehrsvorschriften (Italien) Abblendlicht ist auch tagsüber auf allen Autobahnen und Überlandstraßen vorgeschrieben, für Zweiräder gilt generell „Licht an".

Privates Abschleppen auf Autobahnen ist verboten.

Die **Promillegrenze** liegt bei 0,5 ‰.

Das Telefonieren während der Fahrt ist nur mit einer **Freisprechanlage** gestattet.

Sehr viele Kreuzungen im Seengebiet sind als **Kreisverkehr** ausgelegt, damit vermeidet man Ampeln und der Verkehr läuft deutlich flüssiger. Ist der Kreisverkehr mit Verkehrschild als solcher ausgewiesen, hat der im Kreis Fahrende Vorfahrt vor den Einfahrenden – fast alle Kreisverkehre sind deshalb mit Stoppmarkierungen für die Einfahrenden versehen. Generell ist am Kreisverkehr erhöhte Vorsicht anzuraten.

Motorräder unter 150 cm³ sind auf italienischen Autobahnen verboten.

Parkverbot besteht an schwarz-gelb markierten Bordsteinen und gelb markierten Flächen.

Dachlasten und Ladungen, die über das Wagenende hinausragen, müssen mit einem reflektierenden, 50 × 50 cm großen, rot-weiß gestreiften **Aluminiumschild** (kein Kunststoff!) abgesichert werden (erhältlich im deutschen Fachhandel, in Italien an Tankstellen). Fahrrad- oder Lastenträger mit Heckleuchten und Nummernschild, die im Kfz-Schein eingetragen sind, sind von dieser Regelung ausgenommen.

Für den Fall, dass man z. B. wegen Unfall oder Panne auf einer Autobahn das Auto verlässt, muss eine reflektierende **Sicherheitsweste** (DIN EN 471) zur Hand sein. Erhältlich ist sie bei uns in Tankstellen, Baumärkten etc.

Mit dem Bus

Am gesamten Westufer und im Süden verkehrt vorwiegend die Gesellschaft *ASF* (www.asfautolinee.it), im Bereich von Lecco *SAL* (www.leccotrasporti.it) und im Norden des Sees *STPS* (www.stps.it) von Chiavenna und Sondrio nach Colico. Am Ostufer entlang gibt es keine Buslinie, dort muss man die Bahn nehmen. Am Westufer entlang braucht der Bus von Como bis Sorico etwa 2 Std. (ca. 6 €), bis Menaggio 1 Std. (ca. 3,50 €), ebenso nach Bellagio. Die Streckenabschnitte sind je nach Länge in verschiedene Tarifgruppen aufgeteilt. Die Tickets werden vor der Fahrt in Bars, Tabacchi- und Zeitschriftenläden in der Nähe des Busstopps gekauft. Es gibt auch ein Tagesticket, das sog. „Biglietto Giornaliero" (ca. 8 €) – dieses gilt auch im Umkreis des Sees, d. h. man kann damit z. B. nach Bergamo und zurück fahren.

ASF-Busse (Auswahl) **Bus C10** fährt von Como am Westufer hinauf über Sorico bis Colico an der nordöstlichen Seeecke.

Bus C20 fährt von Como auf einer etwas höheren, panoramareicheren Route nach Argegno und von dort weiter ins Val d'Intelvi.

Bus C12 fährt ab Menaggio nach Porlezza am Luganer See und weiter nach Lugano.

Bus C30 fährt von Como nach Bellagio.

Bus C40 fährt von Como nach Lecco.

Mit der Bahn

Am Ostufer verkehrt die italienische Staatsbahn *Ferrovie dello Stato* (FS, www.trenitalia.com) etwa stündlich zwischen *Lecco* am südlichen Seeende und *Colico* am Nordende. Nach Süden fährt sie weiter bis Bergamo oder Mailand, im Norden bis Chiavenna oder durch das Valtellina nach Tirano, wo man einen Ausflug mit dem legendären Bernina Express anschließen könnte (→ Kasten). Aus der Schweiz kommend erreicht die internationale Gotthardlinie den Comer See an seiner Südwestecke in Como und geht weiter zur Stazione Centrale in Mailand. Außerdem fährt die private Gesellschaft *Trenord* (www.trenord.it) von Como zur Stazione Milano Nord (Piazza Cadorna) in Mailand.

Erlebnis Bahn: ein Ausflug mit dem Bernina Express

Der berühmte Bernina Express der Rhätischen Bahn (RhB) gehört seit 2008 zum Weltkulturerbe der UNESCO. Er startet etwa dreimal täglich in Tirano und fährt in langen Ser-pentinen hinauf zum Bernina Pass (2253 m) mit dem Ospizio Bernina, der höchstgelegenen Bahnstation der RhB, und wei-ter nach St. Moritz (ca. 2:15 Std.). Von St. Moritz könnte man im Anschluss einmal täg-lich auf der spektakulären Albu-lastrecke über Tiefencastel bis Chur fahren. Die Berninabahn gilt als höchste Adhäsionsbahn der Alpen (d. h. sie fährt ohne Zahnrad, nur mit Haftung der Räder) und meistert Steigungen von bis zu 70 ‰ (70 Höhenmeter auf einen Kilometer). 55 Tunnel

Ausflug mit der Rhätischen Bahn

und 196 Brücken und Steigungen werden überwunden, spektakulär sind be-sonders die Kehrtunnel zwischen Bergün und Preda (Albulastrecke). Der Preis pro Pers. beträgt von Tirano nach St. Moritz einfach ca. 29 Fr./24 € (hin und zurück 58 Fr./48 €), nach Tiefencastel 45 Fr./37 € (90 Fr./74 €). Kinder von 6 bis 16 Jahren zahlen die Hälfte. Dazu kommt die obligatorische Sitzplatzreservierung von 12 Fr./10 € pro Fahrtrichtung. Nicht billig also, aber ein unvergessliches Fahrerlebnis, denn in den Panoramawagen hat man die Natur der Berge und Gletscher hautnah vor sich. Achtung: Eine Vorre-servierung ist notwendig (www.rhb.ch).

Mit dem Schiff

Sicherlich das schönste und entspannendste Verkehrsmittel am See sind die Personenfähren und (teureren) Tragflügelboote der *Navigazione Lago di Como* (www.navigazionelaghi.it), die mehrmals täglich alle wichtigen Orte verbinden. Zwischen Varenna, Bellagio, Cadenabbia und Menaggio im Zentrum des Sees pendeln häufige Autofähren und bieten damit die reizvolle Möglichkeit, die Seiten zu wechseln, ohne den See ganz umfahren zu müssen (Preis der einfachen Über-fahrt für PKW ca. 6,90–12,60 €, Motorrad 5,10–6,90 €, Pers. ca. 3,70 €). Auch nächtliche Fahrten mit Abendessen, Musik und Tanz werden angeboten.

Informationen Fahrpläne gibt es an allen Anlegestellen mit Ticketverkauf sowie in vielen touristischen Informationsbüros. Weitere Infos unter ℡ 031-579211 oder 800-551801 (in Italien gratis), www.navigazionelaghi.it.

Preise Tickets kosten je nach Länge der Überfahrt zwischen 2 und 11 €. Neben den normalen Tickets können auch **Tagespässe** (biglietto di libera circolazione) für einen oder sechs Tage erworben werden, die auf Stre-cken zwischen zwei ausgewählten Häfen

gültig sind. An den Zwischenstationen kann man dabei beliebig aus- und zusteigen. Der Ein-Tages-Pass kostet je nach Streckenlänge ca. 5,50–22,40 € pro Pers., der Sechs-Tage-Pass ca. 16,50–67,20 €.

Für die schnellen Hydrofoils (Tragflügelboote) und Katamarane muss ein Zuschlag gezahlt werden. Kinder unter 4 J. fahren gratis, Ermäßigung gibt es von 4–12 J. Senioren ab 65 J. erhalten Mo–Fr eine kleine Ermäßigung von ca. 1,20 € pro Fahrt.

Der See von oben

Rundflüge über dem See veranstaltet der „Aero Club Como" mit acht Wasserflugzeugen, die auf dem See starten und landen. Der bereits 1930 gegründete Verein ist der älteste seiner Art in Europa und die einzige Wasserflugschule auf dem Kontinent. Der Hangar des Clubs steht direkt am Hafen von Como. Die Rundflüge sind nicht billig (30 Min. ca. 150 €), aber ein spektakuläres Erlebnis.

Aero Club Como, Viale Masia 44, I-22100 Como, ✆ 031-574495 (es wird englisch gesprochen), ✆ 031-570333, www.aeroclubcomo.com.

Zoll

Innerhalb der EU dürfen Waren zum eigenen Verbrauch unbegrenzt ein- und ausgeführt werden. Es existiert allerdings ein Katalog über Richtmengen von Waren. Werden diese überschritten, muss man im Fall einer Stichprobenkontrolle glaubhaft machen, dass diese Mengen nicht gewerblich genutzt werden, sondern nur für den persönlichen Verbrauch bestimmt sind. Haben Sie also mehr als 90 l Wein dabei, kommen Sie in Beweisnot.

Richtmengenkatalog (Warenmenge pro Pers. ab 17 J.): 800 Zigaretten, 400 Zigarillos, 200 Zigarren, 1 kg Rauchtabak, 10 l Spirituosen, 20 l Zwischenerzeugnisse, 90 l Wein (davon höchstens 60 l Schaumwein) und 110 l Bier.

Ein- und Ausreise Schweiz: Da das Territorium der Eidgenossen EU-Ausland ist, wird an den Grenzen immer noch und manches Mal streng kontrolliert. In die Schweiz dürfen neben dem Tagesbedarf an Lebensmitteln zollfrei eingeführt werden: 200 Zigaretten oder 50 Zigarren oder 250 g Pfeifentabak sowie 2 l alkoholische Getränke bis 15 % Vol. und 1 l über 15 % Vol. Sie dürfen, sofern Ihr Wohnsitz außerhalb des Zollgrenzbezirks liegt (15 km von der Grenze entfernt), beim Verlassen der Schweiz 200 Zigaretten, 500 g Kaffee und sonstige Waren im Wert von 200 € mitnehmen.

Beim *Transit* durch die Schweiz ist eine freiwillige Deklaration der mitgeführten Waren fällig, wenn die in der Schweiz geltenden Freimengen für die Einfuhr (→ oben) überschritten werden. Für solche Waren muss eine Kaution in Landeswährung hinterlegt werden, die man bei der Ausreise zurückerhält.

Blick auf den Park der Villa Monastero (Varenna)

Ostufer

Colico	→ S. 69	Bellano	→ S. 85
Pian di Spagna	→ S. 76	Varenna	→ S. 89
Lago di Mezzola	→ S. 76	Mandello del Lario	→ S. 97
Dascio	→ S. 79	Abbadia-Lariana	→ S. 98
Halbinsel von Piona	→ S. 81	Lecco	→ S. 99
Monte Legnone und Monte Legnoncino	→ S. 83		

An der Spiaggia Montecchio Nord in Colico

Das Ostufer

Touristisch steht der Osten des Sees nicht im Mittelpunkt des Interesses. Ausnahmen gibt es allerdings, v. a. den Badeort Colico im Norden mit seinem langen Strand und das Dörfchen Varenna in der Seemitte, dessen malerisches Ortsbild zu den schönsten am See gehört.

Während der Nordosten in Hinsicht auf Vegetation und Ambiente noch vergleichsweise alpin wirkt, ist die Seemitte um Varenna mediterran geprägt. Der südöstliche Seearm in Richtung Lecco wird von steilen Felsen eingerahmt und ist nur dünn besiedelt. Einen Abstecher wert sind wenige Kilometer nördlich von Colico der ruhige kleine Lago di Mezzola und in Richtung Süden die *Halbinsel von Piona* mit der gleichnamigen Abtei. Wanderer finden auf den beiden nahe gelegenen Zwillingsbergen *Monte Legnone* und *Monte Legnoncino* reichlich Betätigung. In Bellano kann der eindrucksvolle Wildbach *L'Orrido* besichtigt werden, bei Varenna das wunderschön gelegene *Castello di Vezio* sowie der üppige Seeuferpark der *Villa Monastero*. Das wohlhabende *Lecco* selbst ist städtisch, z. T. industriell geprägt und kein Ferienort. Sehr lohnend ist aber eine Fahrt mit der Seilbahn auf das Hochplateau *Piani d'Erna* in 1330 m Höhe, wo es die verschiedensten Wandermöglichkeiten gibt.

Quer durch die bewaldeten Hänge entlang des Ostufers verläuft mit zahlreichen Tunneln die autobahnähnlich ausgebaute SS 36 in Richtung Mailand. Wer will, kann so in einer halben Stunde den gesamten See entlangrasen, ohne irgendetwas Besonderes zu sehen. Die alte Uferstraße (SP 72) ist da entschieden interessanter.

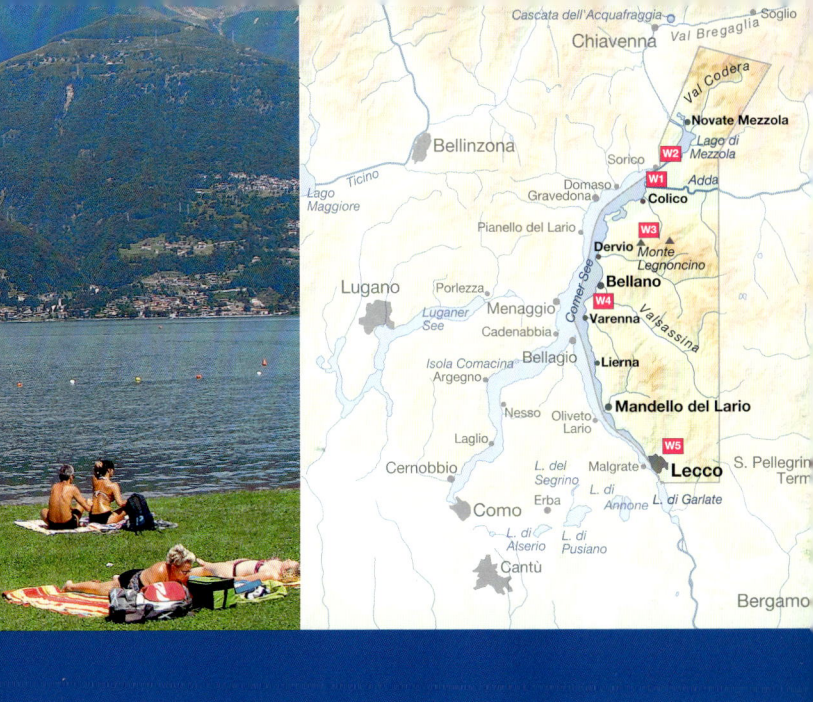

Deshalb Vorsicht: Wenn man erst auf der SS 36 ist, kommt man nur an drei Abfahrten wieder herunter: Colico, Bellano-Varenna und Lecco.

Colico (ca. 7400 Einwohner)

Der beliebte Ferienort liegt nahe der Mündung des Flusses Adda, der sich hier aus dem breiten Valtellina (Veltlin) kommend in den See ergießt. Nach der Alpendurchquerung zeigt sich hier erstmals das mächtige Seepanorama in voller Schönheit.

Das Zentrum besteht mehr oder minder aus der großen, offenen Piazza Garibaldi am See, die aber autofrei und mit der anschließenden Promenade angenehm zum Bummeln ist. Da die Bade- und Surfmöglichkeiten sehr gut sind, kommen viele Urlauber als Stammgäste regelmäßig wieder. Die größte Badezone ist die *Spiaggia Montecchio Nord* gleich nördlich von Piazza Garibaldi und Sporthafen: eine lang gestreckte Wiese mit viel Platz und vereinzelten mächtigen Bäumen. Wind- und Kitesurfer warten hier auf den öfter wehenden Südwind Breva, der am späten Vormittag beginnt und am späten Nachmittag wieder abflaut. Es gibt dort eine Surfschule und ein neues Beachvolleyballfeld, ein verglastes Ristorante, eine ebenfalls vollständig verglaste neue Bar und einen betonierten Platz für Wohnmobile, 2012 soll ein Viersternehotel mit Spa eröffnet werden. Südlich vom Zentrum liegt der ebenfalls grasbestandene *Lido di Colico* mit Kiesstrand, Zeltplatz und Terrassenlokal. Einige Kilometer weiter kommt man zum *Laghetto di Piona*, eine natürliche Bucht, die fast wie ein eigener See wirkt. Vom Zentrum ist er in 30 Fußminuten auf dem Wanderweg 8 zu erreichen, der über eine bewaldete Halbinsel führt.

Übernachten

1 Agriturismo Forte di Fuentes
2 Borgo Francone
3 Area Sosta Camper
5 Seven Park Hotel
11 Risi
13 Camping Lido di Colico
14 B & B Il Druido
16 Agriturismo La Fiorita

Essen & Trinken

4 L'Ontano
6 Seven Hellbar
7 Il Faro
8 Portovino
9 Front Page Pub
10 La Vecchia Osteria
12 Per … Bacco
13 Cesare
15 La Vecchia Fattoria

Lago
di
Como

Spiaggia Montecchio Nord

Domaso

Bellano, Varenna

Fußweg zum Laghetto di Piona

Dervio, Bellano Varenna

Bahnhof

L.go Giorgio

Anlegestelle

P.za Garibaldi

Via Nazionale Sud

Via Alle Torri

P.za Roma

Via Casa Nuova

V. Inganna

Via Nazionale Sud

Via Mazzini

P.za S. Giorgio

V. Municipio

S. Abbondio

V. Inganna

Via Parravicini

Via S. Vitale

Via S. Bacco

Vicolo Traverso

Baronia

Via Lungolario

Via Potti

Via Lido

Via del Ciach

Via San Fedele

Via San Carlo

Via Conti Alberti

Via al Torrente

Il Perlino

Via Villatico

Via al Cossato

Via Sacro Cuore

Via al Bacco

Via Campione

Via Campioo

Via Nazionale Sud

Via del Ciach

Via San Lido Fedele

Via San Campera

Vic. Campera

C. Alberti

Via Villatico

Vic. Madonnina

Piazza Chiesa Villatico

Via Pra

Via Bassana

Via Perlino

V. Rocco

Via Fontanedo

V. Campo Secco

Via La Ca

Via La Via dei Ronchi

V. Campera

al Monti

Via Borgonuovo

Via Fumiarga

Via Borgonuovo

Via Calchera

Via Vaca

Via Pra

Via Fontanedo

Basis-Infos

Anfahrt/Verbindungen **PKW**, Parkplatz nördlich vom Zentrum, bei der Spiaggia Montecchio Nord (Zufahrt Al Lago und dann links halten).

Schiff, nördlichste Anlegestelle der Seeschifffahrt am Ostufer, Anleger gegenüber vom Hotel Risi. Bis zu sechsmal tägl. Verbindungen mit Linienschiffen und Tragflügelbooten zu verschiedenen Orten am See.

Bahn, der Bahnhof liegt an der Durchgangsstraße, Direktzüge über Lecco nach Mailand etwa stündlich, Dauer ca. 1:30 Std. (Sonntags weniger Verbindungen), letzter Zug zurück zwischen 20 und 21 Uhr. Es gibt einen Durchgang zum See hinunter.

Bus, Busstation beim Bahnhof, STPS-Busse nach Chiavenna und Sondrio.

Information **Pro Loco**, Info-Kiosk am Parkplatz, etwa 100 m landeinwärts der Schiffsanlegestelle. Gut ausgestattet und freundliche Auskünfte, auch auf Englisch. Tägl. 10–12.30, Di, Mi, Fr und Sa auch 16.30–19 Uhr. ℡ 0341-930930, turismocolico@libero.it.

Shopping Im Juli/Aug. findet jeden Freitagvormittag der große Wochenmarkt **Mercato Settimanale** in den Straßenzügen hinter der Spiaggia Montecchio Nord statt.

Sport **Son of a Beach**, Kite- und Windsurfclub an der Spiaggia Montecchio Nord. Kurse und Verleih. ℡ 389-4637873, www.sonofabeach.it.

Bit of Salt, Kite- und Windsurfclub am Lido di Colico, südlich der Anlegestelle, auch Kanu- und Mountainbikeverleih. ℡ 335-5742065, www.bitofsalt.it.

Tennis, Sand- und Hartplatz sowie Tennishalle beim Strandbad Lido.

Beach Volley, neu angelegt an der Spiaggia Montecchio Nord.

Sonstiges Großer **Kinderspielplatz** mit Trampolin und vielen Spielgeräten nördlich der Piazza Garibaldi (Weg am Ristorante Il Faro entlang).

Übernachten   (→ Karte S. 70/71)

*** **Risi** **11**, der Platzhirsch unter den Hotels, ganz zentral an der Schiffsanlegestelle, bereits seit über hundert Jahren als Hotel in Betrieb. Großes Haus mit breitem Laubengang, in dem das Restaurant untergebracht ist, gut eingerichtete Zimmer mit Parkettboden, Sauna, türkisches Bad. DZ mit Frühstück ca. 90–100 €. Via Lungo Lario Politi 1, ℡ 0341-933089, 🖷 0341-930969, www.hotelrisi.it.

**** **Seven Park Hotel** **5**, 2012 wird dieses schicke neue Resort direkt an der Spiaggia Montecchio Nord eröffnen. Ein Spa mit Pool wird dazugehören, die Sevenhell Bar liegt davor in Richtung See. Via Montecchio Nord 23, ℡ 327-3180164, http://7ph.it.

Agriturismo La Fiorita, landeinwärts von Colico (bei der Esso-Tankstelleabbiegen, über den Kreisverkehr und später rechts). Großes, ruhig gelegenes Haus mit Garten und Pool, es gibt mehrere Zimmer mit Balkon, außerdem Apartments, z. T. schöner Blick. Fahrradverleih und Kinderspielgeräte. Dampfbad und Sauna. Ostern bis Okt. DZ mit Frühstück ca. 70–80 €. Via Borgonuovo 6, Frazione Laghetto, ℡ 0341-933128 oder 338-3989262, www.agriturismolafiorita.com.

B & B Il Druido **14**, schöne Lage am Hang über Colico, 3 DZ mit Seeblick und privatem Bad. DZ mit Frühstück ca. 50–70 €. Via Bassana 25, Villatico, ℡ 333-7885333, druido10@alice.it.

* **Camping Lido di Colico** **13**, einfacher, lang gestreckter Platz südlich vom Ort direkt am See, gute Bademöglichkeiten. Leider weitgehend mit Dauercampern belegt, schon im Juli gibt es kein freies Fleckchen mehr. Die Strandbar mit Pizzeria „Da Cesare" ist auch für Nicht-Campinggäste zugänglich und bietet von ihrer Terrasse einen schönen Blick auf den See. ℡ 0341-941393, www.lidocolico.it.

Area Sosta Camper **3**, eingezäunter Standplatz für Wohnmobile direkt an der Spiaggia Montecchio Nord, gehört zum Ristorante L'Ontano. Strom nur von 21 Uhr bis 9 Uhr morgens. 4 Std. 6 €, 24 Std. 15 €. ℡ 0341-941782.

Außerhalb Agriturismo La Fiorida **16**, großer, professionell geführter Biofarmbetrieb in Mantello am Fluss Adda, etwa 10 km östlich von Colico. Moderner Komplex aus Holz und Naturstein, 20 geräumige und komfortabel ausgestattete Zimmer/Suiten mit Lärchenholzeinrichtung. Im rustikalen Restaurant werden traditionelle Veltliner Gerichte mit selbst erzeugten Produkten serviert. Beauty-&-Wellness-Spa mit großem Innenpool, Sauna, Fitnessbereich, Milch- und Heubäder, Massagen und Schönheitspflege. Verkauf von hausgemachtem Schinken, Wurst und Käse, Betriebsbesichtigung möglich. Fahrradverleih. DZ mit Frühstück ca. 165–175 €, Familiensuite 210–220 €. Via Lungo Adda, ✆ 0342-680846, 🖷 0342-681310, www.lafiorida.com.

≫ Mein Tipp: Borgo Francone **2**, sieben Fewos in vier wunderbar restaurierten Häusern aus Naturstein, Einzellage am Wanderweg von Colico zum Forte di Fuentes. Sehr ruhig, schöner Blick in die grüne Ebene, gut ausgestattet (Sat-TV, Internet), sogar ein Pool gehört dazu, Fahrräder können geliehen werden. Auch über Reiserveranstalter, z. B. La Breva und Siglinde Fischer. Fewo für 2 Pers. je nach Saison ca. 71–174 €. Via Erbiola 20, ✆ 0341-930122, http://borgofrancone.freshcreator.com. ≪

Agriturismo Forte di Fuentes 1, beim Aufstieg zum Forte di Fuentes liegt dieser große Agriturismohof mit biologischem Anbau, Tieren und Bar/Restaurant. Vermietet werden vier Zimmer. Sehr ruhig und abgelegen. DZ mit Frühstück ca. 50–70 €. Via Forte di Fuentes 24, ✆ 0341-930128, www.compendiodifuentes.com.

Weitere Unterkünfte → **Halbinsel von Piona** auf S. 81..

La Breva, die deutschsprachige Eigentümergemeinschaft vermietet gepflegte Ferienhäuser und Wohnungen im Umkreis von Colico und Piona, aber auch an anderen Stellen des Comer Sees. Deutschland ✆ 08178-9978787 (tägl. 8–21 Uhr), www.labreva.com.

Essen & Trinken (→ Karte S. 70/71)

La Vecchia Osteria 10, kleine Osteria mit hübschem Innenraum, in zentraler Lage an der Piazza Garibaldi, sowohl draußen wie drinnen schön zum Sitzen. Mehrere Menüs zur Auswahl, z. B. Pesce di Mare für ca. 31 €, aber auch mit nur einem Gang für den kleinen Hunger (ca. 11 €). ✆ 0341-941739.

Il Faro 7, gut besuchte Pizzeria der zentralen Piazza Garibaldi, man sitzt unter Platanen und einem großen Segeltuchdach. Nette Atmosphäre, wenn auch mitunter von Mücken heimgesucht. Pizza auch mittags, Mo geschl. ✆ 0341-940123.

Per ... Bacco 12, etwas landeinwärts der Piazza Garibaldi, gepflegte Gastlichkeit in einem älteren Bruchsteinhaus. Degustationsmenü ca. 30 €, rund 200 Weine, auch Pizza. Di geschl. Via Mazzini 8/10, ✆ 0341-930459.

Front Page Pub 9, etwas zurück von der Piazza Garibaldi, rustikale Wirtschaft mit offenem Hof, Pizza ab 4,50 €. Do geschl. Via Sacco 4, 0341-941837.

L'Ontano 4, verglastes Ristorante mit Freiterrasse, schöne Lage an der Badewiese der Spiaggia Montecchio Nord. Mo–Fr 9–15, 18–2 Uhr, Sa/So 9–3 Uhr. ✆ 0341-941782.

Seven Hellbar 6, sehr große, ganz neue Bar, vollständig verglast an der Spiaggia Montecchio Nord. Cocktails, Fingerfood, Snacks, abends gelegentlich Aperitivo-Buffet, danach Musik vom DJ. Tagsüber Verleih von Liegestühlen/Schirmen. ✆ 0341-941206.

Cesare 13, die Pizzeria am Camping Lido di Colico hat beste Seelage direkt am Kiesstrand. Im Hochsommer staut sich die Hitze im verglasten Innenraum, es gibt aber auch zwei Freiterrassen. Sa/So Pizza auch mittags. ✆ 0341-941393.

Portovino 8, Café an der Piazza Garibaldi, warme Gerichte und riesige Weinauswahl aus allen Regionen Italiens und verschiedenen europäischen Ländern, Ausschank glasweise. Dazu Pasta, Salate, Panini u. a. Mi geschl. ✆ 0341-940253.

La Vecchia Fattoria 15, uriger Agriturismo im Ortsteil Villatico, landeinwärts von Colico. Solide Veltliner Küche, z. B. die bekannte *Polenta Valtellinese*, hergestellt aus Buchweizen *(grano saraceno)*, die vielfältige

Pasta ist hausgemacht. Im Sommer kann man schön im Freien sitzen, nebenan kleiner Streichelzoo für die Kids. Mo geschl. (außer Juli/Aug.). Via Borgonuovo 2, ✆ 0341-933104, www.nellavecchiafattoria.com.

Umgebung von Colico

Nördlich von Colico breitet sich das alte Sumpfgebiet Pian di Spagna aus, das sich bis zum kleinen Bruder des Comer Sees, dem idyllischen Lago di Mezzola, zieht. In Richtung Pian di Spagna, aber noch in unmittelbarer Nähe der Stadt findet man darüber hinaus noch zwei historische Festungsbauten aus ganz unterschiedlichen Epochen. Man kann sie mit dem Fahrzeug anfahren (→ Karte S. 70/71), aber auch eine hübsche Wanderung machen, die beide berührt (→ S. 224).

Forte Montecchio

Das imposante Bollwerk mit seinen zwei Meter dicken Mauern und vier Kanonen wurde von 1911 bis 1915 erbaut und steht auf einem Hügel unmittelbar nördlich von Colico. Es gehört zu einem Ring von 48 Festungen, den die Italiener vor dem Ersten Weltkrieg zum Schutz vor den Österreichern in den südlichen Alpen errichtet hatten. Da der befürchtete Angriff am Comer See aber nie stattfand, sind die Gebäude völlig intakt geblieben und Forte Montecchio ist eine der besterhaltenen Anlagen dieser Zeit. Die Besichtigung mit aufschlussreicher deutschsprachiger Führung lohnt sehr.

Zu sehen gibt es die ehemaligen *Unterkünfte* des Wachpersonals, einen 140 m langen *Korridor* mit seitlichen Pulverkammern, der zu den Geschützen hinaufführt, und schließlich die vier mächtigen *Kanonen* selbst mit einem Gewicht von je 100 t, Kaliber 149 mm und einer Reichweite von 14 km. Sie sind nach oben geschützt durch Eisenkuppeln. Höhepunkt des Rundgangs ist zweifellos der Aufstieg zum

Auf dem Dach des Forte Montecchio

Im Forte di Fuentes

Dach, wo die vier Geschützrohre seit fast hundert Jahren drohend in die Ferne gerichtet sind. Im Ersten Weltkrieg kamen sie nie zum Einsatz. Die einzigen Schüsse wurden am 27. April 1945 abgegeben – damals hatten Partisanen die Festung besetzt und schossen fünf Mal auf die deutsche Autokolonne, in der Benito Mussolini zu entkommen versuchte (→ S. 117), verfehlten aber ihr Ziel. Nach dem Zweiten Weltkrieg diente das verlassene Fort noch bis 1980 als Munitionslager, die alte Beleuchtung war sogar noch bis 2002 intakt.

Forte di Fuentes

Zur Verteidigung gegen die Graubündner erbauten die Spanier Anfang des 17. Jh. auf einem Hügel am Flusslauf der Adda diese weitläufige Burganlage. 1735 fiel die Festung an Österreich, war aber damals bereits militärisch nutzlos. Um die Beziehungen zu den Graubündnern zu verbessern, wurde sie 1796 unter Napoleon zerstört. Heute sind nur noch einige malerische Ruinen im Grünen erhalten.

Ein Spaziergang zwischen den überwachsenen Maueranlagen, über den Exerzierplatz und vorbei an Gouverneurspalast und Kirche macht Spaß, auch der weitläufige Blick auf Adda und Comer See ist sehr schön. Vom Fuß des Hügels kommt man auf einem Stufenweg zum Agriturismo Forte di Fuentes (→ S. 73), von dort steigt ein Weg zum Fort hinauf.

Forte Montecchio, April bis Ende Juli Sa/So 10–17 Uhr, Aug, bis Anf. Sept. tägl. 10–18 Uhr, Anf. Sept. bis Anf. Nov. Sa/So 10–18 Uhr, Führungen jeweils zur vollen Stunde (Dauer 50 Min.), zusätzlich Mitte bis Ende Juli tägl. eine Führung um 14 Uhr. Eintritt ca. 7 €, Kinder 6–14 J. 4 €. ☎ 338-5926220.

Forte di Fuentes, jederzeit frei zugänglich, der Eintritt ist kostenlos.

🚶 Wanderung 1: Rundwanderung von Colico zum
Forte di Fuentes und wieder zurück   → S. 224
Leichte Tour um den Flusslauf der Adda

Pian di Spagna

Die Ebene, die zwischen den Mündungen der Flüsse Adda und Mera liegt, ist eines der letzten Sumpfgebiete südlich der Alpen. Benannt nach den spanischen Heerlagern, die sich hier im 17. und 18. Jh. befanden und den See gegen die Graubündner verteidigten, ist die baumreiche Ebene heute Schutzgebiet für zahlreiche Zugvögel und einheimische Wasservögel.

Jahrhundertelang war das Pian di Spagna vollständig Sumpfgebiet. Mittlerweile hat man einen Gutteil für den Ackerbau urbar machen können oder zur Nutzung als Weideflächen. Trotzdem sind hier gut 130 Vogelarten anzutreffen, hauptsächlich Zugvögel, aber auch heimische Nistvögel, die in den schilfbewachsenen Ufern ideale Lebensbedingungen finden. Zu den hier beheimateten Wasservögeln gehören Zwergtaucher, Haubentaucher, Schwarzhalstaucher, Fischreiher, Kormoran, Blässhuhn und zahlreiche Entenarten, sogar eine kleine Population von Höckerschwänen. An Kleinwild gibt es Hasen, Füchse und auch einige Hirsche.

Eine schnurgerade Straße durchquert die Ebene. Sie zweigt nördlich von Colico von der SS 36 ab und führt hinüber nach Sorico, wo sie den Mera-Kanal auf dem eisernern Ponte del Passo überquert (→ Dascio, S. 79). Unterwegs passiert man mehrere Querwege, die zu Bauernhöfen führen, auch einige Agriturismoangebote gibt es dort. Sehr auffallend und dominant sind unterwegs die beiden großen, weißen Türme mit Satellitenschüsseln, die in Diensten der Nato stehen.

Besichtigung: Von Anfang Juni bis Anfang Sept. finden jeweils sonntags mehrstündige Führungen durch das Pian di Spagna statt. Informationen dazu im **Pro Loco** von Colico oder beim **Consorzio Riserva Naturale Pian di Spagna** in Sorico, Via della Torre 1a, ✆ 0341-84251, piandispagna@libero.it.

Sorico und das obere Westufer des Comer Sees → S. 107.

Lago di Mezzola

Einen Katzensprung vom Nordufer des Comer Sees entfernt bildet die von Chiavenna kommende Mera den idyllischen kleinen Lago di Mezzola. Die Ufer sind weitgehend verschilft, und nur an wenigen Stellen kann man baden. Zusammen mit der südlich anschließenden Feuchtebene Pian di Spagna bildet er das Naturschutzgebiet Pian di Spagna – Lago di Mezzola (→ S. 77).

Das westliche Seeufer bilden hohe, bewaldete Steilhänge ohne Besiedlung und ohne Straße, dafür mit einem pittoresken Wasserfall und einem schönen Wanderweg. Ein angenehmes Örtchen ist *Dascio* an der Südwestecke. Nördlich davon stehen einige Ferienhäuser am Ufer, eine schmale Straße führt zum Dörfchen *Albonico* in 400 m Höhe.

An der weniger reizvollen Ostseite verläuft die viel befahrene SS 36. Bei *Novate Mezzola* liegt der Campingplatz „El Ranchero" unter Bäumen direkt am See, Bahnlinie und Straße führen dicht am Platz vorbei. Wanderer können hier eine Tour ins Val Codera machen (→ unten). Wenn man ein Stück weiter nördlich der Beschilderung „Sole Luna" folgt, kommt man zur gleichnamigen Pizzeria und einer angelegten Badezone (Spiaggia Libera) mit Schirmen und Liegen, Café und kleinem Hafenbecken für Sportboote.

Das Ostufer

Idyllisch: Bootsfahrt auf den Lago di Mezzola (siehe S. 227)

Wenig später erreicht man *Verceia*. Unten am See steht das urige alte Hotel/Risto-
rante „La Barcaccia" mit einer langen Restaurantterrasse, das erst kürzlich seinen Betrieb eingestellt hat. Viele Jahre lang war ein uralter Raddampfer namens „Plinio" davor vertäut, im Dezember 2010 ist er im Sturm gesunken. Von der benachbarten Anlegestelle gibt es in der warmen Jahreszeit jeweils sonntags Ausflugsfahrten zum romanischen Kirchlein *San Fedelino* (10. Jh.) bei der Mündung der Mera an der gegenüberliegenden Seeseite (→ unten).

Im Anschluss durchquert die Straße in der Galleria Verceia das steile Felsenkap
Sasso Corbè und erreicht das Pian di Spagna.

Die Entstehung des ungefähr 1500 ha großen Naturreservats Pian di Spagna
– Lago di Mezzola wird einem unmittelbar klar, wenn man auf die Land-
karte blickt. Noch in römischer Zeit bildeten der Lago di Mezzola und der
Lago di Como nämlich eine Einheit, d. h., der Mezzola-See war die Nordspitze des Comer Sees. In den folgenden Jahrhunderten lagerte jedoch der
aus dem Valtellina kommende Fluss Adda an seiner Mündung immer mehr
Schwemmmaterial ab, sodass schließlich die Ebene des Pian di Spagna entstand. Im 19. Jh. wurde unter österreichischer Herrschaft das Flussbett der
Adda zudem so kanalisiert, dass sie direkt in den Comer See floss und sich
nicht seinen Weg unkontrolliert durch die Ebene bahnte. Nur ein schmaler
Kanal zwischen Sorico und Dascio verbindet heute noch die beiden Seen.

Strada dei Cavalli (Straße der Pferde): Eine kleine, panoramareiche Fußwanderung
über dem Lago di Mezzola kann man zwischen Verceia und dem Pian di Spagna
machen. Die Graubündner waren die Ersten, die hier nach ihrer Eroberung der
Region im 16. Jh. das felsige Terrain am Ostufer des Sees zum Weg ausbauten, um

ihre Handelsrouten zu verbessern. Besonders schwierig war der Sasso Corbè südlich von Verceia. Diese Strecke wurde damals erstmals für Saumtiere begehbar gemacht, womit man sich den aufwendigen Seetransport ersparte – die langen Karawanen von Lasttieren brachten ihr den Namen „Strada dei Cavalli" ein. 1834 wurde der Weg von der lombardisch-venezianischen Regierung sogar zur Straße ausgebaut und im Ersten Weltkrieg wurden hier Geschützstollen angelegt, um den strategisch wichtigen Durchgang nach Norden verteidigen zu können.

Die Seewanderung ist hin und zurück ca. 4 km lang und dauert etwa eine Stunde. Sie beginnt in Verceia unterhalb der Kirche San Fedelino und führt nach Süden. Der Weg wurde erst vor einigen Jahren renoviert und gesichert. Es gibt auch die Möglichkeit, auf einem Rundweg landeinwärts zum Ausgangspunkt zurückzukehren.

Übernachten *** Saligari, zentrale Lage in Verceia oberhalb der Durchgangsstraße, schöne Zimmer mit Holzböden, z. T. mit Balkonen und schönem Blick. Gutes Restaurant, freundlich geführt, WLAN gratis. DZ mit Frühstücksbuffet ca. 60–85 € (mit Seeblick-Zuschlag). Via Mario Copes 29, ℡ 0343-39100, 📠 0343-39300, www.hotel saligari.com.

** Camping El Ranchero, gut beschatteter Platz mit hohen Kiefern bei Novate Mezzola. Ein Platzteil liegt landeinwärts der Straße, durch eine Unterführung kommt man zum See, Wohnmobile und -wagen passen dort nicht hindurch. Die Straße ist tagsüber relativ stark befahren, was je nach Stellplatz zu hören sein kann. Sanitär einfach, Bar vorhanden, PKW müssen separat abgestellt werden. Für den Bereich am See gibt es eine eigene Zufahrt, dort stehen viele Dauercamper. Via Nazionale 211, ℡/📠 0343-44169.

Al Sert, Dorftrattoria in Verceia, an einer Seitengasse der Durchgangsstraße. Mit viel Holz gemütlich eingerichtet, Veranda mit Blick, gute lokale Küche. Auch einige günstige Zimmer werden vermietet. Via Serto 4, ℡ 0343-62042, www.alsert.it.

Val Codera: In Novate Mezzola biegt man in Flussnähe von der Durchgangsstraße landeinwärts ab und fährt bis zu einem Parkplatz. Hier führt eine Mulattiera (zu erkennen an den vielen Hinweisschildern) mit zahllosen Stufen durch Kastanienwälder, unter Steinschlaggalerien hindurch und über sonnendurchflutete Hänge sehr steil hinauf in das letzte besiedelte Alpental, das keine Straßenanbindung hat – die Versorgung funktioniert mit einer Transportseilbahn. Hoch über der Codera-Schlucht geht der Weg ins einzige ganzjährig bewohnte Dörfchen *Codera*, das sich mit seinen Granitsteinhäusern an den bewaldeten Hang schmiegt. Etwa 2 bis 2:30 Std. ist man bis dort unterwegs, etwa 600 Höhenmeter müssen überwunden werden. Gegenüber der Kirche kann man im Rifugio „La Locanda" (früher die Dorfschule) gemütlich Pause machen, daneben liegt ein kleines Heimatmuseum. Hinter Codera wird das Tal breiter, vorbei am Weiler *Bresciadega* erreicht man nach weiteren 2 Std. den Talschluss. Dort steht das Rifugio „Luigi Brasca" in einem malerischen Talkessel mit herrlicher Bergkulisse.

Öffnungszeiten Museo Storico Etnografico della Val Codera, Juni–Sept. tägl. 9–12, 14–18 Uhr, übrige Zeit nur Sa/So. ℡ 0343-62037.

Übernachten/Essen & Trinken In Codera gibt es bei der Kirche das **Rifugio La Locanda** (℡ 338-1865169) und im Zentrum das **Rifugio Osteria Alpina** (℡ 0343-62037) mit schöner Terrasse. Beide werden vom Verein der Freunde des Val Codera verwaltet (www.valcodera.com).

Rifugio Luigi Brasca, im Talschluss, 48 Schlafplätze, Juni–Sept. nach Vereinbarung. ℡ 0343-63077, 62057 oder 339-7176620, rifugiobrasca@inwind.it.

Die Halbpension im Matratzenlager kostet ca. 40–50 €. Achtung: Vorher anrufen ist in jedem Fall zu empfehlen, nicht immer sind die Lokale geöffnet (in der Nebensaison nur am Wochenende).

Hübsch und beschaulich: das Oratorio di San Fedele

Dascio

An der Südwestecke des Lago liegt das Dörfchen Dascio mit zwei kleinen, aber ganzjährig geöffneten Familienhotels – ein netter und gänzlich ruhiger Fleck im Grünen, wie geschaffen für einen erholsamen Aufenthalt abseits vom Trubel. Man erreicht Dascio von der Straße (SS 340dir), die nördlich von Colico quer durch das Pian di Spagna auf die Westseite des Comer Sees führt. Die unscheinbare Abzweigung zum Dorf befindet sich gleich nach der Brücke *Ponte del Passo* über die Mera. Ein flach abfallender Strand liegt am Ortseingang, am Seeufer kann man in aller Ruhe spazieren gehen. Die Umgebung ist gut geeignet für Wanderungen, und man kann wunderbar Kanu und Ruderboot fahren. Auch Ausflugstouren per Boot werden angeboten.

An der Kurve der Asphaltstraße neben der Ortskirche weist ein braunes Wanderschild den Weg zur romanischen Kirche *San Fedelino* am Nordende des Sees. Fedele war ein römischer Soldat, der Ende des 3. Jh. n. Chr. den christlichen Glauben angenommen hatte und deswegen an dieser Stelle unter Kaiser Maximian geköpft wurde. Man erreicht das Kirchlein in etwa 2:30 Std. – wer nicht so weit gehen will, kommt nach etwa 20 Min. zum schönen Aussichtspunkt *Sasso di Dascio* mit Bank, Kapelle und Quelle. Details zum Kirchlein finden sich bei der Wanderbeschreibung.

Ausflugsfahrten Gite in Barca, Bootstouren auf dem See, Fahrten nach San Fedelino und Abholung nach Absprache. Auch Verleih von Kanus und Tretbooten. Station beim Kai unterhalb vom Hotel del Mera. ✆ 346-0873962, marta.renny@live.it.

Schiffsfahrten nach San Fedelino gibt es auch von Mai bis Okt. jeweils Sa und So 10.30 und 13.30 Uhr ab Hotel Barcaccia. ✆ 0343-44085.

Übernachten/Essen & Trinken In den beiden folgenden Restaurants in Dascio isst man günstiger als am Comer See.

** **Del Mera**, kleines, gemütliches Haus mit Seeblickterrasse und Anlegestelle am See. Zimmer mit TV, im großen Ristorante werden Fischspezialitäten serviert, z. B. Risotto al Pesce Persico (Di geschl.). DZ mit Frühstück ca. 65 €. ✆/☎ 0344-84147, www.hoteldelmera.com.

** **Berlinghera**, einige Schritte weiter land-einwärts gelegen, ebenfalls nett aufgemacht, Zimmer mit blumengeschmückten Balkonen. Im Ristorante (Mo geschl.) gute hausgemachte Küche, zu empfehlen ist z. B. Bistecca alla Fiorentina (T-Bone-Steak). DZ mit Frühstück ca. 55–60 €. Frazione Dascio 25, ✆ 0344-84037, www.hotelberlinghera.com.

Wanderung 2: Vom Dörfchen Dascio zum Oratorio di San Fedelino → S. 227
Mittelschwer, einige Steigungen und Abstiege

Von Colico nach Varenna

Laghetto di Piona

Die weit in den See vorspringende, dicht bewaldete Halbinsel von Piona bildet fast einen kleinen abgeschlossenen See. Am Ufer gegenüber der Halbinsel liegen drei Campingplätze: „Piona", „Baia di Piona" und der etwas größere „Green Village" (alle mit zwei Sternen), die aber wie Camping Lido bei Colico großteils von Dauercampern in Beschlag genommen sind, für Wohnmobile und Zelte ist jeweils nur eine kleine Wiese frei. Der Strand ist etwa 800 m lang und besteht aus Sand- und Kieselgemisch, dahinter liegen eine Rasenfläche, ein großer Parkplatz und der Strandkiosk „Piona Beach".

Agricamping El Logasc, neben den drei Campingplätzen gibt es diese Übernachtungsmöglichkeit, ein ummauertes Wiesenstück mit günstigem Ristorante, wo man gemütlich unter einer Pergola sitzt. Hier findet man auch in der HS meist noch ein freies Plätzchen. ✆ 0341-933139, www.logasc.com.

Beliebte Badestelle: Der Strand am Laghetto di Piona

Das Ostufer

Der Kreuzgang in der Abtei von Piona

Halbinsel von Piona

Am südlichen Ende der bewaldeten Halbinsel weist an der Uferstraße ein Schild zur *Abbazia di Piona.* Man durchquert den Weiler *Olgiasca* mit zwei Hotels und fährt auf holpriger Kieselsteinzufahrt zwischen prächtigen Baumriesen zur großen Abtei. Sie stammt aus dem 12. Jh., war nach ihrer Auflösung im Jahr 1798 über hundert Jahre verlassen und wird seit 1938 von Zisterziensern geführt. Es ist heute ein populäres Ausflugsziel, die Mönche verkaufen in einem großen Shop am Eingang selbstgebrannte Kräuterliköre, verschiedene Tees, antirheumatische Öle, Honig etc. Das prächtige Anwesen ist gut restauriert. Sehr sehenswert sind der harmonische Kreuzgang und der Kapitelsaal mit seinem wertvollen Gestühl. In der Apsis der schlichten Kirche sind schöne alte Fresken erhalten, in der Grotta di Lourdes im Garten wird unter frommen Gesängen vom Band die Muttergottes verehrt. Man kann zum Seeufer hinuntergehen, eine Snackbar bietet Erfrischungen.

Anfahrt/Verbindungen   Piona hat eine eigene Anlegestelle der Seeschifffahrt, Verbindungen in beide Richtungen gibt es etwa fünfmal tägl.

Öffnungszeiten   Abbazia di Piona, tägl. 9–20 Uhr (Kirche und Kreuzgang 12.30–13.30 Uhr geschl.), Klosterladen tägl. 9.15–12, 14.15–17 Uhr geöffnet.

Übernachten/Essen & Trinken   **** Oasi dei Celti, großer, neuer Ferienkomplex an der Uferstraße, kurz nach der Abzweigung zur Halbinsel von Piona direkt am See. Einladend und modern angelegt, Ristorante auch für Durchreisende ein Tipp, hübscher Swimmingpool, große Liegewiese. Vermietet werden Ein-, Zwei- und Dreizimmerwohnungen, alle mit schönem Seeblick. Wochenpreis für EZ-Apartment ca. 310–510 €, DZ-Apartment 510–840 €. Via Piave 31, Dorio, 0341-806864, 0341-851356, www.oasideicelti.com.

*** Conca Azzurra, schöne, alte Villa im Weiler Olgiasca auf der Halbinsel von Piona, direkt am Weg zur Abtei. Das ruhige und abgelegene Haus von Familie Caldara besitzt einen schönen Garten und ein verglastes Terrassenlokal, nach vorne schöner Seeblick. Mit Parkplatz. DZ mit Frühstück ca.70–80 €. Via per l'Abbazia di Piona 119, ✆/✉ 0341-931984, www.concazzurra.com.

*** **Belvedere**, ebenfalls in Olgiasca, aber einfacher und günstiger. Solides Fischristorante mit Seeblick, auch aus den Zimmern schöner Blick. Es wird deutsch gesprochen. DZ mit Frühstück ca. 70 €. ✆ 0341-940330, ✉ 0341-931900, www.hotelristorantebelvedere.com.

Dorio

Ein wenig aufregender Ort mit ruhigem Zentrum oberhalb der Durchgangsstraße und Bahnlinie – Touristen gibt es hier so gut wie keine. Das Kirchlein *San Giorgio* aus dem 15. Jh. (nicht mit der gleichnamigen Pfarrkirche verwechseln) besitzt noch Fresken aus der Entstehungszeit. Es steht weit oben am Hang im großteils verlassenen Ortsteil *Mandonico*, der Weitwanderweg „Sentiero del Viandante" läuft dort vorbei. Ein Kiesstrand liegt direkt unterhalb der Bahnlinie, er ist durch eine Unterführung zu erreichen, weiter nördlich befindet sich das Strandbad *Rivetta*.

Familie Dell'Era führt oberhalb der Straße die **Locanda Dell'Era** mit dem Restaurant **MD 1870**. ✆ 0341-804444, www.locanda-dellera.it.

Corenno Plinio

Das kleine Dörfchen besitzt einen alten, intakten Ortskern. An der Straße steht das *Castello Andreani* aus dem 14. Jh., von dem noch die Umfassungsmauern und zwei Türme erhalten sind. An die Südseite ist die Kirche *San Tommaso di Canterbury* angebaut, in deren Fassade die gotischen Grabmäler der Andreani eingelassen sind. Zum See ziehen sich schmale, kiesgepflasterte Treppenwege hinunter – wenn man die Via Giuseppe Candiani nimmt, kommt man zum idyllischen, kleinen Hafenbecken. An der abends wenig befahrenen Durchgangsstraße kann man in der ruhigen „Taverna del Castello" (✆ 0341-804289) vor der Burg einkehren.

Gotische Grabmäler am Castello Andreani

Dervio

(ca. 2800 Einwohner)

Der etwas größere Ort liegt in der grünen Schwemmlandebene des Flusses Varrone und lebt dank seines Wasserreichtums hauptsächlich von der Papierfabrikation.

Nördlich und südlich des Flusses erstreckt sich eine schöne Uferzone mit ruhiger Promenade, Bäumen, welligen Wiesenflächen und Picknickbänken, dazu ein schlichter Kiesstrand ohne sanitäre Einrichtungen. Der Zeltplatz „Turisport" ist dort nur durch die kaum befahrene Uferstraße vom See getrennt, einen weiteren Zeltplatz gibt es im südlichen Ortsbereich. Dervio ist dank seiner exponierten Lage auf einer Landspitze prädestiniert für Segelsport, Wind- und Kitesurfen – drei Segel- und zwei Windsurfschulen haben hier ihren Standort, immer wieder werden auch Segelregatten ausgetragen.

Das ruhige Stadtzentrum liegt oberhalb der Durchgangsstraße, hier fährt man den gewundenen Weg in die Berge hinauf, um zum Ausgangspunkt für die Wanderung zum Monte Legnone und zum Monte Legnoncino zu gelangen (→ unten).

Übernachten   ** Camping Turisport, schattiger Platz nah am Ufer, wenige Schritte zum See. Lungolago degli Ulivi 5, ✆/☏ 0341-850460, www.turisportdervio.it.

** Camping Europa, gepflegter Platz im südlichen Ortsbereich. Via Marconi 10, ✆ 0341-850289, ☏ 0341-806647, europa.dervio @tiscali.it.

Essen & Trinken Le Vele, modernes Ristorante an der Uferpromenade, auch Pizza. Via Lungolago degli Ulivi 5, ✆ 0341-806120.

Al Rustic, beliebte Pizzeria an der Einfahrt zum Camping Turisport. ✆ 0341-804290.

»»» Mein Tipp: Crotto del Cech, am südlichen Ortsausgang landeinwärts abzwei-gen, nach wenigen Metern rechts. Uriges Gasthaus mit gemütlichen Plätzen im Freien, serviert werden Veltliner Spezialitäten, z. B. *Polenta Valtellinese*, preislich günstig. Via Duca d'Aosta 53, ✆ 0341-804227. **«««**

Sport Centro Vela Dervio, Segelzentrum an der Uferstraße neben Camping Turisport. Hauptsächlich Katamarantraining findet hier statt, v. a. mit Hobie Cats. Via Lungolago degli Ulivi 11, ✆ 0341-850626, www.centroveladervio.it.

Fun Surf Center, ein wenig südlich der Mündung des Varrone. Kurse und Materialverleih von April bis Okt. Via Lungolago degli Ulivi, ✆ 338-8148719, www.funsurfcenter.com.

Monte Legnone und Monte Legnoncino

Hinter Colico erhebt sich majestätisch der Monte Legnone, mit 2609 m der höchste Berg am Comer See. Noch davor liegt der kleine Zwillingsbruder namens Monte Legnoncino (1714 m).

Der Aufstieg zum *Monte Legnone* ist beliebt bei ambitionierten und konditionsstarken Wanderern, aber auch bei Gleitschirmfliegern, die sich hier hoch über dem See kühn in die Lüfte stürzen und sich von den thermischen Luftströmen der Breva in die Höhe treiben lassen. Wesentlich leichter zu besteigen ist der *Monte Legnoncino* (1714 m). Aber egal welche Tour, man sollte unbedingt bei klarem Wetter aufsteigen, denn dann genießt man einen traumhaften Blick über den halben See bis hinunter nach Bellagio.

Gemeinsamer Ausgangspunkt für beide Aufstiege ist der Bergweiher *Roccoli dei Lorla* mit dem gleichnamigen Rifugio, der in 1467 m Höhe zwischen beiden Gipfeln liegt. Die Anfahrt dorthin ist naturgemäß etwas langwierig, vom See sind es etwa 17 km auf enger, kurviger Straße. Die Bergstraße beginnt im Zentrum von *Dervio*. Von der Seeuferstraße nimmt man dafür am südlichen Ortsende die im schrägen Winkel nach Nordosten abzweigende Straße, unter der Eisenbahnbrücke hindurch, vorbei am Crotto del Cech (→ S. 83). Vom hochgelegenen Zentrum von Dervio führt die Straße in Serpentinen über Vestreno, Sueglio und Introzzo hinauf in Richtung *Tremenico*. In Tremenico der Beschilderung „Roccoli dei Lorla" und der schmalen Serpentinenstraße folgen, die steil durch den Bergwald hinaufführt. Vor Roccoli dei Lorla passiert man noch das abgelegene Bergdorf *Monte Lavade* und das Ristorante „Capriolo", das nach der Wanderung eine angenehme Rastmöglichkeit bietet (Mo geschl., ☎ 0341-875017), dann ist man endlich am Ziel.

> 🚶 **Wanderung 3: Vom Rifugio Roccoli dei Lorla
> auf den Monte Legnoncino (1714 m)**   → S. 231
> Leicht zu bewältigen, Aufstieg auf einer einstigen Militärstraße

Aufstieg zum Monte Legnone: Die lange und anstrengende Tour dauert vom Rifugio aus ca. 3 Std. hin und 2:30 Std. zurück, 1150 Höhenmeter müssen dabei überwunden werden. Das letzte Stück ist felsig, Leitern und Kletterseile erleichtern die schwierigsten Passagen.

Auffahrt für Gleitschirmflieger: Von *Delebio* im Valtellina (östlich von Colico) kann man mit einem geländegängigen Fahrzeug über eine alte, sehr steile Militärstraße ein Stück hinauffahren, dann geht es zu Fuß weiter zum Startplatz am *Passo Colombano* auf 1980 m Höhe. Die Tour sollte man nur mit ortskundiger Begleitung unternehmen.

Aufstieg zum Monte Legnoncino: Diese Wanderung ist kurz und relativ einfach, in einer knappen Stunde ist man oben und kann ein genüssliches Picknick machen.

Seine Majestät, der Monte Legnone (gesehen vom Westufer)

Übernachten
1 B & B Casa delle Rondini
2 Meridiana
8 All'Orrido
10 Villa Stupenda

Cafés
5 Arrigoni

Essen & Trinken
3 Cavallo Bianco
4 Taverna Malanotte
6 Del Ponte
7 Pesa Vegia
9 Lido di Bellano

Bellano

(ca. 3300 Einwohner)

Ein freundliches Kleinstädtchen, das nicht vom Tourismus lebt. Hinter der großzügigen Uferpromenade mit Kastanienbäumen, der Schiffsanlegestelle und einem mauergefassten Hafen münden handtuchschmale Gässchen in die winklige Altstadt mit Treppen, überwölbten Gassen und kleinen Brunnen, an denen man sich im Vorbeigehen erfrischt. Die Fußgängerzone Via Manzoni ist ein schmaler Schlauch, in die kaum ein Sonnenstrahl fällt.

Am Südrand der Altstadt erhebt sich die große romanische Pfarrkirche *Santi Nazaro e Celso* im typischen Zebrastreifenmuster, im Inneren ausgestattet mit Fresken aus dem 16. Jh. Gleich um die Ecke steht das *Oratorio Santa Marta*, eine kleine Kuppelkirche, die nahtlos in die Hausfronten eingefügt ist. Hinter dem Eingang kann man links durch Gitter die lebensgroße Figurengruppe „Grablegung Christi" aus Holz betrachten, gefertigt von Giovanni Angelo del Maino (1496–1536).

Neben dem Glockenturm der Pfarrkirche liegt der Zugang zum *L'Orrido*, einem eindrucksvollen Wasserfall, der in einem dicken Strahl gleich hinter dem Ortskern aus dem Fels bricht. In einem tief eingeschnittenen Flussbett strömt das Wasser des Wildbachs Pioverna in Richtung See und wird mittels Rohrleitung in ein Turbinenwerk geleitet, das im 19. Jh. die Maschinen einer Baumwollspinnerei und später einer Metallgießerei antrieb (diese war bis in 1980er Jahre in Betrieb, das große Gebäude steht noch). Ein hölzerner Steg windet sich in halber Höhe der bis zu 20 m aufragenden Felswände durch die Schlucht. Am Eingang steht ein schmaler, mehrstöckiger Turm, genannt „Ca'del Diavolo" (Haus des Teufels), weil hier einst angeblich satanistische Rituale zelebriert wurden.

Imposant: L´Orrido in Bellano

Nach der Besichtigung kann man noch die Treppen neben der Kirche bis zum wunderbar angelegten *Friedhof* über der Stadt hinaufsteigen und den traumhaften Seeblick genießen.

Der Badestrand *Lido di Bellano* mit Rasenflächen, Strandbad/Pool (Eintritt) und Seerestaurant (→ Essen & Trinken) liegt im südlichen Ortsbereich, kurz hinter der Mündung des Torrente Pioverna. 1,5 km südlich von Bellano kommt man beim Ortsschild Perledo an einer hübschen Kiesbucht vorbei, die direkt unterhalb der Straße liegt.

Information Ufficio Turistico, an der Durchgangsstraße neben der Pizzeria Bernina. Di–So 10–13, Mi/Fr auch 16.30–18.30 Uhr. Via Antonio Stoppani 1/Ecke Via Vittorio Veneto, ☎/🖷 0341-810303, turistico@comune.bellano.lc.it.

Öffnungszeiten/Eintritt L'Orrido, April–Sept. tägl. 10–13, 14.30–19 Uhr, Juli–Sept. auch 20.45–22 Uhr, Okt.–März Sa/So 10–12.30, 14.30–17 Uhr, Eintritt ca. 2,50 € (3–14 J. 2 €).

Friedhof, im Sommer tägl. bis 18 Uhr.

Anfahrt/Verbindungen Bahnstation im südlichen Ortsteil, Verbindungen das Ostufer entlang. Busse fahren ab Bahnhof ins Hinterland, z. B. nach Premana und ins nahe Varenna.

Übernachten Die Möglichkeiten sind nicht allzu zahlreich.

*** Villa Stupenda **10**, restaurierte Turmvilla südlich von Bellano am steilen Hang, architektonisch originell, da teilweise in den Fels gebaut, herrlicher Blick auf Ort und See, kleiner Badeplatz in bequemer Entfernung zu Fuß. Steingarten mit Liegestühlen, Salon mit historischem Billardtisch, Kamin und Großbildfernseher, Zimmer mit hochwertiger Einrichtung, Klimaanlage, Minibar, Internetanschluss, Sat-TV und DVD. Fahrradverleih gegen Gebühr. DZ mit Frühstück ca. 120–170 €, Suite (z. B. im Turm) ca. 170–210 €. ☎ 0341-810386, 🖷 0341-810384, www.villastupenda.it.

≫ **Mein Tipp:** *** Meridiana **2**, exponiert stehende Villa am Nordende des Orts, direkt am Ufer unterhalb der Durchgangsstraße. Schöner Garten, Badezugang zum See. Acht elegante Zimmer mit eigener Terrasse zum See, Bäder mit Badewanne. Gutes Restaurant und Parkplatz. Freundliche, familiäre Führung. DZ mit Frühstück ca. 110–130 €. ℡ 0341-821126, 📠 0341-821261, www.meridianotel.it. «

* All'Orrido 🎱, älteres Haus mit Trattoria/Bar an der Durchgangsstraße, dahinter die Bahnlinie, also nicht ganz leise. Einrichtung schlicht, nur Etagendusche, aber sauber und günstig, familiär geführt. Mit Parkplatz. DZ mit Frühstück ca. 50–60 €. Via XX Settembre 19, ℡ 0341-810310.

B & B Casa delle Rondini 🎱, im kleinen Örtchen Oro oberhalb von Bellano (am nördlichen Ortsausgang die Straße nach Vendrogno nehmen). Signora Costanza Panella vermietet drei nett eingerichtete Zimmer mit herrlichem Seeblick. DZ mit Frühstück ca. 75 €. ℡/📠 0341-820586, www.oroalto.it/rondini.

Essen & Trinken Cavallo Bianco 🎱, zentral an der Durchgangsstraße, vor dem Haus isst man direkt am See. Im Sommer abends häufig bis auf den letzten Platz belegt, die großen Pizzen werden aber auch schon mittags serviert. Mo geschl. Via Vittorio Veneto 29, ℡ 0341-821101.

Pesa Vegia 🎱, ruhiges Lokal am Südende der Promenade, Menu Tradizionale für ca. 38 €, Pasta hausgemacht, Empfehlung von Michelin. Benachbart ein Kinderspielplatz. Sonntagabends und Mo geschl. Piazza Verdi 7, ℡ 0341-810306.

Del Ponte 🎱, schräg gegenüber der Anlegestelle eine schmale Gasse hinein, kleine familiäre Trattoria, der Gastraum hübsch mit Kupfergeschirr dekoriert, dahinter ein winziger Hof, mittlere Preise. Mittwochabends geschl. Via Cavour 12, ℡ 0341-820213.

Lido di Bellano 🎱, Ristorante/Pizzeria beim Strandbad südlich vom Ortskern, schöne Terrasse direkt am See. Im ersten Stock abends Sommerdisco. Via Martiri della Libertà, ℡ 0341-810066.

» **Mein Tipp:** Taverna Malanotte 🎱, an der Hauptgasse im Ortskern. Weinkneipe mit kleiner, aber feiner Weinauswahl (u. a. Refosco und Chianti), geführt von Pietro Adamoli mit seiner Mutter. Via Manzoni 74, 10–24 Uhr. ℡ 0341-820432. «

Arrigoni 🎱, Eiscafé unter Kastanienbäumen neben der Anlegestelle der Seeschifffahrt, innen Stucksäulen und Marmortische.

Shopping Der **Markt** findet am Donnerstagvormittag an der Seepromenade südlich der Anlegestelle statt.

Seepromenade und Anlegestelle von Bellano

Ausflug ins Hinterland

Von Bellano kann man auf relativ bequemer Straße über Taceno und Margno ins etwa 25 km entfernte Bergdorf Premana fahren, das auf etwa 1000 m Höhe pittoresk am steilen Hang des Val Varrone liegt. Warnung: Die Zufahrt ab Dervio ist nicht zu empfehlen, es sei denn, man liebt handtuchschmale, extrem kurvige und kaum befestige Bergsträßchen!

Premana: Die ehemalige Bergwerkssiedlung mit 2200 Einwohnern, in der schon in der Antike Erz abgebaut wurde, hat sich seit Langem durch die Eisenverarbeitung einen Namen gemacht. Stolz wird berichtet, dass hier etwa zwei Drittel aller Messer, Scheren und Geflügelscheren Italiens hergestellt werden – Premana ist somit eines der wenigen Bergdörfer, die wirtschaftlich prosperieren und deren Bevölkerungszahl wächst. Wenn man von der Hauptstraße im Ort ein Stockwerk tiefer zur nächsten Parallelgasse hinuntersteigt, hört man überall Maschinengeräusche und der Geruch von Metallverarbeitung hängt in der Luft. In vielen Häusern sind hier Messer- und Scherenwerkstätten ansässig, gut hundert Betriebe sollen es insgesamt in und bei Premana sein (weitere liegen im Talgrund an der Straße, die von Bellano kommt). Das *Museo Etnografico Comunale* in der Via Roma 18 (Hauptstraße im Ortskern, kurz vor dem Pfarrkirche) gibt Einblicke in das traditionelle und oftmals sehr harte Leben der Bergbewohner.

Öffnungszeiten/Eintritt   Museo Etnografico Comunale, April–Okt. Mi 10–12, So 10–12, 16–19 Uhr, Aug. tägl. 10–12, 16–19 Uhr, Eintritt ca. 3 €. ✆ 0341-818085, www.museo.premana.lc.it.

Shopping   Am kleinen Platz vor der Pfarrkirche verkauft die **Coltelleria Rusconi** Messer in allen Formen und Größen.

Die seit Generationen bestehende Scherenwerkstatt der **Fratelli Borghetti** liegt am unteren Ende der Hauptstraße, Via Roma 53, www.flliborghetti.com.

Premana, die „Scherenstadt" Italiens

Das Ostufer

Idyllisch: der kleine Hafen von Varenna

Varenna

(ca. 800 Einwohner)

Kleiner Urlaubsort mit viel Flair, zu Recht „La Perla del Lago di Como" genannt. Alte Villen zwischen üppigen Zypressen, autofreie Kieselgässchen, ein malerischer Fischerhafen, fröhlich-bunt gestrichene Häuser, großartiger Seeblick. Die einstige Ruhe und Beschaulichkeit verliert sich in der warmen Jahreszeit mittlerweile im Rummel der Tagesausflügler, die zunehmend aus Amerika, Australien und Japan stammen, seit die einschlägigen internationalen Reiseführer die romantische Idylle entdeckt haben.

Viele Besucher kommen mit dem Schiff. Die Anlegestelle liegt nördlich vom Ortskern und ein hübsch überwachsener, mit Gitter zum See befestigter Fußweg führt am Ufer entlang bis zum kleinen Hafen, dem Porticciolo von Varenna, wo man in zwei traumhaft gelegenen Cafés wunderschön sitzt und auch ins Wasser hüpfen kann. Motorisierte Besucher wählen ebenfalls oft diesen Weg, da die meisten Parkmöglichkeiten an der Anlegestelle liegen. Wer stattdessen an der Piazza San Giorgio, oben an der Durchgangsstraße, einen Parkplatz findet, kann über verwinkelte Gassen zum halbrunden Hafenbecken hinuntersteigen.

Der Badestrand von Varenna ist eine besandete Plattform an der Flussmündung des Esino, nördlich der Fähranlegestelle. Es gibt dort Duschen und die Bar „Lido" mit Restaurantbetrieb.

Basis-Infos

Anfahrt/Verbindungen PKW, gebührenpflichtige Parkplätze gibt es an der Anlegestelle, sie sind aber im Sommer oft belegt. In langer Reihe lassen deshalb viele an der Straße am südlichen Ortsausgang ihr Auto stehen. Zur Entlastung wird dort derzeit ein Parkhaus gebaut.

Schiff, Varenna ist ein wichtiger Anlaufpunkt für Autofahrer. Fähren mit PKW-Transport pendeln etwa stündl. hinüber nach Menaggio am Westufer und nach Bellagio an der Halbinselspitze zwischen den beiden Seearmen. Der Fährhafen liegt nördlich vom Fischerhafen und ist mit diesem durch einen befestigten Uferweg verbunden.

Bahn, der Bahnhof liegt ebenfalls im nördlichen Ortsbereich, oberhalb von Durchgangsstraße und Anlegestelle.

Taxiboot, Luca bietet u. a. eine Villentour, bei der man an einigen der schönsten Villen am See vorbeifährt. ☎ 349-2290953, www.taxiboatlecco.com.

Information   Pro Varenna, im Museo Civico di Ornitologia e Scienze Naturali an der Durchgangsstraße, gleich bei der Piazza San Giorgio. Via IV Novembre 7, ☎ 0341-830367, ✆ 0341-831203, www.varennaitaly.com.

2011 übernahm I Viaggi del Tivano in der Nähe des Bahnhofs die Funktion des Informationsbüros. Via Esino 3, ☎ 0341-814009, www.tivanotours.com.

Shopping   Markttag ist Mittwoch, 8–13 Uhr.

Übernachten

**** Du Lac  **9**, Varennas Vorzeigehaus, 1823 im schlichten, edlen Stil direkt am See erbaut, ehemalige Sommerresidenz der lombardischen Königin Teodolinda. Sparsam möbliert, kommt die historische Struktur der Villa umso besser zur Geltung. Eigene Bootsgarage und Parkplatz. DZ mit Frühstück je nach Saison und Blick ca. 145–187 €. Via del Prestino 4, ☎ 0341-830238, ✆ 0341-831081, www.albergodulac.com.

In den Gassen der Altstadt

≫ Mein Tipp: ***** Milano 3**, am See zwischen Fähranleger und Ortszentrum, beschildert ab Hauptplatz. Von Bettina und Egidio Mallone freundlich und aufmerksam geführt. Acht liebevoll eingerichtete Zimmer, alle mit Seeblick, z. T. Terrasse oder Balkon, moderne Bäder, alles schlicht und edel. In einem Annex drei weitere Zimmer und eine Ferienwohnung. Gutes Frühstück im hauseigenen Restaurant auf einer Terrasse mit herrlichem Seeblick. Achtung: frühzeitig reservieren, es gibt viele Liebhaber des Hotels. DZ mit Frühstück ca. 130–160 €. Via XX Settembre 35, ☎ 0341-830298, ✆ 0341-830061, www.varenna.net. **≪**

*** Villa Cipressi 10, wenige Schritte vom Hauptplatz nach Süden. Historische Villa mit herrlichem Garten, der auch besichtigt werden kann (→ Sehenswertes). Der Blick von den geräumigen, nüchtern-modernen Zimmern auf den See ist traumhaft. DZ mit Frühstück ca. 140–180 €. Via IV Novembre 18, ☎ 0341-830113, ✆ 0341-830401, www.hotelvillacipressi.it.

*** Eremo Gaudio 11, Località Eremo Varenna, hoch über dem See, nur zu Fuß oder mit einem Lift zu erreichen, Privatparkplatz. Die einstige Eremitage aus dem Jahr 1936 besitzt eine großartige Aussichtsterrasse und zwölf helle Zimmer mit Seeblick, z. T. mit Balkonen. Weitere Zimmer liegen im Annex unterhalb, ebenfalls mit Balkon. Bar mit Terrasse und Seeblick. DZ mit Frühstück ca. 110–125 €. ☎ 0341-815301, ✆ 0341-815314, www.eremogaudio.it.

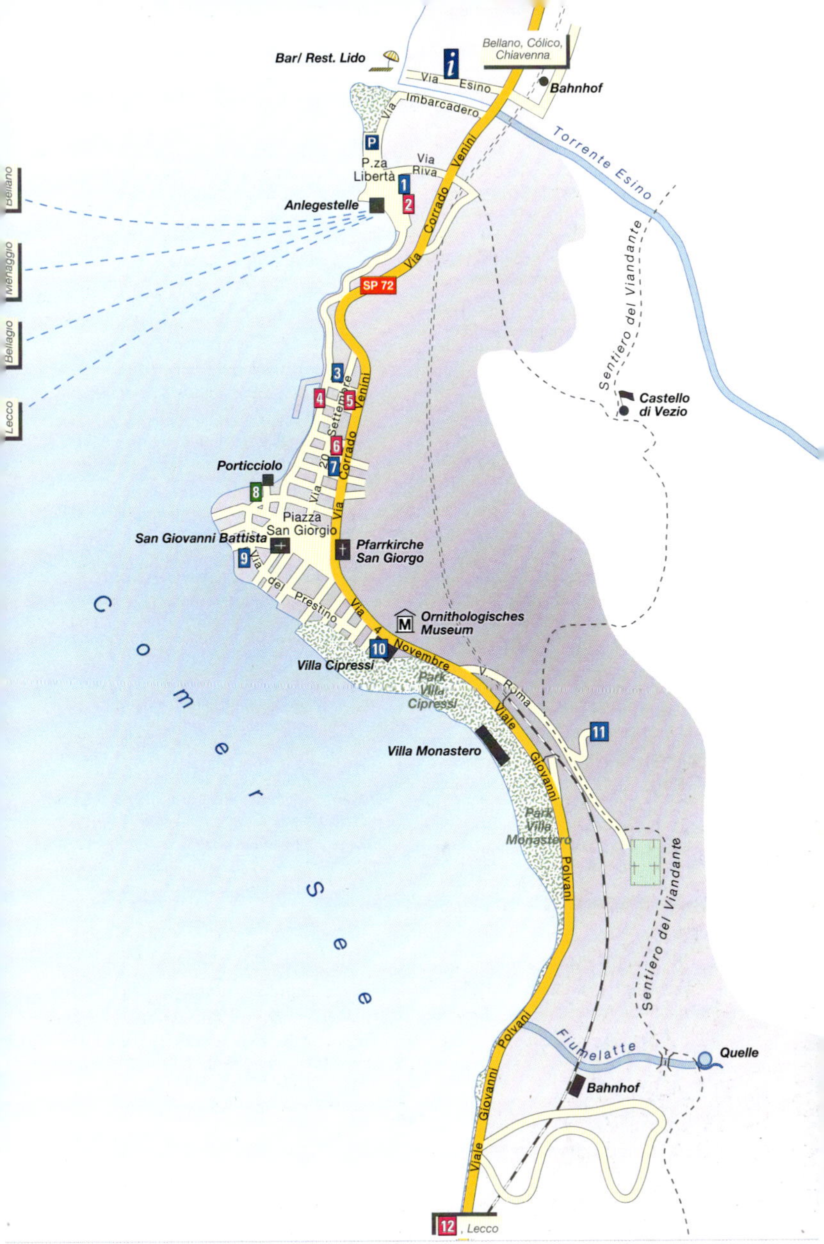

Bar/ Rest. Lido

Bellano, Cólico, Chiavenna

Via Esino

Bahnhof

Via Imbarcadero

Torrente Esino

P.za Libertà

Via Riva

Via Venini

Anlegestelle

1
2

SP 72

Sentiero del Viandante

Via Corrado Venini

3
4
5

Castello di Vezio

Via 24 Settembre

6
7

Porticciolo

8

Via Corrado Venini

Piazza San Giorgio

San Giovanni Battista

9

Pfarrkirche San Giorgo

Via del Prestino

Via 4 Novembre

Ornithologisches Museum

M

Villa Cipressi

10

Via Roma

Park Villa Cipressi

Villa Monastero

11

Viale Giovanni Polvani

Park Villa Monastero

Sentiero del Viandante

Fiumelatte

Quelle

Bahnhof

Viale Giovanni Polvani

12 . Lecco

Comer See

Essen & Trinken
2 Cavallino
3 La Vista
4 Vecchia Varenna
5 Quatro Pass
6 Borgovino
12 Crotto di Pino

Übernachten
1 Olivedo
3 Milano
7 Maria's House
9 Du Lac
10 Villa Cipressi
11 Eremo Gaudio

Cafés
8 Il Molo u.a.

Varenna

80 m

*** Olivedo 🖪, leuchtend ocker gestrichenes Haus aus dem 19. Jh. direkt am Fähranleger. Herrlicher Seeblick, altmodische Einrichtung, Zimmer okay. Service und Ausstattung laut Leserzuschrift verbesserungswürdig, auf Kinder kaum eingerichtet. In der Saison Pension obligatorisch. DZ mit Frühstück ca. 100–140 €. ✆/✉ 0341-830115, www.olivedo.it.

Maria's House 🖪, schönes Einzimmer-Apartment im Zentrum von Varenna (Treppengässchen bei der Via XX Settembre), gute Ausstattung, herrlicher Seeblick, der Straßenverkehr ist allerdings etwas zu hören. Freundlich geführt von Maria und Pietro. Wochenpreis für 2 Pers. ca. 360–600 €. Via Contrada dell'Arco 3, ✆ 338-2743714, ✉ 0341-735008, www.mariashouse.it.

Essen & Trinken

Essen & Trinken   Vecchia Varenna 🖪, am Uferweg vom Fischerhafen zum Fährhafen. Originelle Lage im Laubengang, davor die Terrasse mit Seeblick, traditionelle Seeküche. Preislich gehoben, Menü um die 40 €. Mo geschl. Contrada Scoscesa 10, ✆ 0341-830793.

La Vista 🖪, das erhöhte Terrassenrestaurant des Hotels Milano (→ Übernachten) ist nur abends geöffnet, herrlich ist der Seeblick von hier oben, die Küche wird gelobt. So/Di geschl. Via XX Settembre 35, ✆ 0341-830298.

》》》 Mein Tipp: Borgovino 🖪, die urgemütliche Osteria von Mara Sara liegt in einer schmalen Gasse, schräg gegenüber vom Hotel Milano. Die feinfühlige und charmante Inhaberin ist gleichzeitig die Köchin. Ihre Küche ist regional verankert, dabei von bester Qualität. Zwei Tische stehen auch draußen. Via XX Settembre 12. ✆ 338-7654926. 《《《

Quatro Pass 🖪, in derselben Gasse wie das Borgovino, auch hier sitzt man hübsch draußen an etwa drei Tischen, ebenfalls gute lokale Küche. Via XX Settembre 20, ✆ 0341-815091.

Cavallino 🖪, Terrassenlokal mit wildem Wein am Fähranleger. Barsch, Forelle und Blaufelchen aus dem See, dazu hausgemachte Pasta, z. B. *Gnocchetti di Patate*. Mittlere Preise. Piazza Libertà 5, ✆ 0341-815219.

Crotto di Pino 🖪, in Sopra Fiumelatte, südlich von Fiumelatte ist die Auffahrt beschildert. Es geht sehr steil und eng hinauf bis zum Terrassenlokal mit herrlichem Blick. Parkmöglichkeiten begrenzt. Seit 1975 werden hier oben Fischspezialitäten serviert. Mo geschl. Via Pino 23, ✆ 0341-830178.

Cafés   Die sonnigen Cafés **Il Molo** 🖪 (Mi geschl.), **Nilus** (Di geschl.) und **La Frulleria** (Mo geschl.) liegen am winzigen Fischerhafen Porticciolo – schöner kann man kaum sitzen.

Sehenswertes

Oberhalb der Piazza San Giorgio steht die schön restaurierte Pfarrkirche *San Giorgio* aus dem 12. Jh. mit Marmorboden, einer üppigen Altarschranke aus verschiedenfarbigem Marmor und reichhaltigen Überresten von Fresken. An der Seeseite der Piazza steht die kleine Kapelle *San Giovanni Battista* aus dem 10./11. Jh.

Nur wenige Schritte auf der Straße nach Süden kommt man zur *Villa Cipressi*, die heute als Hotel betrieben wird, und gleich darauf zur Eingangsloggia der *Villa Monastero*, ehemals Zisterzienserkloster und später Adelsresidenz, mit großartigem Blick auf die Uferberge weiter südlich. Die Gärten beider Häuser können besichtigt werden.

Villa Cipressi: An der Hotelrezeption bezahlt man den Eintritt, dann geht es auf verschlungenen Wegen zwischen riesigen Gummibäumen, gewaltigen Agaven und turmhohen Zypressen hindurch. Der Park zieht sich terrassiert zum See hinunter, viele der exotischen und mediterranen Pflanzen sind mit Schildern gekennzeichnet (Name, wissenschaftlicher Name, Ursprungsregion, Blüteperiode), immer wieder genießt man herrliche Ausblicke auf den See.

Spaziergang im Garten der Villa Cipressi

Villa Monastero: Der noch größere Nachbargarten zieht sich mit seiner genauso prachtvollen Vegetation am Seeufer fast einen Kilometer weit nach Süden. Beim Abstieg von der Eingangsloggia kommt man an der eigentlichen Villa Monastero

vorbei, usprünglich ein Zisterzienserkloster aus dem 12. Jh., entstanden wahrscheinlich als Tochtergründung eines Klosters auf der Isola Comacina auf der anderen Seeseite. Im 16. Jh. wurde es wegen Mangel an Nonnen aufgelöst und v. a. seit der zweiten Hälfte des 18. Jh. von den wechselnden Besitzern immer wieder umgebaut und mit dekorativen Elementen versehen, sodass ein typischer Palazzo im eklektischen Stil entstand, d.h. verschiedenste Stilrichtungen des Mittelalters bis hin zum Klassizismus sind im Kloster verarbeitet. Auch der Garten wurde in dieser Epoche mit einer Vielzahl mediterraner und tropischer Pflanzen bereichert, dazu ausgeschmückt mit architektonischen Elementen wie Balustraden, Säulen, Vasen und Statuen. Im Jahre 1918 wurde der gesamte Besitz vom Staat beschlagnahmt und ab 1953 zu einem international renommierten Kongresszentrum umgebaut.

Die 14 repräsentativen Säle und Zimmer mit ihrer prächtigen historischen Ausstattung können an Wochenenden besichtigt werden. Herausragend sind besonders das *Treppenhaus* aus mehrfarbigem Marmor, der *Fermi-Saal*, einst die Klosterkirche, und das *Bad* im pompejanischen Stil. Es wird wegen seiner orientalischen Reminiszenzen gerne als „Bad des Königs Faruk" bezeichnet.

Varennas üppige Vegetation

Museo Civico di Ornitologia e Scienze Naturali „Luigi Scanagatta": Das Museum liegt an der Durchgangsstraße, schräg gegenüber vom Eingang zur Villa Monastero. Es beherbergt eine Sammlung von mehreren hundert präparierten Vögeln, Reptilien und Säugetieren aus der Region des Comer Sees.

Öffnungszeiten/Eintritt Villa Cipressi, tagsüber zu den Öffnungszeiten der Rezeption, Garten ca. 4 € (bis 10 J. und über 65 J. 2 €).

Villa Monastero, der Garten ist geöffnet Juni–Aug. Mo–Do 9–19, Fr 9–13, Sa/So 9–19 Uhr, März–Mai und Sept.–Nov. Mo–Fr 9–18 Uhr, Sa/So 9–13, 14–18 Uhr; das Haus/Museum Juni–Aug. Fr 14–19, Sa/So 9–19 Uhr, März–Mai und Sept.–Nov. So 9–13, 14–18 Uhr. Der Eintritt für den Garten liegt bei ca. 5 € (7–13 J. und über 65 J. 2 €); Garten und Haus 8 € (7–13 J. 3 €, über 65 J. 4 €).

Museo Civico di Ornitologia e Scienze Naturali „Luigi Scanagatta", April–Sept. Sa/So 10–12.30, 15.30–18.30 Uhr, im Aug. tägl.

Castello di Vezio: Logenplatz über dem Comer See

Hoch über Varenna liegt das berggraue Örtchen *Vezio*, zu erreichen per PKW auf kurviger Straße oder zu Fuß (Einstieg am Hotel Montecodeno an der Uferstraße nördlich von Varenna oder am südlichen Ortsausgang von Varenna gegenüber der Villa Monastero, → Karte S. 91). Die Dauer für den Hinweg liegt bei jeweils ca. 30 Min. Vor dem Ortseingang muss man sich einen Parkplatz suchen, läuft dann durch den Ort und erreicht eine kleine Piazza mit der Kirche *Sant'Antonio Abate* aus dem 15. Jh., sie steht meistens offen. Einige Wandfresken aus der Entstehungszeit der Kirche sind noch erhalten, das Altarbild ist die Kopie eines Werkes von Andrea Solario, dessen Original sich im Louvre befindet.

Nun sind es noch wenige Schritte zum Eingang des Castello di Vezio, das im Mittelalter durch einen langen mauergeschützten Korridor mit Varenna verbunden war. Erhalten sind von der Anlage inmitten von Olivenbäumen – stolz als das nördlichste Anbaugebiet der Welt deklariert – ein malerisches Mauerviereck und ein 20 m hoher Turm, den man auf einer Art Zugbrücke erreicht und erklimmen kann. Im Burghof und davor sind dekorative weiße „Gespensterstatuen" platziert – jedes Jahr neu hergestellt mithilfe williger Touristen, die dafür 20 Min. mit Gips überzogen werden. Im Turm sind Versteinerungen des Lariosaurus ausgestellt, ein Wasserkriechtier mit stark verlängertem Hals aus der Mitteltrias, das Namenspate war für das „Monster" des Sees (→ S. 18). Dass die Burg an einem strategischen Platz allererster Güte erbaut worden ist, erkennt man dann von der oberen Plattform aus, denn bei klarem Wetter genießt man einen schier überwältigenden Blick über alle drei Arme des Comer Sees. Bereits die Römer hatten hier eine Befestigung errichtet, und auch schon vorher war der Platz von Bedeutung, belegt durch zahlreiche archäologische Fundstücke, die heute im Archäologischen Museum von Como zu sehen sind.

Seit einigen Jahren arbeitet ein Falkner in der Burg, der nachmittags die Flugkünste seiner Zuchttiere demonstriert. Unter der Burg sind außerdem noch unterirdische Gewölbe zu besichtigen, die im Ersten Weltkrieg als Bunker genutzt wurden. Im Ristorante „Il Ristoro del Castello" (📞 339-2935667) kann man sich zu guter Letzt stärken und gegebenenfalls das recht gute Olivenöl mit geschützter Ursprungsbezeichnung „Laghi Lombardi Lario" erwerben.

April–Sept. Mo–Fr 10–18, Sa/So 10–19, Juli/Aug. Mo–Fr 10–19, Sa/So 10–20, März/Okt. Mo–Fr 10–17, Sa/So 10–18 Uhr; Eintritt ca. 4 € (6–12 J. 2 €, über 60 J. 3 €). Bei starkem Regen geschl. 📞 348-8242504.

Fiumelatte: Knapp 2 km südlich von Varenna überquert die Uferstraße einen heftig schäumenden, milchweißen Wildbach, der hier mit bis zu 36 Grad Gefälle den Berg

hinunterströmt und im See mündet. Seine Farbe rührt vom bröseligen Kalkgestein her, das er aus den Tiefen des Bergs mit sich bringt. Da er nur von März bis Oktober aktiv ist und dann plötzlich versiegt, wird vermutet, dass er der Überlauf eines großen Beckens ist. Und weil er nur 250 m lang ist, wird er gerne als „kürzester Fluss Italiens" bezeichnet – er tritt damit allerdings in Konkurrenz zum nur 175 m langen Flüsschen Aril am Gardasee.

Die Stelle, wo der Fiumelatte aus dem Berg tritt, kann man im Rahmen einer kleinen Wanderung besuchen, hin und zurück ca. eine Stunde. Nach dem Ortsausgang von Varenna führt gleich gegenüber der Villa Monastero eine schmale Straße zum Friedhof hinauf (keine Parkplätze!), wo man am kleinen Vorplatz linker Hand eine steile Treppe emporsteigt. Am Ende der Stufen führt ein schmaler Fußweg parallel zum Seeufer durch den Wald nach Süden. Nach etwa einem Kilometer trifft man auf eine Brücke über den Fluss und kann davor links über Eisenstufen zur Quelle hinaufsteigen. Hier stehen auch einige Picknickbänke, und das erfrischend kalte Wasser ist gratis.

An der Quelle des Fiumelatte

Wanderung 4: Auf dem „Sentiero del Viandante" von Varenna nach Bellano
Leichte Wanderung, nur ein Aufstieg zum Castello di Vezio
→ S. 233

Von Varenna nach Lecco

Am schmalen südöstlichen Arm des Sees, *Lago di Lecco* genannt, drängen schroffe, teils dicht bewaldete und alpin anmutende Steilhänge von Osten her zum See und haben die Ansiedlung von größeren Ortschaften fast unmöglich gemacht. Auch Bademöglichkeiten und Zeltplätze gibt es nur wenige. Viel schöner als die SS 36, die mit zahlreichen Tunneln quer durch die Berge geschlagen ist, ist jedoch die alte Uferstraße, die sich am See entlangschlängelt. Ab Abbadia-Lariana gerät man in den Sog der Industriestadt Lecco mit breit ausgebauten Straßen und heftigem Verkehr.

Wanderer finden hier allerdings ihr Dorado, nämlich im bis über 2400 m ansteigenden *Grigna-Massiv*, dem südwestlichen Ausläufer der Bergamasker Alpen, das sich durch seine reichhaltige Flora mit zahlreichen Endemiten und ungewohnten

Vegetationstypen auszeichnet. Von Varenna kann man mit dem Wagen die serpentinenreiche Straße über *Esino Lario* bis zum Straßenende auf der Alb Vò di Moncódeno fahren und von dort in etwa 2:30 Std. zum *Rifugio Bogani* in 1816 m Höhe aufsteigen, wo an Wochenenden von Mai bis Oktober übernachtet werden kann, im Hochsommer auch täglich (📞 348-2131436, www.rifugiobogani.com).

Lierna: Prächtige Villen säumen das Ufer, sehr schön sitzt man auf der verglasten Säulenloggia des gepflegten Restaurants „Sottovento" neben der Fähranlegestelle (📞 0341-740005, www.sottoventolierna.it), eine kleine Seepromenade lädt zum Bummeln ein. Das wehrhafte *Castello di Lierna,* das in seinen Ursprüngen bis auf die Römer zurückgeht und später von den Langobarden ausgebaut wurde, steht exponiert auf einer Halbinsel. Daneben erstreckt sich der lange Strand *Riva Bianca,* eine weitere Badebucht namens *Riva Nera* liegt am nördlichen Ortsausgang.

Anfahrt/Verbindungen PKW, auf einer kleinen Piazza an der Durchgangsstraße kann man parken.

Schiff, Verbindungen 3-mal tägl.

Übernachten B & B Casa Nini, in der Nähe vom Bahnhof, etwas landeinwärts der Durchgangsstraße. Nett aufgemacht, drei Zimmer mit Bad, Garten mit Tischtennis. DZ mit Frühstück ca. 70–80 €. Via Parodi 11, 📞 349-8353450, 📱 0341-740506, www.casanini.it.

B & B Patrizia, ca. 200 m vom Bahnhof, etwas erhöhte Lage, von der Terrasse Seeblick. Zwei Zimmer mit fünf Betten. Kanus und Mountainbikes stehen zur Verfügung. DZ mit Frühstück ca. 60 €. Via Superiore 7, 📞 0341-741397 oder 348-9349188, www.bbpatrizia.com.

》》Mein Tipp: B & B Le Ortensie Due, einladendes Haus mit Garten hinter dem Strand Riva Bianca und Blick auf das Kastell. 3 DZ und ein Familienzimmer, jeweils mit Bad. Im Garten Boccia und Tischtennis. Parkmöglichkeit vorhanden, gutes Frühstück und freundliche Gastgeberin. Die Bahnlinie hinter dem Haus ist leider zu hören. DZ mit Frühstück ca. 70–80 €. Via Roma 180, 📞 348-2644190, www.leortensiebedandbreakfast.com. 《《

》》Mein Tipp: B & B Il Bogno, freistehendes Haus mit Garten an der Straße nach Genico, schöne Lage im Grünen, ruhig. Drei Zimmer (eins mit Stockbetten für die Kids) und zwei gute Bäder, Blick auf den See, Parkmöglichkeit. Bei schönem Wetter serviert Inhaberin Laura das sehr gute Frühstück im Garten. DZ mit Frühstück ca. 65–75 €. Via Genico 12/a, 📞 348-7455321, 📱 0341-740544, www.ilbognobeb.it. 《《

Mandello del Lario   (ca. 11.000 Einwohner)

Unten am See liegt die große verkehrsberuhigte Altstadt mit Laubengängen und schlichten Steinhäusern. Außer einigen Restaurants ist hier erstaunlicherweise kaum etwas für Touristen aufbereitet, das Viertel gehört noch ganz den Einheimischen. Nördlich schließt sich der große Giardino Comunale an, wo im Sommer häufig Veranstaltungen stattfinden.

Mandello del Lario ist Stammsitz der *Moto-Guzzi-Werke,* die hier seit 1921 ihre legendären Motorräder produzieren. Im ziemlich prosaischen, modellgeschichtlich aber enzyklopädischen Werksmuseum in der Via Parodi 57–61 (gleich hinter dem Bahnhof) steht u. a. ein Exemplar der sagenumwobenen V8-Rennmaschine von 1955, dazu gibt es einen lustigen Guzzi-Devotionalienshop.

Öffnungszeiten Moto-Guzzi-Museum, Mo–Fr Führung um 15 Uhr, Eintritt frei, Aug. geschl., für Gruppen ab 10 Pers. auch Termine außerhalb der Öffnungszeiten. 📞 0341-709304.

Übernachten ** Grigna, alteingesessenes Albergo mit zehn Zimmern an der Durchgangsstraße, schräg gegenüber vom Bahnhof. Im Restaurant gibt es günstige, gute und abwechslungsreich belegte Pizza,

Das Ostufer

auch zum Mitnehmen. Besser sollte man Zimmer nach hinten nehmen, vorne verläuft die laute Straße. DZ mit Frühstück ca. 65–75 €. Via Statale 29, ☎ 0341-731105, 📠 0341-702748, www.albergogrigna.it.

≫≫ **Mein Tipp:** B & B **Mamma Ciccia**, im Ortszentrum, gehört zum gleichnamigen Restaurant (→ unten), hübsch gestaltete Räume und Apartments, freundliche Inhaberin. WLAN gratis. DZ mit Bad ca. 80 €, mit Etagendusche ca. 50 €, Apt. ca. 100 €, jeweils mit Frühstück. ☎ 0341-733358, www.mammaciccia.it. ≪≪

Hübscher Winkel in der Altstadt von Mandello del Lario

B & B **Frontelago**, gemütliches Haus mit hübschem Garten direkt am See in Olcio (nördlich von Mandello), dahinter die Durchgangsstraße. Drei Zimmer mit Balkon und ein Studio, herzlich geführt von Maria und Pietro. DZ mit Frühstück ca. 60–70 €. Via Statale 182, ☎ 333-3462872, 📠 0341-735008, www.frontelagobeb.it.

B & B **Lago Blu**, ebenfalls in Olcio (nördlich von Mandello), aber etwas erhöht landeinwärts der Bahnlinie. Zimmer mit Bad, sehr schöner Seeblick, Parkmöglichkeit. DZ mit Frühstück ca. 70 €. ☎ 0341-733643 oder 380-5227299, www.beblagoblu.it.

* Camping **Continental**, uriger und preiswerter Platz mit zwei Moto Guzzi in der Rezeption. Viele Häuschen, die an eine Schrebergartensiedlung erinnern, nur wenige Stellflächen für Durchreisende, sanitär bescheiden. Ein Tipp ist das große, volkstümliche Restaurant, wo sich abends alles trifft. Via Statale 93, ☎ 0341-731323.

Essen & Trinken   Al **Ghezz**, solide Pizzeria am Nordrand der Altstadt. Im überdachten hinteren Hof sitzt man gemütlich, Preise moderat. Di geschl. (außer im Sommer). Piazza Garibaldi 4, ☎ 0341-732463.

Riva Granda, gepflegtes Lokal nah am Wasser mit Gastgarten vor der Tür, empfohlen von Veronelli. Im Sommer sorgen oft Alleinunterhalter für Programm, was man gut finden kann oder auch nicht. Di geschl. Piazza XXV Aprile 5/a, ☎ 0341700336.

Mamma Ciccia, etwas zurück vom Wasser, Sitzplätze im schlauchartigen Hof. Auch hier sind im Sommer Musiker zugange. Die Küche wird gelobt. Mo geschl. Piazza Roma 15, ☎ 0341-733358.

Il Ricciolo, gutes Fischlokal im nördlich benachbarten Örtchen Olcio, kleiner Gastgarten am See. Sonntagabends und Mo geschl. ☎ 0341-732546.

Abbadia-Lariana   (ca. 3300 Einwohner)

Der auf einer grünen Landzunge gelegene Vorort von Lecco ist Standort des *Civico Museo Setificio Monti* (Seidenmuseum). Prunkstück der Ausstellung in einer ehemaligen Seidenspinnerei ist eine große, runde Zwirnmaschine aus dem Jahre 1818, die größte ihrer Art in Europa. Ein schönes Strandbad mit Liegewiese liegt im *Parco de Chiesa Rotta*.

Öffnungszeiten/Eintritt   Civico Museo Setificio, Mi 9.30–12.30, 14.30–17.30, Fr 14.30–17.30, So 9.30–12.30 Uhr oder nach Vereinbarung unter ☎ 0341-700381; Eintritt ca. 3 €. Via Nazionale 120, www.museoabbadia.it.

Das Ostufer

Übernachten **** **Park Hotel**, kürzlich erbautes Haus mit Garten am Seeufer, moderne Zimmer mit TV und Klimaanlage. DZ mit Frühstück ca. 85–138 €. Via Nazionale 142, ℰ 0341-703193, ℰ 0341-703194, www.parkhotelabbadia.com.

** **Camping Spiaggia**, kleiner Platz mit netter Rezeption. Hübsch gelegene Bar mit Seeblick, davor ein Kiesstrand. Wie immer wenig Platz für Durchreisende. ℰ 0341-731621, ℰ 0341-1880114, www.campingspiaggia.com.

Lecco

(ca. 46.000 Einwohner)

Die lärmende Industrielandschaft zwischen dem Lago di Lecco und dem südlich anschließenden kleinen Lago di Garlate kann zunächst wie ein Schock wirken. Rasende Autos und dröhnende Schwerlaster signalisieren die Nähe des Großraums Mailand, immer wieder kommt es zu Staus. Das Zentrum Leccos zeigt sich dagegen beeindruckend mondän, strahlt Gediegenheit und Wohlstand aus.

Um das Hafenbecken am See verläuft eine lange Promenade mit Bäumen. Die Gassen dahinter sind weitgehend Fußgängerzone – schön gestaltet, mit vielen schicken Geschäften, Open-Air-Restaurants und edlen Cafés. Den äußerlich schlichten klassizistischen Dom *San Nicolò* im Zentrum kann man dank seines frei stehenden Rundturms leicht orten. Da der Innenraum zur Hälfte leer ist, wirkt er fast riesenhaft groß. Nach links geneigt steigt das breite Schiff leicht an. Von der *Piazza Germenati* unterhalb des Doms erreicht man die lang gestreckte, dreieckige *Piazza XX Settembre*, flankiert von einem breiten Säulengang mit großen Terrassenbalkons. Hier findet zweimal wöchentlich

der Markt statt, abends trifft sich die Jugend in den Cafés. Die *Torre Viscontea* am Südende des Platzes ist der letzte Rest eines Kastells der Visconti aus dem 14. Jh. Geht man noch ein wenig weiter, trifft man auf die *Piazza Garibaldi*, von der sich die Geschäftszeile *Via Cavour* kerzengerade zum Bahnhof hinaufzieht. Parallel zur Uferfront verläuft die Fußgängerzone *Via Roma* bis zur *Piazza Manzoni* mit dem Denkmal des Dichters Alessandro Manzoni, des berühmtesten Sohnes der Stadt. Von hier kann man zur *Villa Manzoni* weitergehen, die etwas außerhalb vom unmittelbaren Zentrum liegt und in der Manzoni seine Kindheit und Jugend verbrachte (→ Sehenswertes). Südlich vom Zentrum überquert der elfbogige *Ponte Azzone Visconti* die Adda, er wurde im 14. Jh. unter den Visconti erbaut und war damals noch von mächtigen Türmen gekrönt. Dahinter liegt der Ortsteil *Pescarenico*, der im Roman „I Promessi Sposi" („Die Brautleute") von Manzoni eine große Rolle spielt.

Basis-Infos

Anfahrt/Verbindungen   PKW, an der Uferstraße findet man gebührenpflichtige Parkplätze.

Bahn, der Bahnhof liegt ein Stück landeinwärts vom See, häufige Verbindungen nach Mailand, Bergamo und das östliche Seeufer entlang bis Chiavenna, kurz vor der Schweizer Grenze.

Bus, Stadtbusse starten vor dem Bahnhof, dort gibt es auch einen großen Stadtplan. Ins Zentrum führt die Fußgängerzone Via Cavour. Der Bus D10 von Linee

Lecco fährt nach Bellagio, C40 (SPT) über Erba nach Como.

Information   Ufficio Informazioni, in einer Gasse hinter der Uferfront. 9–12.30, 14.30–18 Uhr. Via Nazario Sauro 6, ✆ 0341-295720, 🖷 0341-295730, www.turismo.provincia.lecco.it.

Shopping   großer **Wochenmarkt** Mi/Sa bis ca. 17 Uhr auf einem stillgelegten Bahnhofsgelände an der Via Amendola, nähe Via Ghislanzoni.

Übernachten/Essen & Trinken

Übernachten   *** Alberi 🔟, gepflegtes Haus mit Seeblick, allerdings an der verkehrsreichen Uferstraße gelegen. DZ mit Frühstück ca. 100 €. Via Lungo Lario Isonzo 4, ✆ 0341-350992, 🖷 0341-350895, www.hotelalberi.lecco.it.

*** Don Abbondio 🔟, in Pescarenico (→ oben), am Ufer der Adda zwischen Comer See und Lago di Garlate, noch südlich des Ponte Azzone Visconti. Familiär geführtes Haus mit 18 Zimmern, schöner Flussblick. DZ mit Frühstück ca. 90–120 €. Piazza Era 10, ✆ 0341-366315, 🖷 0341-362563, www.donabbondio.com.

Camping Rivabella 🔟, netter Platz am Ostufer des Lago di Garlate, geführt von den freundlichen Brüdern Alberto und Alessandro. Schattige Grünflächen direkt am See, die Sanitäranlagen sind schon älter, Mücken gibt es auch. An Wochenenden ist es sehr voll mit italienischen Wochenendausflüglern. Via alla Spiaggia 35, ✆/🖷 0341-421143, www.rivabellalecco.it.

Essen & Trinken   Al Porticciolo 84 🟦, bekanntes Fischlokal, in dem man neben Seefisch auch hervorragendes Meeresgetier kosten kann. Das Lokal ist nicht billig, ein Menü kostet um die 60 € aufwärts, ist aber mit einem Michelinstern dekoriert. Nur abends, Mo/Di geschl. Via Valsecchi 5, ✆ 0341-498103.

L'Azzeccagarbugli 🟦, zentral gelegene Osteria direkt im Laubengang an der Piazza XX Settembre, neben der Pasticceria Frigerio. Schön zum Sitzen, etwas teurer. Menu Turistico ca. 25 €. ✆ 0341-288063.

≫ Mein Tipp: La Piazza 🟦, zentrale Lage in der Fußgängerzone Piazza XX Settembre, angenehm zum Draußensitzen, interessante Fischküche, z. B. die Fischsuppe *Caciucco alla Livornese*. Junges, aufmerksames Personal, etwas teurer. ✆ 0341-350965. **≪**

El Patio 🟦, ein paar Schritte weiter, Pizzeria an einer zum See hin offenen Piazza beim Dom. Keine besondere Qualität, aber schöne Lage. Mo geschl. Piazza Germenati/Vicolo del Torchio 1, ✆ 0341-362396.

Vecchia Pescarenico 🟦, gemütliche Trattoria im gleichnamigen Ortsteil. Sehr gute Fischküche, Seefisch in vielen Varianten. Mo geschl. Via Pescatori 8, 0341-368330.

≫ Mein Tipp: Antica Osteria „Casa di Lucia" 🟦, im Ortsteil Acquate, etwa 2 km vom Zentrum, zu erreichen über den Corso Promessi Sposi. Historische und rundum gemütliche Trattoria mit hervorragendem Weinkeller und vielen leckeren, kleinen Gerichten: Polenta, Pasta, Käse, natürlich auch Fisch. Der Lokalname spielt auf Lucia an, die Heldin des Romans „I Promessi Sposi", denn vermutlich war es dieses Haus, das Manzoni als ihr Wohnhaus beschrieben hat. Samstagmittag und So geschl. Via Lucia 27, ✆ 0341-494594. **≪**

Cafés   Colonne Commercio 🟦, viel besuchte Kneipe, abends *der* Treff, Tische auf der Piazza, drinnen Kronleuchter, alte Holztische und Spiegel. Piazza XX Settembre 8.

Frigerio 🟦, edle Pasticceria, bereits seit 1906 unter dem Säulengang an der Piazza

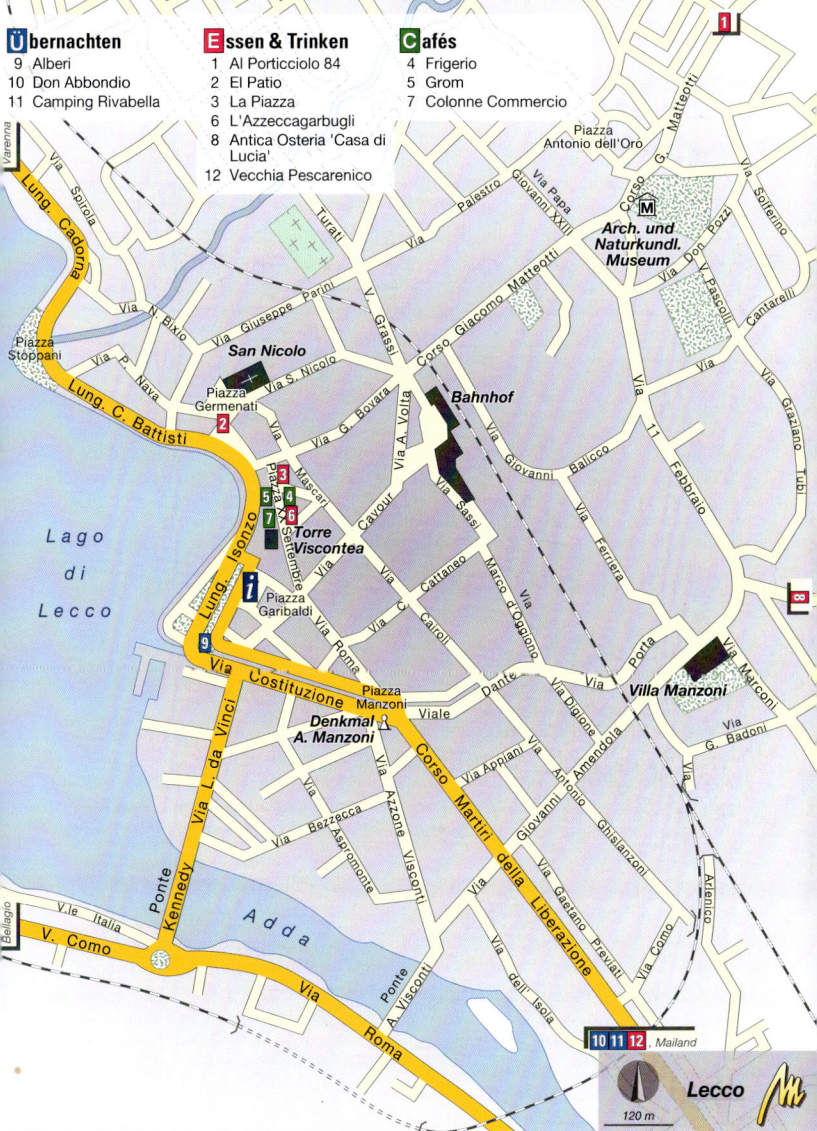

Übernachten
9 Alberi
10 Don Abbondio
11 Camping Rivabella

Essen & Trinken
1 Al Porticciolo 84
2 El Patio
3 La Piazza
6 L'Azzeccagarbugli
8 Antica Osteria 'Casa di Lucia'
12 Vecchia Pescarenico

Cafés
4 Frigerio
5 Grom
7 Colonne Commercio

XX Settembre, im Sommer auch zum Draußensitzen. Ihre *Tipici Dolcetti di Lecco* sind
weithin berühmt.

Eis Grom **5**, schräg gegenüber von Frigerio. Slow-Food-Eisdiele mit Zutaten aus
ausschließlich organischem Anbau und aus
allen Teilen Europas, Filialen in ganz Italien.
Etwas teurer.

Sehenswertes: Der Dichter Alessandro Manzoni (1785–1873) wuchs in Lecco auf
und hat seinen nicht nur in Italien berühmten Roman „I Promessi Sposi" („Die
Brautleute") hier und in den Orten der Umgebung angesiedelt. Interessierte können

die *Villa Manzoni* besichtigen, in der der Dichter mit seiner Familie wohnte. Der große Viereckbau mit Innenhof ist ein typischer Gutshof des 18. Jh., erbaut 1710. Er steht heute verkehrsumtost am Largo Caleotto (Kreuzung von Via Mendola und Via Marconi) und beherbergt in freskengeschmückten Zimmerfluchten das *Museo Manzoni* mit Erstausgaben, Manuskripten, Filmkostümen, historischem Mobiliar und Erinnerungsstücken an den Dichter. Im ersten Stock zeigt die *Galleria Comunale d'Arte* Gemälde und Drucke einheimischer oder in Lecco ansässiger Künstler vom 16. Jh. bis zur Moderne, dazu schöne Spitzenhäkelei. In der Kapelle des Anwesens liegt der Vater Manzonis begraben. Interessant ist auch der große Weinkeller des Anwesens, wo historische Weinpressen, Mahlsteine und Brunnen erhalten sind.

Der Palazzo Belgiojoso mit dem *archäologischen* und *naturkundlichen Museum* sowie einer geschichtlichen Abteilung zum Widerstand gegen den Faschismus (*Sala della Resistenza*) steht am Corso Matteotti 32 (zu Fuß 10 Min. vom Bahnhof).

Villa Manzoni, Di–So 9.30–17.30 Uhr, Mo geschl., Eintritt ca. 5 €, unter 18 und über 65 J. 3 €. ☎ 0341-481247.

Museo Archeologico, Museo di Storia Naturale & Sala della Resistenza, Di–So 9.30–14 Uhr, Mo geschl., Eintritt frei. ☎ 0341-481248, www.museilecco.org.

Umgebung von Lecco

Piani d'Erna: Eine 1,7 km lange Seilbahn führt von *Versasio* auf die *Piani d'Erna*, ein Hochplateau in 1330 m Höhe unter den Zinnen des *Monte Resegone* (1875 m). In nur 5 Min. legt die Doppelmayr-Seilbahn die etwa 600 Höhenmeter bis zur Gipfelstation zurück.

Wenn man sich oben nach rechts wendet, gelangt man in knapp 10 Min. zum Aussichtspunkt *Pizzo d'Erna* mit Gipfelkreuz. „Un balcone sulla città" wird das herrliche Fleckchen zu Recht genannt, den fantastischen Blick auf Stadt, See und Berge teilt man sich allerdings v. a. an Wochenenden mit zahllosen Ausflüglern. Zum Pizzo d'Erna gibt es von unten einen Klettersteig, das letzte Stück ist mit einer Kette gesichert.

Linker Hand der Seilbahnstation liegt ein *Parco Avventura* (Abenteuerpark), wo hauptsächlich Kinder und Jugendliche ihren Spaß haben mit „Tarzaning" (an Drahtseilen von Baum zu Baum sausen) und „Tubing" (mit Gummikissen eine Graspiste hinunterdüsen). Ansonsten kann man auf zahlreichen Wanderwegen die Gebirgslandschaft erkunden, auf dem ausgewiesenen Weg Nr. 1 zum Gipfel des Monte Resegone klettern oder auch von der Bergstation wieder zur Talstation am Piazzale Funivia hinunterlaufen. Ebenfalls linker Hand der Seilbahnstation verläuft in zwei Varianten der 6750 m lange *Percorso Ecorunning*, der mit zahlreichen Erklärungstafeln zu Geografie, Flora und Fauna ausgeschildert ist, zum Einkehren lädt dort unterwegs das Rifugio Marchett.

Anfahrt/Verbindungen PKW, die Talstation der Seilbahn liegt in der Località Versasio, ca. 5 km östlich vom Stadtzentrum auf 603 m Höhe, immer auf die Beschilderung achten („Funivia"), zum Schluss langwierige Serpentinen bis zum Piazzale Funivia mit großem Parkplatz (sonntags ca. 2 €).

Bus, Stadtbus 5 nach Funivia/Villa Brick startet mehrmals stündlich am Bhf.

(www.lineelecco.it).

Funivia, April/Mai und Anfang Sept. bis Ende Okt. 8.30–17.30, Juni bis Anfang Sept. 8.30–18, Ende Okt. bis Dez. 8.30–17 Uhr. Abfahrten etwa alle 15–30 Min. (je nach Bedarf), Mittagspause 12.30–13.30 Uhr. Einfache Fahrt ca. 5,50 €, hin und zurück 8,50 € (Sa/So 10 €), über 65 J. ermäßigt, Kinder unter 6 J. gratis. ☎ 0341-497337, www.pianierna.com.

Das Ostufer

Lecco von oben: mit der Seilbahn auf die Piani d´Erna

Übernachten   B & B Partenza Funivia Piani d'Erna, moderne, kürzlich renovierte Zimmer mit Bad über Tony's Bar, direkt neben der Talstation der Seilbahn. Nett geführt von Renata und Antonio, sehr sauber, schöner Blick. DZ mit Frühstück ca. 70 €. Via Prealpi 34, ✆ 0341-499244, www.bbpartenzafunivia.com.

B & B Località Manzoniani, im Bergort Malnago, ein wenig unterhalb von Versasio, wo die Seilbahn startet. Drei Zimmer mit Gemeinschaftsbad. DZ mit Frühstück ca. 55 €. Via Malnago 40, ✆ 0341-283196 oder 320-1649668, www.beblecco.it.

Essen & Trinken   An der Talstation der Seilbahn liegt **Tony's Bar** mit guter Küche und kleinem Gastgarten. ✆ 0341-499244.

An der Bergstation kann man im **Funivia** einkehren, im Umfeld gibt es die Ausflugsrestaurants **Milani** und **Capanno**.

Rifugio Marchett, das große Berglokal mit schönen Außenplätzen liegt ca. 30 Fußminuten entfernt am Ecorunning-Weg. Herzhafte Küche wie *Coniglio Arrosto* und *Carne con Funghi*, Polenta, Wurst und Käse. Auf Vorbestellung kann man dort auch übernachten. ✆ 0341-505019, www.rifugiomarchett.it.

🚶 Wanderung 5: Abstieg von den Piani d'Erna zum Piazzale Funivia → S. 236
In der ersten Hälfte steil abwärts, dann problemlos

Garlate: Am Westufer des gleichnamigen Sees südlich von Lecco wurde in einer ehemaligen Spinnerei der Schweizer Familie Abegg ein *Seidenmuseum* eingerichtet, das anschaulich über die traditionelle Seidenherstellung informiert. Es wird derzeit umfassend restauriert, die Wiedereröffnung ist für 2012 geplant.
Civico Museo della Seta „Abegg", Via Statale 490, Di–Fr und So 9–12.30, Mi/Sa/So auch 14–17 Uhr, Mo geschl. Eintritt ca. 5 €, ermäßigt 3 €. ✆ 0341-681306, www.museosetagarlate.it.

Blumen und Palmen: auf der Promenade von Menaggio

Sorico   → S. 107
Gera Lario   → S. 108
Domaso   → S. 109
Gravedona   → S. 113
Dongo   → S. 115
Menaggio   → S. 120

Westufer

Cadenabbia → S. 128
Tremezzo → S. 129
Lenno → S. 133
Isola Comacina → S. 136
Ossuccio → S. 138

Argegno → S. 139
Val d'Intelvi → S. 140
Laglio → S. 141
Cernobbio → S. 142
Como → S. 143
Brunate → S. 151

Das Westufer

Im Westen spielt sich der Großteil des Urlaubsgeschehens am Comer See ab. Doch der eher bodenständige Norden, die mondäne Seemitte und das wohlhabende Como haben nicht viel miteinander gemein.

Der Norden von Sorico bis Menaggio, genannt „Alto Lario", ist die weniger hochgestochene Ecke des Sees. Hier gibt es keine Grandhotels, dafür lange Badestrände, reichlich Campingplätze und Ferienwohnungen. Wegen der zuverlässigen Windverhältnisse ist die Gegend bekannt als *das* Surfrevier am Comer See. Zentrum des Geschehens ist Domaso.

Die Seemitte um Menaggio und Tremezzo, die sog. *Tremezzina*, bietet dagegen das mildeste Klima und die üppigste Vegetation, die mit Palmen, blühenden Azaleen und Rhododendren teils subtropisch anmutet. Schon seit dem 17. Jh. war dieser Seeabschnitt ein bevorzugtes Wohngebiet des Adels, im 19. Jh. entwickelte er sich zum begehrten Reiseziel begüterter Mitteleuropäer und Briten. Bei Tremezzo liegt auch der berühmte Park der *Villa Carlotta*, vor dem sich täglich japanische, britische und deutsche Reisegruppen stauen.

Im Süden verfügt *Cernobbio* über eines der exklusivsten Hotels der oberitalienischen Seenlandschaft und auch *Como* selbst wendet sich mit seinem hochpreisigen Hotelangebot eher an eine vermögende Klientel, ist aber auch seit Jahrhunderten das wichtigste Zentrum der europäischen Seidenverarbeitung.

Sorico

(ca. 1200 Einwohner)

Die nördlichste Ortschaft am See liegt im Grünen an der Mündung der Mera. Auf der anderen Flussseite beginnt das Naturschutzgebiet Pian di Spagna (→ S. 76), welches man erreicht, wenn man nach der Metallbrücke Ponte del Passo über die Mera (in Richtung Colico) sofort rechts abbiegt.

Sorico besteht aus wenig mehr als einer Piazza mit der Pfarrkirche *Santo Stefano* und einem malerisch verwitterten Glockenturm. Die ausgedehnten Wiesen mit Weidenbäumen und Schilfzonen im Umkreis bieten ein anmutiges Bild, es gibt lange Badezonen und eine ganze Reihe großer und kleiner Zeltplätze. Ansonsten ist Sorico ruhig und beschaulich, nur wenige Restaurants und Bars bieten ihre Dienste an, im Sommer finden aber im großen Gemeindezentrum in der Nähe vom Camping La Torre gelegentlich Veranstaltungen mit Livemusik statt. Der Strand *La Punta* mit schattigen Bäumen und herrlichem Blick nach Süden liegt beim Campingplatz La Grande Quiete (→ Übernachten) und ist einer der ganz wenigen Sandstrände am See. Wie im gegenüberliegenden Colico warten auch hier ab Mittag die Wind- und Kitesurfer auf die Breva aus Süden.

Größte Sehenswürdigkeit ist die dreischiffige Wallfahrtskirche *Santuario di San Miro*, die unübersehbar in 300 m Höhe am Berghang steht. Ein Stufenweg namens „Percorso Storico" beginnt an der Durchgangsstraße schräg gegenüber der Tankstelle und führt in 30 Min. an einem mittelalterlichen Wachturm, einer Quelle und einem Bildstock vorbei zum Heiligtum hinauf. Seit dem 14. Jh. wird dort der Leichnam des hl. Miro verehrt, der nach der Überlieferung die Kunst des Regenmachens beherrschte. Im Inneren sind zahlreiche Fresken erhalten, v. a. ein Bilderzyklus von Sigismondo de Magistris aus Como im rechten Kirchenschiff, laut Inschrift von 1526 – im zweiten Gewölbe sind zahlreiche biblische Gestalten, Propheten und Heilige dargestellt, im dritten Geschichten um den hl. Antonius.

Nur wenige Kilometer weiter nördlich liegt das ruhige, kleine Örtchen *Dascio* am Lago di Mezzola (→ S. 79), Tipp für einen erholsamen Urlaub im Grünen.

Öffnungszeiten Santuario di San Miro, Mi/Fr/So 10–12, 16–19 Uhr, Do nur 10–12 Uhr.

Anfahrt/Verbindungen SPT Bus C10 fährt nach Colico und am Westufer hinunter nach Como. Die nächste Schiffsanlegestelle befindet sich in Domaso.

Übernachten ** Camping La Grande Quiete, am südlichen Ufer des Pian di Spagna, von Sorico über die Brücke und gleich rechts abbiegen. Großes, beliebtes Gelände mit viel Baumschatten, das oft schon im Frühsommer voll belegt ist, denn davor liegt einer der ganz wenigen natürlichen Sandstrände am See. ✆ 0344-84041, www.lagrandequiete.com.

*** Camping Au Lac de Como, in Sorico am Ufer des Mera, großer Platz mit Pool, Badestrand und angeschlossenem Hotel. ✆ 0344-84035, ✆ 0344-84802, www.camping.it/aulacdecomo.

** Camping La Torre, ebenfalls in Sorico am Flussufer, flacher Platz mit neuen Sanitäranlagen und Badestrand. ✆ 0344-84106, www.campinglatorresorico.it.

** Camping Belvedere, zwischen Sorico und Gera Lario. Via Belvedere 2, ✆ 0344-490216, ✆ 0344-910035, www.campeggiobelvedere.com.

Agriturismo Giacomino, Località Bedoi, die Zufahrt ist im südlichen Ortsbereich von Sorico ausgeschildert, die Fahrt geht etwa eine halbe Stunde steil und kurvig bergauf. Der gepflegte Agriturismo liegt in etwa 1100 m Höhe, man genießt den Seeblick und die frische Luft. Die Küche ist sehr gut, ein Tipp sind die *Gnocchetti di castagne*,

viele Produkte stammen aus eigener Produktion. Rustikale Zimmer mit Balkon, neu ist das Wellnesscenter. April–Sept. DZ mit Frühstück ca. 80 €, Halbpension ca. 60 € pro Pers. Via Fordeccia 42, Bugiallo, ✆ 0344-84710 oder 333-1313313, www.agriturismogiacomino.it.

Essen & Trinken Spluga, Pizzeria direkt an der Durchgangsstraße, genießt seit Langem einen ausgezeichneten Ruf, im Sommer oft Livemusik. Via Vittorio Emanuele 10, ✆ 0344-84124.

L'Isola, im Pian di Spagna schön am Flussufer gelegenes Ristorante, vis-à-vis von Sorico. Via Al Boschetto 10 ✆ 0344-94039.

Sonstiges gutes Angebot an internationaler Presse in der Bar Piscen, neben der Kirche.

Gera Lario

(ca. 1000 Einwohner)

Das alte Fischerörtchen bietet nicht nur einen neuen Jachthafen, sondern daneben auch einen weitläufigen Strand mit großer Liegewiese, eine Vergnügungszone mit Kinderspielplatz sowie eine Surfschule mit Brettverleih. Eine gut ausgebaute Spazierpromenade führt am See entlang, wobei man den Blick auf den gegenüber liegenden Monte Legnone genießen kann.

Historische Relikte gibt es v. a. an der lang gestreckten Piazza an der Durchgangsstraße, dort findet man an etlichen Häusern noch jahrhundertealte Außenfresken,

Das Westufer

Uferzone bei Domaso

z. B. an der Nummer 165 die beiden Heiligen Sebastian und Rochus. Außerdem steht am südlichen Ortsausgang die große Kirche *San Vincenzo*. Sie stammt aus dem 15. Jh., hat aber mehrere Vorgängerbauten, die bis in die ersten nachchristlichen Jahrhunderte zurückgehen. Erhalten sind davon z. B. eine altrömische Grabstele am linken Türpfeiler des Eingangsportals und Reste eines Fußbodens aus dem 2. Jh. Besonders der Altarbereich und die Apsis sind mit zahlreichen Fresken der lombardischen Schule aus dem 16. Jh. geschmückt, darunter Werke von Sigismondo de Magistris aus Como, der auch die Wallfahrtskirche San Miro oberhalb von Sorico ausgemalt hat.

Öffnungszeiten San Vincenzo, im Sommer Mo–Sa 9–12, 16–19, So 16–19 Uhr.

Übernachten ** Le Cinque Case, südlich von Gera Lario direkt zwischen Staatsstraße und See. Großer Garten, befestigte Strandzone mit Liegen und Restaurantterrasse. Zimmer mit TV, zum See hin ist vom Verkehr kaum etwas zu hören. DZ mit Frühstück ca. 78–85 €. ✆ 0344-84119, 📠 0344-84472, www.le5case.com.

Essen & Trinken Lario, gleich beim Hafen und Kinderspielplatz. Traditionelle Küche zu fairen Preisen, auch Pizza. Do geschl. ✆ 0344-84123.

Domaso

(ca. 1500 Einwohner)

Das schlichte Dorf mit seinen schönen, alten Hausfassaden an der Uferstraße ist das beliebteste Urlaubsziel an der nördlichen Seehälfte. Die Berge treten hier weit zurück, dementsprechend ist die Ecke bei Windsurfern überaus geschätzt. Der Südwind Breva und der böig-heftige Föhnwind Tivano aus dem Norden bieten hier durchaus eine Alternative zum Gardasee.

Aber auch wer nur baden und schwimmen will, findet beste Möglichkeiten, denn am Schwemmlandufer des Flusses Livo, der von Norden kommend in Domaso in den See mündet, erstreckt sich ein fast 2 km langer Strand – der wahrscheinlich

Morgens noch leer: der schöne Strand von Domaso

längste am See. Er ist mit Laubbäumen und Wiesenflächen begrünt und besitzt einen gepflasterten Promenadenweg, der nur für Radler und Fußgänger zugänglich ist. Gleich dahinter reiht sich ein Dutzend Campingplätze aneinander und ein alteingeführtes, von Schweizern geleitetes Surfcenter bietet seine Dienste an. Man erreicht den Seeuferweg von einem Parkplatz am nördlichen Ortseingang über eine kleine Brücke – vorbei an einer Bootswerft geht es zum Strand.

Im höher gelegenen *Vercana*, das aus mehreren Ortsteilen besteht, kann man über Reiseveranstalter Ferienwohnungen mit Pool, Garten und herrlichem Blick mieten (→ Übernachten). Im weiter südlich gelegenen Dörfchen *Pozzolo* steht das Kirchlein *Madonna delle Grazie* mit Aussichtspunkt – zum Kriegsende von den Dorfbewohnern gestiftet, weil die aus Italien zurückweichende SS ihr Dorf verschont hatte. Wanderungen lassen sich hier überall unternehmen, z. B. nach Gera Lario und Sorico (→ S. 237).

Basis-Infos

Anfahrt/Verbindungen Schiff, nördlichste Anlegestelle der Seeschifffahrt am Westufer, Verbindungen etwa drei- bis viermal tägl.

Bus, Busstopp an der Piazza Ghislanzoni, Nähe nördlicher Ortsausgang. SPT-Bus C10 etwa zehnmal tägl. nach Sórico und Colico sowie am Westufer entlang in Richtung Como.

Information Kiosk beim Albergo Madonnina an der Uferstraße. Geöffnet in der Saison 10–13, 16–19 Uhr. ☎ 0344-96322, ✆ 0344-83363 (im Winter ☎ 0344-96088), prodomaso@hotmail.com.

Shopping Markttage sind der erste und dritte Dienstag im Monat (8–13 Uhr).

Weinkellerei Sorsasso, im Sommer tägl. 17–19 Uhr Weinverkostung bei Familie Travi in der Frazione Gaggio, ☎ 0344-83380.

Sport Windsurfcenter Domaso, Windsurf- und Katamarancenter am Camping Paradiso, Schulungsabteilung „Surfin' Progress" beim Camping Quiete e Letizia. Auch Verleih von Mountainbikes. Seit 25 Jahren aktiv, geführt von Isabel und Ralf Hartmann aus der Schweiz. Ende April bis Mitte Okt. ☎ 380-7000010, www.breva.ch.

Weiterhin gibt es ein **Wasserskizentrum**, **Tennisplätze** und **Minigolf**.

Eine Herausforderung für **Surfprofis** ist bei Nordwind der Trip zum schönen Kloster auf der Halbinsel Piona (→ S. 81), das nur rund 2 km entfernt in südlicher Richtung am anderen Ufer liegt. Bei Südwind kann man von dort dann wieder bequem zurücksurfen.

Übernachten

Es gibt hauptsächlich Campingplätze und Ferienwohnungen, bester Hoteltipp ist das *** Regina, etwas außerhalb, in Richtung Gravedona (→ S. 113).

** **Europa**, am gleichnamigen Campingplatz. Kleine Zimmer mit Bad, außerdem schön gemauerte Bungalows mit viel Grün davor. Gutes Frühstücksbüffet, Swimmingpool, Bar, Zugang zum Strand vor der Anlage. DZ mit Frühstück ca. 70–95 €. Via Case Sparse 16, ☎ 0344-96044, 📠 0344-96024, www.hotelcampingeuropa.com.

* **Madonnina**, Albergo mit Pizzeria (→ Essen & Trinken) beim gleichnamigen Campingplatz, etwas nördlich vom Ortskern, zwischen Straße und See, direkt am Fluss Livo. Frühstück extra. DZ mit Bad ca. 50–60 €. ☎/📠 0344-96294.

Ristorante dei Pescatori, Terrassenrestaurant seit 1918, direkt am See (→ Essen & Trinken), vermietet worden vier Gästezimmer. DZ mit Frühstück ca. 70–80 €. Via Case Sparse 219, ☎ 0344-96088, 📠 0344-83363, www.ristorantedeipescatori.com.

Ferienwohnungen Residence I Gelsi, an der langen Durchgangsstraße bei den Campingplätzen. Neu erbaute Residenz mit elf Ein- und Zweizimmerapartments, lang gestrecktem Garten und Pool, moderne Einrichtung. Je nach Größe und Saison ca. 490–820 €. Via Case Sparse 91, ☎ 0344-83418, 📠 0344-490248, www.residencegelsi.com.

Residence Cedro & Cios, Zwei- und Dreizimmerwohnungen mit Garten und schönem Pool in der Nähe vom alten Ortskern. Wochenpreis ca. 340–620 €. Via Regina 175, ☎ 0344-96010, 📠 0344-83437, vedemasrl@tin.it.

Residence Geranio, größere Anlage inmitten der Campingplätze, Studios und Apartments für 2–8 Pers., außerdem zwei Ferienhäuser direkt am See. Swimmingpool, Garten, Garagen, Bootsliegeplätze, eigener Zugang zum Strand. Vermietung wochenweise ab Sa, Studios 270–420 €, Zweizimmerapartment ca. 520–795 €. Via Case Sparse 168, ☎ 0344-95031, 📠 0344-96313, www.residencegeranio.com.

Residence Windsurf, funktionell eingerichtete und saubere Studios beim Camping Le Vele. Parkplatz, Surf- und Bootsdepot, schattiger Garten mit Liegestühlen und Kinderspielplatz, Pool in der Nähe. Wochenpreis ca. 258–419 €. Via Case Sparse 184, ☎/📠 0344-96122, www.residencewindsurf.com.

Camping Paradiso, einfache Bungalows auf dem Platz mit Windsurfcenter. Bar, kleiner Pool und Zugang zum Strand. ☎ 0344-83470, www.campeggioparadiso.it

»» **Mein Tipp:** Residence Leggeri, im südlichen Ortsbereich mit 4 Apts. direkt am See. Jeweils Balkon/Terrasse mit Seeblick, grüner Rasenbereich mit Liegestühlen, davor schmaler Privatstrand. Via Regina 12, ☎/📠 0344-83445, www.residenceleggeri.com. ««

Villa Annamaria, Giovanni vermietet in einer Villa mitten im Zentrum mehrere geräumige Apartments, dazu ein Gästehaus. 2 Apts. sind mit prächtigen Fresken ausgestattet. Neben dem Haus gibt es einen kleinen Pool. Giovanni ist ein aufmerksamer Gastgeber und gibt viele Tipps. Via Regina, ☎ 0344-96265 oder 339-3704962, www.villa-annamaria.it.

Ferienwohnungen in **Vercana** kann man z. B. über Siglinde Fischer mieten (www.siglinde-fischer.de).

Jugendherberge Ostello Domaso, kürzlich renovierte Jugendherberge direkt am See, vier Achtbettzimmer, Übernachtung mit Frühstück ca. 18–20 € pro Pers. Via Carse Sparse 4, ☎ 0344-96094, 📠 0344-97575.

Camping Mindestens zwölf Campingplätze liegen direkt an der Badezone des Sees, sind aber z. T. recht klein und beengt, im Sommer zudem oft gnadenlos überfüllt. Einer der besten ist *** Le Vele mit Pool und Sauna. Via Case Sparse 24, ☎ 0344-965049, 📠 0344-97715, www.levele.domaso.it.

** **Gardenia** ist der geräumigste, auch hier gibt es Ferienwohnungen. Via Case Sparse 164, ☎ 0344-96262, 📠 0344-83381, www.domaso.biz.

Essen & Trinken/Nachtleben

Dei Pescatori, preislich etwas gehobenes Fischlokal am nördlichen Ortsausgang, sehr schöne Terrasse am See, Panoramablick, gute Weine. Mi geschl. Via Case Sparse 219, ☎ 0344-96088.

Madonnina, beliebte Pizzeria neben dem gleichnamigen Campingplatz (der einzige südlich vom Livo). Man sitzt im Garten hinter dem Haus, davor liegt ein grasbewachsenes Uferstück, wo die Kinder tollen können. ☎ 0344-96294.

Da Mario, seit 1925 im Zentrum an der Uferstraße, gemütlich im Laubengang mit Blick auf den kleinen Bootshafen. Lockere Atmosphäre, von einem älteren Paar familiär geführt, leckerer Fisch. Mo geschl. ☎ 0344-96309.

Da Lui, wenige Schritte weiter. Die Schweizer Besitzerin hat die italienische Seeküche um einige nördliche Akzente bereichert, z. B. werden *Gnocchetti di Castagne alla Semüda del Doss* (Kastaniengnocchi mit Alpkäse "Semüda del Doss") und Fondue serviert, daneben gibt es aber auch guten Fisch aus See und Meer. Unaufgeregter, freundlicher Service. Do geschl. ☎ 0344-96118.

Enoteca del Porto, noch einige Meter weiter. Ausgewählte Weine, dazu einige lombardische Spezialität, z. B. *Ossobuco*, allerdings nur Sitzplätze im Innenraum. Mi geschl. ☎ 0344-96171.

La Contrada, vom Parkplatz am Südende des historischen Zentrums die Via Regina hinauf und rechts. Nett aufgemacht, Sitzplätze im Innenhof eines alten Dorfhauses und in einem ebenerdigen Gewölbe. Zu den Spezialitäten gehören Pasta in vielen Variationen und Seefisch. Mi geschl. Via Venini 21, ☎ 0344-95243.

»» Mein Tipp: Da Ruffino, alteingesessene Trattoria ca. 80 m vom „La Contrada" entfernt, man sitzt im überwachsenen Innenhof, Treffpunkt der Fischer, unprätenziös und authentisch. Mo geschl. Via Venini 2, ☎ 0344-95184. **«**

Außerhalb San Silvestro, am nördlichen Ortsausgang die Straße nach Vercana hinauf nehmen, weiter oben links abzweigen. Ländlich-ruhiges Lokal, innen schmucklos, draußen aber schöne Plätze im Garten mit Pergola und Palmen. Regionale Küche, dazu lokale Weine aus Domaso. Do geschl. (außer im Sommer). ☎ 0344-95274.

»» Mein Tipp: Locanda Castello, in den Bergen oberhalb von Domaso, pittoreskes Restaurant in altem Gemäuer, schöner überdachter Außenbereich mit Blick auf den See, u. a. verschiedene Fonduespezialitäten und Raclette. Sehr freundliches Personal, die Chefin spricht Deutsch. Via Gaggio 14, ☎ 0344-85470. **«**

Agriturismo Runchee, im kleinen Ortsteil Piazzo, etwas oberhalb von Vico (Straße nach Vercana nehmen und weiterfahren). Bauernhof mit Restaurationsbetrieb, schöner Blick vom Garten, Vermietung von Apts. Hauptsächlich eigene Produkte werden verwendet, z. B. Wurstspezialitäten aus hauseigener Tierzucht, Polenta und Kastanien. Reservierung erwünscht. Via Piazzo 18, Vercana, ☎ 0344-83750.

Nachtleben   Hinter dem schönen, von Palmen gesäumten Rathaus (Municipio) namens Villa Camilla im nördlichen Ortsbereich der Durchgangsstraße liegt eine große Freifläche, die im Sommer unter dem Motto Discoteca Sotto le Stelle einmal wöch. für Tanzveranstaltungen, Disco etc. genutzt wird. Auf Plakate achten!

Caffè Al Contraro, großes Café mit Terrasse am See, im Sommer oft Livemusik und Animation.

Gelateria Monti, neben der Tankstelle in der Campingzone – Café, Eisdiele, Bar und Enoteca zugleich. Zu jeder Tageszeit ein gemütlicher Treffpunkt. Gute, selbstgemachte Brioche, überdachte Terrasse. Via Case Sparse 92.

Caffè Flambé, an der Straße bei den Campingplätzen, im Souterrain Nachtcafé mit Discobetrieb, Treffpunkt der Jugend. Via Case Sparse 43, ☎ 347 5852220.

🚶 **Wanderung 6 Von Domaso nach Sorico**   → S. 237
Einfache Wanderung über dem See

Gravedona

(ca. 2800 Einwohner)

Kleines historisches Städtchen mit schöner Seepromenade, touristisch aber eher ruhig. Das Zentrum liegt geschützt vor dem Durchgangsverkehr in einer Bucht unterhalb der Westuferstraße. Von der ehemaligen Burg auf einem hügligen Vorsprung am See ist fast nichts mehr erhalten.

Das Westufer

Südlich vom Fischerhafen findet man nahe der Mündung des Flusses Liro flache, kinderfreundliche Strände mit weitem Blick in den Süden des Sees. Ins 4 km entfernte *Dongo* führt am Seeufer ein Spazier- und Radweg mit weiteren Bademöglichkeiten. Ein Schwimmbad mit Kinderbecken liegt auf der Landzunge *Poncia*.

Information Pro Loco an der Piazza Trieste, nur Juni–Sept. ✆ 0344-89637.

Shopping Markttage sind der erste und dritte Mittwoch im Monat (8–13 Uhr).

Übernachten *** La Villa, gepflegte Unterkunft mit Pool in einer alten Villa an der Straße, gut ausgestattete Zimmer, isolierte Fenster, vielfältiges Frühstücksbuffet. DZ mit Frühstück ca. 100–130 €. Via Regina Ponente 17, ✆ 0344-89017, ✉ 0344-89027, www.hotel-la-villa.com.

Ca' del Lago, Agriturismobetrieb mit Pool im Garten und umfangreichem Wellnessangebot; nicht unmittelbar am See gelegen (ca. 300 m entfernt), dafür kulinarisch lohnend. Zehn nicht allzu große Zimmer mit See- oder Bergblick. Spielplatz, Parkplätze. DZ mit Frühstück ca. 90–110 €. Via Poncia 12, Località Consiglio del Rumo, ✆ 0344-82735, ✉ 0344-90951, www.agriturismocadellago.com.

》》 Mein Tipp: *** Regina, modernes Hotel zwischen Domaso und Gravedona, direkt am See. Viele Zimmer mit Balkon und herrlichem Blick, schöne Liegewiese mit Pool, davor Kiesstrand, großer Frühstücksraum mit Seeblick. Der abschüssige Parkplatz ist etwas knifflig. Nett geführt von Familie Rasella. DZ mit Frühstück ca. 99–159 €. ✆ 0344-89446, ✉ 0344-90098, www.hotelreginalakecomo.com. 《《

Residence Casa Rina, acht Ferienwohnungen verschiedener Größe und Bettenzahl in den vier Natursteinhäusern eines historischen Weinguts, 200 m oberhalb von Gravedona, jeweils mit herrlichem Seeblick. In der Taverne kann man gemütlich zusammensitzen oder Tischtennis spielen, urig ist die in den Fels gehauene Cantina. Weiterhin gibt es eine Sonnenwiese mit kleinem Pool, Kräutergarten und Ministreichelzoo.

Zu Fuß sind es ca. 15 Min. bis Gravedona. Casa Rina wird von Familia Camata aus der Schweiz geführt. Die umfangreiche Website gibt viele Tipps zum Nordwesten des Sees. Ferienwohnung je nach Größe und Saison ca. 75–180 €. Via Moglio 10, ✆ 0041-41-7813434, ✉ 0344-243114, www.casarina.com.

Ehemaliger Kardinalssitz: Palazzo Gallio am Seeufer

*** Camping Serenella, kleines Gelände mit schönem Wiesenufer an der Mündung des Flusses Liro südlich vom Ort. Ristorante/Bar direkt am See. Viale Scuri 11, ☎ 0344-89452.

Essen & Trinken Osteria Ca' de' Matt, verstecktes Lokal in einer engen Gasse hinter der zentralen Piazza Mazzini, hinten eine offene Terrasse. Hat einen guten Ruf, Leser waren vom Service allerdings etwas enttäuscht. Mi geschl. Via Castello 2, ☎ 0344-85640.

Al Ponte, wie es heißt, die besten Pizzen am Ort, freundlich serviert. Mo geschl. Via Regina Levante 90, ☎ 0344-85223.

Vecchia Pira, kleines Ristorante im nahen Ort Stazzona, leckere Spezialitäten und gute Weine, dazu freundlich und familiär geführt. Auf der Terrasse sitzt man schön im Freien. Vorbestellung sinnvoll. Via Cassia 3. ☎ 0344-88277.

» Mein Tipp: Il Giardinetto, gemütliches Lokal in Consiglio di Rumo, etwas erhöht über dem See, vom Freisitz hinter dem Haus toller Blick. Kleine, aber feine Karte, gute Küche, Preise in Ordnung. Mi geschl. Via Prestino 31/a, ☎ 0344-81861. «

Sehenswertes

Kirche Santa Maria del Tiglio: mittelalterliches Schmuckstück südlich vom Zentrum, direkt am Seeufer. Erbaut im 11./12. Jh. auf einem frühchristlichen Baptisterium, besitzt sie einen hohen Glockenturm und einen streng symmetrischen Innenraum, den die Reste schöner, großflächiger Fresken schmücken. Geschützt durch ein Gitter ist vorne links ein Stück des ehemaligen Mosaikbodens erhalten.

Benachbart steht die Kirche *San Vincenzo*, deren romanische Ursprünge durch barocke Umbauten zerstört wurden.

Santa Maria delle Grazie: Die ehemalige Kirche eines Augustinerklosters aus dem 16. Jh. steht oberhalb vom Zentrum am Hang. Sie wurde gegründet, um der von Norden einströmenden Reformation etwas entgegenzusetzen. Ihre Fresken gehören zu den schönsten am See, ganze Bildergeschichten werden hier erzählt. Do/So 10–12, 17–19 Uhr.

Palazzo Gallio: Der mächtige Palast mit seinen vier Ecktürmen steht am nördlichen Ortseingang zwischen Straße und Seeufer. Er wurde im 16. Jh. unter Kardinal Tolomeo Gallio erbaut, dem wohl reichsten Mann der Region, der vom spanischen König Philipp II. zum Regenten des oberen Sees ernannt worden war. Heute hat die „Comunità Montana Valli del Lario e del Ceresio" darin ihren Sitz (Vereinigung der Berggemeinden von Comer und Luganer See), geplant ist der Aufbau eines Dokumentationszentrums zur historischen Strada Regina.

Umgebung von Gravedona

Wanderung zum Crotto Dangri: Vom Bergdörfchen *Livo* oberhalb von Gravedona kann man eine reizvolle Wanderung zum Berglokal Crotto Dangri unternehmen. Die Anfahrt führt zunächst auf schmaler Straße nach Livo und links daran vorbei bis zur Kirche *San Giacomo*, dort kann man parken. Ab hier geht es zu Fuß weiter, denn die Straße wird nun sehr eng und ist in schlechtem Zustand. Die Wanderung dauert etwa eine Stunde, wobei man immer wieder schöne Blicke auf den unterhalb verlaufenden Gebirgsfluss Livo hat. Ziel ist der urige Gasthof „Crotto Dangri", der hübsch am Fluss liegt und traditionelle lokale Küche bietet, z. B. die leckeren Pizzocheri, eine Art Veltliner Spätzle aus Weizen- und Buchweizenmehl (Di geschl., ☎ 368-3725705). Neben dem Lokal führt der Wanderweg über eine mittelalterliche Steinbrücke weiter bis zum *Lago di Darengo* in 1787 m Höhe mit dem Rifugio Como.

1945 war hier Mussolini inhaftiert

Dongo

(ca. 3400 Einwohner)

Größerer Ort mit langer Durchgangsstraße an einer weiten Seebucht. Die zentrale Piazza Paracchini öffnet sich zum See hin, wird aber durch den Durchgangsverkehr beeinträchtigt und als Parkplatz genutzt.

An der Landseite der Piazza steht der *Palazzo Comunale,* einst Sitz einer Adelsfamilie, heute das Rathaus. Das *Museo della Resistenza Domasca* im Erdgeschoss ist mit Fotos und Dokumenten den Partisanen des Zweiten Weltkriegs am oberen Lario und ihrem größten Erfolg gewidmet, der Gefangennahme Mussolinis (→ Musso und Riviera Tremezzina). In diesem Gebäude hielten sie ihn bis zu seiner Erschießung am nächsten Tag gefangen. Sehenswert ist auch der große *Goldene Saal* mit seinen reichen Ausschmückungen (im Informationsbüro nach Besichtigungsmöglichkeit fragen).

Gute Bademöglichkeiten gibt es beim Camping „La Breva" (ab Straße ausgeschildert, Parken beim Friedhof), dort liegt ein schöner Kies-/Sandstrand mit teilweise beschatteten Rasenflächen und einer vorgelagerten Sandbank. Auch im benachbarten Fluss kann man ins Wasser steigen oder man folgt nördlich von Dongo dem Schild „Lido" zum dortigen Kiesstrand, ebenfalls mit Rasenflächen. Ein Weg führt am Ufer entlang bis nach Gravedona (→ Gravedona).

Öffnungszeiten/Eintritt Museo della Resistenza Domasca, Mo–Sa 9.30–12.30, 15.30–18 Uhr, Eintritt frei, ✆ 0344-82572.

Information Pro Loco, ebenfalls im Palazzo Comunale, dieselben Öffnungszeiten wie das Museum. ✆ 0344-800444, www.comune.dongo.co.it.

Sport Rent a Boat Newton, im nördlichen Ortsbereich, Ende April bis Anfang Okt. Vermietung von Sportbooten mit oder ohne Führerschein, ab ca. 65 € pro Std. Via Statale 176, ✆ 380-8435253, www.rentland.it.

Übernachten * Dongo, einfaches Hotel im Zentrum, direkt an der Durchgangsstraße.

Im Museum der Widerstandsbewegung

Sieben Zimmer mit Etagendusche, ordentliches Restaurant. DZ mit Frühstück ca. 60–70 €. Via Cavour 3, ☎ 0344-81344.

** **Camping La Breva**, direkt bei einem schönen Strand (→ oben) und ruhig, da relativ weit von der Durchgangsstraße entfernt. Via Cimitero 19, Località Cossognina, ☎/℻ 0344-80017.

Es gibt noch eine Reihe weiterer kleiner Campingplätze, die aber nicht alle am Wasser liegen.

Musso: Der kleine Ort unmittelbar südlich von Dongo wird von einer Umgehungsstraße passiert, die Durchgangsstraße kann aber ebenfalls noch befahren werden. Tourismus findet hier praktisch nicht statt. Unterhalb vom Sportplatz neben der altersgrauen Kirche *San Biagio* mit frei stehendem Glockenturm führt ein befestigter Uferweg mit schönen Panoramen ins benachbarte Calozzo.

Oberhalb von Musso liegt der Ortsteil *Genico*. Von dort führt ein steiler Saumpfad hinauf zum fast 400 m hohen Felsvorsprung *Sasso di Musso* mit den spärlichen Überresten des *Castello di Musso*. An dieser strategischen Stelle, wo man den oberen See und die Wege hinauf nach Chiavenna überblicken konnte, lebte Anfang des 16. Jh. der Raubritter Gian Giacomo de'Medici, genannt „Il Medeghino" („Der kleine Medici"). Er war eine starke und harte Persönlichkeit und überall in der Region gefürchtet. Selbst ein Bündnis der Graubündner mit den Mailänder Sforza konnte ihn nicht beugen. Schließlich wurde er mit einer hohen Geldzahlung, neuen Ländereien und dem Titel eines Markgrafen aus Musso weggelobt, die Burg wurde zerstört. Begraben liegt er nach einer Karriere als Feldherr für Kaiser Karl V. im Mailänder Dom. In den Ruinen des Castello steht die Kirche *Santa Eufemia* mit herrlichem Panoramablick, oberhalb davon liegen die alten Marmorbrüche von Musso, deren weißer Marmor u. a. für den Bau des Doms von Como verwendet wurde. Der Fußweg führt von hier weiter über Barbignano ins nahe Dongo – Option für eine kleine Wanderung. In Barbignano sind die Gebäude einer ehemaligen Stahlfabrik erhalten.

»» Mein Tipp: Residence La Pianca, acht helle Ferienwohnungen in einem ehemaligen Dorfgasthaus im hoch gelegenen Ortsteil Genico, herrlicher Seeblick und Pool. Einzimmerwohnung ca. 450–750 €, Zweizimmerwohnung ca. 550–850 €. Via al Castello 25, ☎ 335-6689312, 📠 0344-80998, www.residencelapianca.com. **»»**

Am 27. April 1945 wurde südlich des Straßentunnels von Musso um 7.30 Uhr morgens bei einer Straßensperre durch die 52. Partisanenbrigade Giuseppe Garibaldi der ehemalige „Duce" Benito Mussolini in einem Wagen einer einen Kilometer langen Lastwagenkolonne entdeckt. Er hatte versucht, in die Schweiz zu flüchten. Mussolini wurde im Palazzo Comunale von Dongo inhaftiert und einen Tag später ohne Gerichtsverhandlung erschossen (→ S. 132). Fotos der Wagenkolonne sind im Museum von Dongo zu sehen.

Historisches Foto der Straßensperre bei Musso

Pianello del Lario: Die Gemeinde Pianello besteht aus zahlreichen Ortsteilen, *Calozzo* liegt direkt am See und besitzt einen passablen Kiesstrand. Wenn man ihn nach Süden weitergeht, kommt man in eine hübsche und wenig besuchte Kiesbucht mit privatem Anwesen.

Das *Museo della Barca Lariana* in einer efeuüberwachsenen ehemaligen Spinnerei unterhalb der Durchgangsstraße besitzt eine Sammlung alter Schiffe und Relikte der Seeschifffahrt, ist aber seit Längerem geschlossen (☎ 0344-87235). Eine Wiedereröffnung mit modernem Zweitbau ist in Vorbereitung.

Übernachten Camper finden in Calozzo nebeneinander am Kiesstrand die beiden Plätze **** Laguna Beach** (☎ 0344-86315, camping-laguna@tiscali.it) und *** MEC** (☎/📠 0344-87026).

Essen & Trinken »» Mein Tipp: Laguna Beach, Pizzeria vor dem gleichnamigen Campingplatz. Schöne offene Terrasse direkt am See, gute Qualität und günstige Preise. ☎ 0344-86315. **»»**

Cremia: Auch *San Vito,* ein Ortsteil von *Cremia,* liegt direkt am See. Dominiert wird er von einer ehemaligen Textilfabrik, heute das Restaurant La Baia. Neben der Kirche steht das große Hotel Lumin, davor erstreckt sich ein Kiesstrand, außerdem

Der Hafen in Cremia

gibt es eine Schiffsanlegestelle, einen Zeltplatz und eine Windsurfstation (www. windsurfcremia.it). Ein Uferweg führt nach Norden, nach Süden gelangt man zu einem kleinen, abgelegenen Kiesstrand mit zwei Platanen, flankiert von einer stattlichen Residenz.

Übernachten *** Lumin, großes Hotel in schöner Seelage, gut eingerichtete Zimmer (Klimaanlage, Minibar, Sat-TV, Internetanschluss) mit Balkon/Terrassen und prächtigem Seeblick, davor gemütliche Rasenfläche mit Liegestühlen. DZ mit Frühstück ca. 100–110 €. Via San Vito 10, ☎ 0344-80299, 📠 0344-981900, www.lumin.it.

B & B Il Motto, schöne Lage oberhalb von San Vito, drei Zimmer mit Bad, herrlicher Blick auf den Comer See. DZ mit Frühstück ca. 70 €. ☎ 348-4755140, www.ilmotto.it.

Camping Aurora, einfacher Platz mit gutem Baumbestand und 35 Stellplätzen, viele Surfer kommen hier unter, nette Atmosphäre. Ganzjährig. ☎ 0344-86244.

Essen & Trinken Lumin, das Ristorante des gleichnamigen Hotels liegt etwas erhöht direkt am See, schöner Blick. ☎ 0344-80299.

La Baia, großes, gut eingeführtes Restaurant mit Terrasse in der einstigen Textilfabrik, ebenfalls direkt am See. Oft sehr voll, gute Qualität und ebensolcher Service, aber nicht billig. ☎ 0344-86294.

Rezzonico: ein verstecktes Idyll abseits vom Trubel und gänzlich frei von Autoverkehr. Das alte, verwinkelte Dorf kauert sich in den Schatten einer romantischen Burgruine mit trutziger Mauer, zwei Türmen und einem malerisch überwucherten Hof (nicht zugänglich). Enge, gepflasterte Treppenwege führen zum Seeufer hinunter, dort verläuft ein breiter Laubengang, während nebenan das Wasser an die Häuser klatscht. Nördlich der Burg kann man zum kleinen, nur wenig besuchten Kiesstrand hinuntersteigen.

Übernachten/Essen & Trinken * Lauro, schlichtes, bodenständiges Albergo an der Gasse, die neben der Burg zum Wasser hinunterführt. Korrekt geführt und sauber, mit nettem Restaurant, wo hauptsächlich lokale und biologische Produkte verwendet werden. WLAN bis 23 Uhr gratis. DZ mit Frühstück ca. 50–60 €. ☎/📠 0344-50029, www.hotellauro.com.

Dei Platani, Pizzeria mit Aussichtsterrasse an der Straße, die von der Burg nach Süden führt. ☎ 0344-50139.

Das Westufer

Im Laubengang von Rezzonico

»» Mein Tipp: Villa Rivetta, historische Villa direkt am Seeuferweg, ruhige Atmosphäre mit tollem Seeblick, nur zu Fuß zu erreichen (250 m vom Parkplatz). Kann nur als Ganzes gemietet werden, es gibt eine gut ausgestattete Küche, vier DZ und vier Bäder. Buchung direkt oder über Siglinde Fischer bzw. La Breva. Wochenpreis ca. 1800 €. ✆ 02-76001818, 📠 02-76002751, www.marchesidirozzano.it. **«««**

Santa Maria: luftig gebautes Straßendorf südlich von Rezzonico, Ortsteil des höher gelegenen *San Siro*. Bei der Kirche *Santa Maria* am südlichen Ortsende liegt der Strand. Die Kirche stammt aus dem 16. Jh., doch wahrscheinlich gab es einen frühchristlichen Vorgängerbau in einer Befestigunganlage aus spätrömischer Zeit, deren Mauern neben der Kirche noch z. T. erhalten sind. Das Innere ist schön ausgemalt, besonders der Chorraum.

Übernachten   ***** Sole**, alteingeführtes Haus mit gutem Restaurant an der Durchgangsstraße (Verkehr ist zu hören), kürzlich renovierte Zimmer mit neuen Bädern, Terrasse mit Seeblick, gemütliche Liegewiese, Parkplatz und WLAN gratis. Über die Straße geht's zum Kiesstrand. DZ mit Frühstück und Seeblick 90–115 €, ohne Blick ca. 80–95 €. Via Statale 75, ✆ 0344-50089, 📠 0344-517514, www.hotelsolelagocomo.it.

Piave, modern eingerichtete Bar an der Durchgangsstraße, vis-à-vis der Kirche. Fünf ordentliche Zimmer, gute für einen kurzen Stopover. DZ ca. 60 €. ✆ 0344-50418.

La Torre, reizvolle Ferienwohnung in einem umgebauten Turm des 17. Jh. hoch über dem See mit herrlichem Blick. ✆ 0344-50738 oder 338-3557398, www.calzolaro.it.

Villa Camilla, luxuriöse Villa der Adelsfamilie Rozzano, etwa 80 m zurück von der Uferstraße in einem riesigen Gartenpark. Kann als Ganzes als Ferienvilla gebucht werden, Platz für bis zu 20 Pers. Buchung direkt oder über Siglinde Fischer oder La Breva. Wochenpreis ca. 9500 €. ✆ 02-76001818, 📠 02-76002751, www.marchesidirozzano.it.

Camping del Sole, kleiner Platz hinter der Uferstraße, gehört zum gleichnamigen Hotel. ✆ 0344-50089.

Acquaseria: ruhiger Durchgangsort ohne spezielle Attraktionen. Hübsch ist der kiesige Badestrand beim Flusslauf am südlichen Ortsausgang (beschildert mit „Spiaggia") mit Spielgeräten und Picknickbänken unter Bäumen.

Glyzinien an der Promenade

Menaggio

(ca. 3100 Einwohner)

Das wenig einladende System von Hochstraßen um den Ort sollte man gleich wieder vergessen – Menaggio hat ein ausgesprochen hübsches Zentrum und ist einer der nettesten Urlaubsorte am See, die beiden Grandhotels liegen dezent am Rande. Bei deutschen Gästen ist Menaggio beliebt, doch auch im August bleibt es erfreulich ruhig.

Am Wasser unten bietet sich viel Platz – unterhalb der zentralen *Piazza Garibaldi* liegt der von einer malerisch gemauerten Mole eingefasste Boots- und Jachthafen, daran schließt sich der *Lungolago Benedetto Castelli* an, eine lange, bestens gepflegte Promenade mit schattigen Bäumen, Rasen und vielen bunten Blumenbeeten. Vorbei am edlen *Grandhotel Victoria*, vor dem ein kleiner Kiesstrand liegt, erreicht man ein 10 m hohes Marmordenkmal für die Seidenspinnerinnen am Comer See und kommt schließlich zum *Lido Menaggio*, einem großen Strandbad mit Pool.

In der Umgebung von Menaggio gibt es viele Wandermöglichkeiten, aber auch Ausflugsziele für motorisierte Gäste – in einer knappen halben Autostunde geht es etwa zum Luganer See, wobei man unterwegs einen Stopp am hübschen *Lago di Piano* einlegen kann (→ S. 184). Mit Fähre oder Tragflügelboot fährt man rasch über den See ins berühmte *Bellagio* im Dreieck zwischen den beiden Seearmen oder auch ins pittoreske Ostuferstädtchen *Varenna*. Und auch sportlich ist einiges geboten: Im hoch gelegenen Ortsteil *Loveno* liegen ein Reiterhof und ein Sportzentrum mit Tennisplätzen, ein 18-Loch-Golfplatz ist von der Straße zum Luganer See aus zu erreichen.

Basis-Infos

Anfahrt/Verbindungen PKW, Parkplätze am Lungolago, im Sommer besteht allerdings erhebliche Parkplatznot.

Schiff, etwa stündl. Fähren mit Autotransport nach Varenna, viermal tägl. nach Bellagio (Passagierverbindungen häufiger). Die Anlegestelle liegt etwas südlich vom Ortskern.

Bus, Bushaltestelle an der zentralen Durchgangsstraße. SPT-Bus C10 etwa zehnmal tägl. in Richtung Como und über Domaso nach Colico, C12 fährt etwa zehnmal tägl. zum Luganer See, z. T. bis Lugano.

Trombetta Express, das Touristenzüglein fährt stündl. von Menaggio bis Lenno, ca. 5 € (2–10 J. 2 €). ✆ 338-8889847.

Information IAT, zentral an der Piazza Garibaldi, wenige Schritte hinter der Promenade. Freundlich und hilfsbereit, Auskünfte in Deutsch. Auch Infos über Wanderwege. April–Okt. tägl. 9–12.30, 14.30–18 Uhr, sonst Mi/So geschl. ✆/✉ 0344-32924, www.menaggio.com.

Markttage sind der zweite und vierte Freitag im Monat.

Baden & Sport Spiaggia Lerai, schmaler, öffentlicher Kiesstrand vor dem Camping Europa, nördlich, anschließend an das Strandbad Lido. Baumschatten, Kiosk mit Duschen und Toiletten, Vermietung von Tretbooten und Kanus.

Lido Menaggio, großes, gepflegtes Strandbad am Nordende der Promenade. Pool und Kinderplanschbecken, Strand mit Schirm- und Liegenverleih. Ristorante und Birrificio (Brauereilokal), abends Disco. Via Roma 11, ✆ 0344-30645, www.lidomenaggio.it.

Fahrrad-/Kajakverleih, in der Jugendherberge Primula (→ Übernachten).

Crazy Golf, Minigolf an der Promenade, etwas südlich vom Strandbad. Lungolago Castelli, ✆ 348-8809469.

Menaggio & Cadenabbia Golf Club, schöne 18-Loch-Golfanlage oberhalb von Menaggio. 2007 hat sie ihren hundertsten Geburtstag gefeiert und ist damit einer der ältesten Plätze Europas. ✆ 0344-32103, www.menaggio.it.

AC Boat, beim Schwimmdock (pontile galleggiante) an der Uferpromenade, Motorbootverleih mit und ohne Führerschein, freundliche Leute. Lungolago Castelli. ✆ 345-9010694, www.acboatrentals.com.

Menaggio dei Tre Laghi, Reitzentrum in Grandola ed Uniti zwischen Menaggio und Porlezza, ca. 5 km von Menaggio. Via Italia, ✆ 392-0322903.

Shopping La Via della Seta, schickes Seidengeschäft an der zentralen Piazza von Menaggio, u. a. Markenkleidung von Missoni. Piazza Garibaldi 3.

Luigi Tosi, kleiner Fischladen gleich beim Hafen. Luigi ist einer der letzten Fischer im weiten Umkreis, seit Generationen ist der Beruf in seiner Familie vererbt worden. Via Mazzini 15.

Il Coccio, große Keramikmanufaktur im nördlichen Ortsbereich. Via Roma 3, ✆ 0344-32235.

Das Westufer

Übernachten   (→ Karte S. 123)

*** Bellavista 16, großer Kasten direkt am See neben dem Jachthafen. Die Einrichtung ist schon etwas in die Jahre gekommen, die Zimmer sind nicht sonderlich geräumig, aber sauber, der Umgangston der Patronin ist laut Leserzuschrift gewöhnungsbedürftig. Dafür genießt man den herrlichen Blick und hat ein Terrassenrestaurant direkt am Wasser, Pool und Garage. DZ mit Frühstück ca. 95–125 €. ✆ 0344-32136, ✉ 0344-31793, www.hotel-bellavista.org.

*** Du Lac 14, direkt an der Piazza Garibaldi. Familie Beretta bietet zehn elegant einge-
richtete Zimmer mit Blick auf Piazza oder See, jeweils mit Sat-TV, Garage 100 m entfernt (10 €). DZ mit Frühstück ca. 145 €. Ebenfalls an der Piazza liegt die Dependance mit 5 DZ ohne TV für 80 € und Frühstück im Caffè Centrale für ca. 9,50 €/Pers. Via Mazzini 27, ✆ 0344-35281, ✉ 0344-344724, www.hoteldulacmenaggio.it.

** Corona 12, ganz zentral bei der Piazza, geräumige Zimmer, die meisten mit Balkon und Seeblick, gute Betten. Freundlich geführt, es wird auch etwas Deutsch gesprochen. DZ mit gutem Frühstücksbuffet ca.

70–100 €.   ℡ 0344-32006,   📠 0344-30564, www.hotelgarnicorona.com.

* Il Vapore 🔢, einfache Pension neben Corona, gutes Preis-Leistungs-Verhältnis, Seeblick (Zimmer 25 und 26 mit Balkon), zeitweise etwas laut, unten Restaurant, Speiseterrasse vor dem Haus (→ Essen & Trinken). Die Wirtin spricht Deutsch, netter Service. DZ mit Bad ca. 60–65 €, Frühstück extra. ℡ 0344-32229, 📠 0344-34850, hotel.italia abc.it/como/hotel-il-vapore.html.

Il Balcone di Elma 🔢, drei etwas erhöht gelegene Fewos mit Balkon und herrlichem Seeblick, Apartments A und B frisch renoviert, preisgünstig. Die freundliche Vermieterin Luisella spricht gut Englisch. Sat-TV, WLAN gratis, Parkplatz. Insgesamt etwas hellhörig. Wochenpreis ca. 280–480 €. Via Luigi Cadorna 11, ℡ 0344-32275 oder 333-8445639, www. ilbalconedielma.com.

Außerhalb ** Loveno 🔢, freundlicher Familienbetrieb im gleichnamigen Ortsteil, etwas erhöht über dem See, schöner Blick, ruhiger Garten. DZ mit Frühstück ca. 96 €. Via Nazario Sauro 55, ℡ 0344-32110, 📠 0344-30510, www.hotelloveno.it.

》Mein Tipp: *** Garden 🔢, nettes Haus im kleinen Örtchen Nobiallo ein Kilometer nördlich von Menaggio, direkt am See. 13 Zimmer mit Balkon und Seeblick, hübscher Garten, davor ein schmaler Strand. DZ mit Frühstück ca. 80–95 €. Via Diaz 30, ℡/📠 0344-31616, www.hotelgarden-menaggio.com. 《《

》》Mein Tipp: Villa Gaeta, in der edlen Schlossvilla im Jugendstil (→ Umgebung von Menaggio und Foto S. 126) werden zwei Wohnungen für 2–4 Pers. vermietet. Das Ambiente ist einmalig, die Wohnungen sind ca. 60 qm groß und geschmackvoll eingerichtet. Rund um die Villa Gaeta wurde auch der historische Park wiederhergestellt. Es gibt eine Badestelle und einen Bootsanleger. Mietpreis ab 150 € pro Tag (Mindestaufenthalt eine Woche). Zu buchen über ℡ 08141-5274530 (Deutschland), www.casalario.de. 《《

Jugendherberge (IYHF) La Primula 🔢, modernes, ockerfarbenes Haus am südlichen Ortsausgang, direkt am See. Volle Mahlzeiten, Fahrrad-/Kajakverleih, Internetcafé, Waschmaschine. Mitte März bis Anfang Nov. Übernachtung im Mehrbettzimmer ca. 16 € pro Pers., auch Familienzimmer und DZ. ℡/📠 0344-32356, www.menaggiohostel.com.

Camping ** Europa 🔢, schattiger Platz am nördlichen Ortsende direkt am Wasser, allerdings großteils von Dauercampern belegt. Direkt davor der schmale Kiesstrand Spiaggia Lerai. Via dei Cipressi 16, ℡ 0344-31187.

In der Fußgängerzone

C afés
7 Il Gabbiano

S onstiges
6 Minigolf
8 AC Boat

Ü bernachten
2 Garden
3 Camping Europa
5 Loveno
11 Il Vapore
12 Corona
14 Du Lac
16 Bellavista
17 Il Balcone di Elma
18 La Primula (JH)

E ssen & Trinken
1 La Vecchia Magnolia
4 Birrificio Lido Menaggio
9 Vecchia Menaggio
10 La Trattoria
11 Il Vapore
12 Il Ristorante di Paolo
13 Osteria Il Pozzo
15 Lugano

Menaggio

80 m

Essen & Trinken

(→ Karte S. 123)

Il Ristorante di Paolo 🔢, gepflegtes Ristorante mit Terrasse im Hotel Corona (→ Übernachten), leckere Gerichte gehobener Preisklasse, Kellner in schwarzer Livree. Wenn nicht zu voll, guter und freundlicher Service. Di geschl. ☎ 0344-32133.

Il Vapore 🔢, in der Pension neben dem Hotel Corona. Auch hier mittlerweile schicke, weiß gedeckte Tische, typische Gerichte in familiärer Atmosphäre. Wenn die Köche von nebenan nicht ihre Gettoblaster bis zum Anschlag aufdrehen, ein nettes Fleckchen. Mi geschl. ☎ 0344-32229.

Osteria il Pozzo 🔢, ganz zentral an einer Ecke der Piazza Garibaldi. Beliebt, weil locker geführt bei guter Küche. Neben lokalen Gerichten gibt es auch Spezialitäten aus anderen Regionen, z. B. *Taglieri Friulani*. Mi geschl. ☎ 0344-32333.

La Trattoria 🔢, etwas zurück vom See, neben dem Informationsbüro in eine gemütliche Seitengasse hinein, an einem Torbogen, schön zum Sitzen, oft sehr voll, dann dauert es etwas. Auch Pizza. So geschl. Via Carlo Camozzi 16, ☎ 0344-31000.

》》 Mein Tipp: **Vecchia Menaggio** 🔢, kurz vor „La Trattoria" links hinein. Maurizio Fraquelli hat seinen Laden immer voll, kein Wunder – professionelle und dazu freundliche Bedienung, flinker Service und große Auswahl in erfreulicher Qualität, leckere Pasta und Pizza. Der Innenraum ist mit historischen Fotos von Menaggio geschmückt, draußen sitzt man auf einer überdachten Terrasse oder direkt auf der Gasse. Di geschl. Via al Lago 13, ☎ 0344-32082. **《《**

Lugano 🔢, bescheidene, kleine Pizzeria am Beginn der Straße zum Luganer See (Haarnadelkurve Nähe Hafen), sehr gute Pizza aus dem Holzofen, keine Außenplätze. Mo geschl. Via Como 26, ☎ 0344-31664.

Birrificio Lido Menaggio 🔢, Pizzeria/Restaurant im Strandbad von Menaggio (→ Sport), das selbstgebraute Bier ist natürlich ein Muss. ☎ 0344-30645.

La Vecchia Magnolia 🔢, schlichte Trattoria im oberen Ortsteil Loveno, flankiert von einem prächtigen Magnolienbaum. Plätze im Freien und Blick auf den See. Parkplatz benachbart. Di geschl. Via Plesio 6, ☎ 0344-31797.

Der kleine Nebenplatz der Piazza Garibaldi

Das Westufer

Gut befestigt: der Jachthafen von Menaggio

Außerhalb La Baita, in Croce von der Straße zum Luganer See links in Richtung Golfplatz abbiegen. Schöne Terrasse mit weitem Blick, gute traditionelle Küche. An Wochenenden besser reservieren. Di geschl. Via Wyatt 35, Frazione Croce, Località Paullo. ℘ 0344-32195.

Crotto Buba, ruhig gelegener Agriturismo an der Straße von Grandola ed Uniti nach Naggio. Zu den Spezialiäten gehören Carne *alla Brace*, die Polenta und die typischen lokalen Käse, die hier auch produziert werden. Mo geschl. Via alle Alpi 5. ℘ 335-6940999.

Bars & Cafés Il Gabbiano, am Lungolago, kurz nach dem Grandhotel Victoria. Kleine, nette Bar, gemütlich zum Draußensitzen, drinnen geschmackvoll eingerichtet. Frühstück, leckeres selbstgemachtes Eis, Cocktails, Bier vom Fass. Mi geschl.

Sehenswertes

Von der geschäftigen *Piazza Garibaldi* führt die kleine Ladenstraße Via Calvi landeinwärts. Rechter Hand ist hier in der Fassade der Kirche *Santa Marta* ein römischer Grabstein aus dem 1. Jh. n. Chr. eingelassen. An der Durchgangsstraße erreicht man die große Pfarrkirche *Santo Stefano* mit mehreren Ölgemälden aus lombardischer und flämischer Schule. Links davon kommt man auf rundem Kieselsteinpflaster durch die Via Caronti zum *Castello* auf der Hügelspitze. Der verwinkelte alte Ortskern ist nahtlos mit den Mauern der Burg zusammengewachsen, die im 16. Jh. von den Schweizern erobert und bis auf einen Teil der Mauern und zwei Türme völlig zerstört wurde. Rechts von der Kirche beginnt die Wanderung nach Acquaseria (→ S. 241).

Umgebung von Menaggio

Villa Vigoni: Im oberhalb gelegenen Ortsteil *Loveno* steht die prächtige Villa in einem weitläufigen englischen Park mit vielen exotischen Hölzern, Orchideen, Olivenbäumen und herrlichen Ausblicken. Erbaut wurde sie Ende des 18. Jh. vom

Auffallend: die Villa Gaeta nördlich von Menaggio

Frankfurter Unternehmer Heinrich Mylius. Er war durch Seidenproduktion, Textil-handel und Bankwesen zu Wohlstand gekommen und stand zeitlebens mit Goethe in einem freundschaftlichen Verhältnis. Ignazio Vigoni, der letzte Besitzer, verstarb 1983 und vermachte die Villa der Bundesrepublik Deutschland – unter der Bedin-gung, ein Zentrum zur Förderung der deutsch-italienischen Beziehung zu schaffen. Heute ist sie Standort eines Kulturzentrums und bildet mit ihren stilvollen Sälen ei-nen äußerst repräsentativen Rahmen für Tagungen, Seminare und Kulturveranstal-tungen. Zum Anwesen gehört auch die *Villa Garovaglio-Ricci*, eine ehemalige Sei-denspinnerei und späteres Museum, in dem heute der Tagungssaal der Villa Vigoni untergebracht ist.

Interessantes Streiflicht aus der jüngeren Geschichte der Villa: Im Jahr 2008 ent-schied das oberste Zivilgericht Italiens, dass ehemalige italienische Soldaten, die nach 1943 Zwangsarbeit im deutschen Reichsgebiet leisten mussten, Entschädi-gungsansprüche gegen Deutschland geltend machen können. Zu diesem Zweck sollte deutsches Staatseigentum in Italien beschlagnahmt werden, neben anderen Maßnahmen wurde deshalb auch eine Zwangshypothek auf die Villa Vigoni am Co-mer See eingetragen. Die Bundesregierung wies die Forderungen zurück und Ber-lusconi ließ das Zwangsenteignungsverfahren schließlich per Dekret stoppen. Bei-de Regierungen setzten daraufhin eine bilaterale Historikerkommission ein, um die gemeinsame Forschung zur deutsch-italienischen Geschichte im Zweiten Weltkrieg zu vertiefen. Diese tagte in der Villa Vigoni. Für 2012 wird ein erster Bericht der Kommission erwartet.

Villa Vigoni, Besichtigung mit Führung nur Donnerstagnachmittag nach Anmeldung, Ein-tritt ca. 10 €. ☎ 0344-36111, www.villavigoni.eu.

Villa Gaeta: Die prachtvolle Villa im überschwänglichen Jugendstil wurde 1920 für einen Industriellen auf einer Halbinsel nördlich von Menaggio, unterhalb des Felsens Sasso Rancio erbaut. Bei der Wanderung von Menaggio nach Acquaseria sieht man sie von oben. Zweifellos gehört sie zu den auffallendsten Bauten direkt am See, mit ihren zwei Türmen wirkt sie wie ein aus der Zeit gefallenes mittelalterliches Fantasieschloss (→ Übernachten). Für den James-Bond-Film Casino Royal wurden hier Außenaufnahmen gedreht (Trailer bei youtube).

Nobiallo und Sasso Rancio: Das ruhige Dörfchen Nobiallo liegt nördlich von Menaggio am Fuß des hohen, bewaldeten Küstenfelsens Sasso Rancio („Orangeroter Fels"), dessen Überquerung in früheren Jahrhunderten als äußerst gefährlich galt. Die historische Strada Regina durchquert den Ort und steigt dann mit steilen Stufen hinauf zum Sasso (→ Wanderung von Menaggio nach Acquaseria), vorbei an der Wallfahrtskirche *Madonna della Pace,* die auf einer Terrasse über Ort und See thront. Einen Blick wert ist auch unten im Ort die Pfarrkirche *Santi Bartolomeo e Nicola,* die einen beachtlich schiefen Kirchturm besitzt.

Wanderung zum Rifugio Menaggio: Durch das Hochtal von Loveno kommt man per PKW oder Bus C13 über Plesio nach *Breglia* (750 m), etwa 6 km von Menaggio. Der kleine Ort ist Ausgangspunkt für eine mittelschwere Bergwan-

Die Kirche Madonna della Pace steht an der historischen Strada Regina

derung zum Rifugio Menaggio, das in 1383 m Höhe am Südhang des *Monte Grona* (1736 m) liegt. Von diesem natürlichen Aussichtsbalkon hat man einen herrlichen Blick über den See und die umliegenden Bergzüge. Der Weg ist ab Busstopp in Breglia ausgeschildert, man braucht etwa 2 Std. einfach, rot-gelbe Markierungen und Hinweisschilder zeigen den Weg. Im Rifugio kann man essen und übernachten, im Juli/Aug. tägl., sonst an Wochenenden und Feiertagen (✆ 0344-37282 oder 388-3494812, www.rifugiomenaggio.eu).

Weitere ausführliche Wanderbeschreibungen im Umkreis von Menaggio lassen sich unter www.menaggio.com nachlesen oder im Informationsbüro einholen.

🚶 **Wanderung 7: Von Menaggio über den Sasso Rancio**
nach Acquaseria   → S. 241
Anstrengender Aufstieg zum Sasso, sonst keine Schwierigkeiten

Von Cadenabbia nach Lenno (Riviera Tremezzina)

Hier, im klimatisch wärmsten Gebiet des Sees, reihen sich zahlreiche prächtige Villen und Paläste des 17. und 18. Jh. inmitten von Gärten und Parkanlagen mit üppigster Vegetation. Viele von ihnen haben eigene Anlegestellen, denn eine Straße gab es damals noch nicht, die reichen Mailänder reisten in ihre noble „Villeggiatura" („Sommerfrische") per Schiff aus Como an. Zwischen Menaggio und Tremezzo finden sich einige schöne Bademöglichkeiten, z. B. der „Villa Linda Beach" beim gleichnamigen Hotel.

Cadenabbia   (ca. 700 Einwohner)

Der Ortsteil von Tremezzo liegt an der engsten Stelle in der Seemitte, etwa zweimal stündlich verkehren Autofähren nach Bellagio, dreimal täglich nach Varenna am Ostufer. Zahlreiche große Hotels säumen die Uferstraße, es gibt ein organisiertes Strandbad und daneben einen kleinen, schattigen Kies-/Sandstrand.

Altbundeskanzler Adenauer machte hier von 1957 bis 1966 regelmäßig Urlaub und vertrieb sich seine Zeit mit Bocciaspielen – eine Bronzeskulptur des Kanzlers an der Seepromenade erinnert daran (100 m südlich vom Hotel Britannic), und sein damaliger Wohnort Bad Honnef ist heute Partnerstadt von Cadenabbia.

In Bronze verewigt:
Adenauer beim Bocciaspiel

Adenauer urlaubte stets in der hügelwärts schön und ruhig gelegenen *Villa La Collina* mit herrlichem Garten und empfing dort wichtige in- und ausländische Gesprächspartner zu inoffiziellen Gesprächen, z. B. den italienischen Ministerpräsidenten, US-Außenminister Dean Rusk und Giovanni Battista Montini, der 1963 zum Papst Paul VI. gewählt wurde. Die Villa ist heute im Besitz der Konrad-Adenauer-Stiftung, wird für Seminare und Fortbildungsveranstaltungen genutzt, vermietet aber auch Zimmer (→ Übernachten). Eine Besichtigung des Parks ist nach Anmeldung möglich. Er grenzt direkt an das Gelände der berühmten Villa Carlotta (→ S. 131).

Ein grob gepflasterter Pilgerpfad führt zur Kirche *San Martino* hinauf, ausgeschildert ab Rogaro, Dauer etwa 90 Min. Oben bietet sich ein unvergleichlicher Blick auf Cadenabbia, den See und das gegenüberliegende Bellagio.

Das Westufer

Übernachten/Essen & Trinken *** Villa Linda, die Villa aus dem 18. Jh. steht direkt an der Uferstraße, ist insofern etwas lärmanfällig. Zimmer im verspielten venezianischen Stil, z. T. mit Balkon. Ristorante „Locanda Ca' Bianca" mit Außenterrasse und Bar. Über die Straße zur eigenen Badestelle, eine besandete Fläche mit Liegestühlen. DZ mit Frühstück ca. 100–120 €. Via Regina 87, ✆ 0344-43204, 🖷 0344-43857, www.hotelvillalindacomo.it.

>>> **Mein Tipp:** *** Alberghetto La Marianna, ebenfalls an der Uferstraße, kleine Pension mit acht nett eingerichteten Zimmern und Seeblick. Freundlich geführt von Signora Paola mit Familie, sie spricht Englisch und etwas Deutsch. Leckeres Frühstück mit selbstgebackenem Brot und Kuchen.

Hübsch ist die kleine, idyllische Seeterrasse des Restaurants „La Cucina della Marianna", die nicht nur für Hausgäste geöffnet ist (Mo geschl.). Hier steht seit Langem Tiziano Valentin am Herd und kocht täglich ein einziges Vier-Gänge-Menü in der traditionellen Art der Region (ca. 45 €). Pizza und Spaghetti gibt es hier nicht. DZ mit Frühstück ca. 80–90 €. Via Regina 57, ✆/🖷 0344-43095, www.la-marianna.com. «««

*** Villa La Colina, die Villa der Konrad-Adenauer-Stiftung steht oberhalb vom See in einem 28.000 m² großen Park. Ruhige Lage mit Seeblick, 34 Zimmer in stilvoll-nostalgischem Ambiente, Bocciaplatz, beheizter Pool. Halbpension ca. 90–105 € pro Pers. Via Roma 11, ✆ 0344-44111, 🖷 0344-41058, www.villacollina.com.

🚶 **Wanderung 8 Auf dem „Greenway del Lago di Como"**
von Colonno nach Cadenabbia   → S. 244
Leichte Strecke am See entlang, schöne Ausblicke

Tremezzo

(ca. 1400 Einwohner)

Mittelpunkt der Riviera Tremezzina, herrlicher Panoramablick auf den See und hinüber nach Bellagio. An der Straße reihen sich Hotels, darunter das Grandhotel Tremezzo Palace, und schicke Cafés, dahinter steigen einige Treppengässchen den Hang hinauf.

Im nördlichen Ortsbereich kann die berühmte *Villa Carlotta* besichtigt werden, weiter südlich liegt schräg gegenüber der großen Kuppelkirche *Chiesa di San Lorenzo* der gediegene öffentliche *Parco Teresio Olivelli*, nach seinen früheren Besitzern auch *Parco Mayer* genannt.

Übernachten/Essen & Trinken *** La Darsena, ca. 5 Min. von der Villa Carlotta entfernt. Erst 2005 eröffnet, tolle Lage direkt am See (an der Rückseite allerdings gleich die Uferstraße), unten klatscht das Wasser an die Mauern. Edel eingerichtete Zimmer mit Sat-TV, die meisten mit Balkon, Restaurant mit romantischer Terrasse zum See. Unbedingt Zimmer zur Seeseite buchen! DZ mit Frühstück ca. 100–180 €. Via Regina 3, ✆ 0344-43166, 🖷 0344-40029, www.hoteladarsena.it.

*** Villa Marie, Villa des 19. Jh. im Libertystil, sehr geschmackvoll ausgestattet, allerdings unmittelbar an der Straße. Es gibt einen schönen Garten mit Pool und direkt am See eine Frühstücksterrasse. DZ mit

Frühstück ca. 85–120 €. Via Regina 30, ✆/🖷 0344-40427, www.hotelvillamarie.com.

*** Villa Edy, gemütlich und ruhig gelegene Anlage etwas oberhalb der Durchgangsstraße, Blick über die Dächer auf die hohen Berge am Ostufer. Schlicht-elegantes Haus mit schattiger Terrasse und zwölf Zimmern (jeweils TV und modernes Bad), davor hübsch geschwungener Pool umgeben von Liegewiese und Fächerpalmen, benachbart ein Tennisplatz. In einem Nebengebäude beim Pool 4 Apts. Angeschlossen ans Hotel ist der Camping degli Ulivi. DZ ca. 120–145 €, Junior Suite 170–200 €. Via Febo Sala 18, ✆ 0344-40161, 🖷 0344-40015, www.villaedy.com.

>>> **Mein Tipp:** *** Rusall, hoch über Tremezzo, am Rand des kleinen Weilers

Rogaro, sehr ruhig mit großartigem Seeblick, im Ristorante vorzügliches Essen
mit üppigen Portionen. DZ ca. 94–104 €.
Via San Martino 2, ☎ 0344-40408, 📠 0344-
40447, www.rusallhotel.com. «««

Unterhaltung Pub Bisbino, ein stillgeleg-
ter Dampfer der Seeschifffahrt ist in der
Nähe der Villa Carlotta festgemacht und
wurde zum Pub umgebaut.

Sehenswertes

Parco Teresio Olivelli: Mit seinem prächtigen Baumbestand und den gepflegten Rasenflächen bietet er sich zum genüsslichen Verweilen an. Über einen breiten Treppenzugang kommt man zum See, den herrlichen Blick auf das andere Ufer kann
man auch von der Bar „Acqua Cheta" mit Aussichtsplattform genießen. Sie ist in
der achteckigen „Taroccheria" untergebracht – früher saßen hier die Dorfhonora-
tioren zusammen, um Tarock zu spielen. Einen besonderen Blickfang bildet der
große, zentrale Brunnen, gekrönt von einer Frauenfigur, die von zwei Knaben auf
Delfinen flankiert wird. Auf dem Übergang dahinter kann man die Straße überqueren und gelangt so in den oberen Teil des Parks mit der Villa Mayer, benannt nach
den früheren Eigentümern von Villa und Park.

Chiesa di San Lorenzo: Eigentlich gehen die Ursprünge der großen und imposanten Kirche im attraktiven Streifenmuster bis ins 18. Jh. zurück, doch erst am Ende
des 19. Jh. wurde der mächtige Bau mit Zentralkuppel und hohem Glockenturm im
neuromanischen und neugotischen Stil vollständig neu errichtet. Das Innere hat
Luigi Tagliaferri 1906–10 mit Fresken ausgemalt. Einige Stücke der Originalkirche
sind erhalten geblieben, z. B. die Seitenaltäre mit dem Gemälde „Muttergottes mit
Kind und Sankt Antonius von Padua". 1924 wurde vor der Kirche ein Gefallenen-
denkmal von Alberti eingeweiht, es stellt die Unsterblichkeit dar.

Villa La Quiete: Ein Stück südlich der Kirche San Lorenzo steht dieser stolze
Palazzo aus dem frühen 18. Jh. Den großen Garten im italienischen Stil grenzt zur

Im Parco Teresio Olivelli

Obligate Besichtigung: die Villa Carlotta in Tremezzo

Straße hin ein schmiedeeisernes Tor ab, auf der Seeseite führt ein prächtiger Treppenzugang zur früheren Anlegestelle hinunter.

Villa Carlia: Das Anwesen neben der Villa La Quiete stammt aus dem 17. Jh. Das eher schlicht gestaltete Haupthaus steht erhöht in einem eleganten Park und ist von der Straße über eine lange Treppe erreichbar.

Villa Carlotta

Eine großzügige Freitreppe steigt von der Uferstraße zu dem klassizistischen Herrschaftshaus hinauf, das Ende des 17. Jh. von einer Mailänder Adelsfamilie erbaut wurde. Größter Anziehungspunkt ist heute der dazugehörige Gartenpark, der zu den schönsten am See gehört. Es herrscht stets großer Andrang, täglich fahren Dutzende von Reisebussen vor.

1801 wurde das Anwesen an Gian Battista Sommariva verkauft, der eine politische Karriere unter Napoleon anstrebte. Als sich diese Pläne zerschlugen (Napoleon wählte Francesco Melzi d'Eril zum Vizepräsidenten der ersten Italienischen Republik, → S. 169), widmete er sich dem Sammeln von Kunst und stattete die Villa mit vielen wertvollen Stücken führender Künstler seiner Zeit aus, begann außerdem, den Garten auszubauen. 1843 erwarb Marianne von Nassau, Frau Prinz Albrechts von Preußen, die Villa und schenkte sie 1850 ihrer Tochter Prinzessin Charlotte von Preußen zur Hochzeit mit Georg II. von Sachsen-Meiningen. Darauf bezieht sich auch der heutige Name der Villa. Herzog Georg verschönerte in den nächsten Jahren v. a. den ausgedehnten Garten und machte ihn zu dem Naturkunstwerk, das er heute ist. Seit 1927 wird die Villa von einer Stiftung unterhalten.

In den *Innenräumen* finden sich monumentale Ölgemälde, historische Uhren, Marmorskulpturen und -reliefs (u. a. von Canova und Thorvaldsen) sowie Wandteppiche. Das obere Stockwerk ist mit elegantem Mobiliar im französischen Empirestil eingerichtet.

28. April 1945: der letzte Tag des „Duce"

In den kleinen Ort Giulino di Mezzegra führt von Mezzegra, unten am See, eine schmale Straße hinauf (an der Durchgangsstraße Hinweis mit braunem Schild „Fatto Storico – Historical Sight"). Nach etwa 300 m erblickt man direkt rechts neben der Straße ein oft mit frischen Blumen bestecktes Kreuz. Hier, vor der Villa Belmonte, sollen Benito Mussolini (61) und seine Geliebte Clara Petacci (33) am Nachmittag des 28. April 1945 vom Partisanen Walter Audisio erschossen worden sein („Ich schoss fünf Kugeln auf Mussolini, der auf die Knie fiel, während sein Kopf auf die Brust sank. Dann war die Petacci dran. Gerechtigkeit war getan."). Einen Tag zuvor war der „Duce" in Musso bei Dongo (→ S. 117) gefasst worden, als er in der Uniform eines deutschen Offiziers versucht hatte, in einem deutschen Lastwagen in die Schweiz zu fliehen.

Diese Darstellung der Exekution, jahrzehntelang Teil der offiziellen Geschichtsschreibung, hat eine Augenzeugin Ende der 90er Jahre widerlegt – nachdem sie

jahrzehntelang anonym davor gewarnt worden war, über den tatsächlichen Vorgang sprechen. Nach ihrer Aussage ist Mussolini bereits vormittags im Hof des Bauernhauses der Familie De Maria erschossen worden. Täter war vermutlich Luigi Longo, ein führender Politiker der kommunistischen Partei Italiens (KPI) und später ihr Generalsekretär. Clara Petacci wurde währenddessen wahrscheinlich vergewaltigt (Indiz dafür sind u. a. ihre dokumentierten Hilfeschreie sowie die Tatsache, dass sie unter ihrem Kleid nackt war), bevor man sie in den Rücken schoss. Die beiden Leichen wurden dann vor die Villa Belmonte geschleift, wo nochmals von vorn auf die Toten geschossen wurde, um eine „ehrenwerte" Hinrichtung durch den „richtigen Mann" vorzutäuschen. Audisio war nämlich Verbindungsmann zur Kampftruppe des gesamten italienischen Widerstands (Resistenza). So konnte die von den Kommunisten eigenmächtig durchgeführte Erschießung – die im Übrigen gegen eine eindeutige Absprache mit den Alliierten verstieß,

welche Mussolini vor Gericht stellen wollten – als eine Aktion der gesamten Resistenza hingestellt werden – und nebenbei die Vergewaltigung Clara Petaccis unter den Tisch gekehrt werden.

Am 29. April wurden die beiden Leichen auf dem Piazzale Loreto in Mailand an den Füßen aufgehängt und öffentlich zur Schau gestellt. Ein Priester erbarmte sich vorher und band das Kleid der nackten Toten zusammen. Nur einen Tag später beging Hitler im Führerbunker von Berlin Selbstmord.

Das Westufer

Azaleen im Park der Villa Carlotta

Nach der Besichtigung ist ein ausgedehnter Spaziergang im weitläufigen *Botanischen Park* der Villa ein Muss, u. a. gedeihen hier Palmen, Mammut- und riesige Gummibäume, Bambus, Zedern, Azaleen, Seerosen und Orangen. Eindrucksvoll ist neben vielem anderen das *Valle delle Felci,* ein tief eingeschnittener Bachlauf mit Rhododendren und mächtigen Farnen, flankiert von Fächerpalmen und gewaltigen Platanen. Im nördlichen Bereich des Gartens kann man noch eine kleine Ausstellung von alten landwirtschaftlichen Gerätschaften besuchen.

Villa Carlotta, April bis Mitte Okt. tägl. 9–18.30 Uhr (Garten bis 19.30 Uhr), zweite Märzhälfte und zweite Oktoberhälfte tägl. 10–17.30 Uhr (Garten bis 18 Uhr) geöffnet; Eintritt ca. 9 € (Studenten und Senioren über 65 Jahre 5 €). ✆ 0344-40405.

Lenno   (ca. 1800 Einwohner)

Kleiner, ruhiger Ort in schöner Lage vor der bewaldeten Halbinsel Dosso del Lavedo, auf der die berühmte Villa del Balbianello besichtigt werden kann.

Auch Prominenz schätzt seit Langem die Gediegenheit und Stille der Bucht – schon Plinius der Jüngere besaß hier im 1./2. Jh. n. Chr. eine Villa (von der er der Überlieferung nach vom Fenster aus im See angeln konnte). Heute ist z. B. Michael Schumacher in seine Fußstapfen getreten.

Einen Besuch wert ist die vollständig ausgemalte Pfarrkirche *Santo Stefano* mit ihrer sehenswerten Säulenkrypta und dem benachbarten romanischen Baptisterium *San Giovanni Battista.* Danach bietet sich die Seepromenade zum genüsslichen Bummel an, ein netter Kiesstrand mit Rasenflächen liegt vor dem schönen Hotel „San Giorgio". Am Übergang zur Halbinsel kann man außerdem am kleinen, künstlich besandeten *Lido di Lenno* baden (Eintritt), vom gleichnamigen Restaurant führt eine Treppe ins Wasser, daneben fahren die Taxiboote zur Villa ab. Ein weiterer kleiner, von Bäumen beschatteter Strand liegt wenige Fußminuten weiter.

Ein Fußweg führt quer über die Halbinsel nach *Ossuccio* und weiter ins benachbarte *Sala Comacina* (→ Wanderung auf dem Greenway del Lago di Como, S. 244).

Information Ufficio Turistico, am Beginn der Promenade, 20 m vom Baptisterium, nur im Hochsommer, Di und Fr–So 10–12, 16–18 Uhr. ☎ 0344-5583460, turi.lenno@libero.it.

Shopping Am Dienstag ist vormittags **Markt** entlang der Promenade.

Vanini Osvaldo, seit 1850 wird in Lenno von der Familie Vanini eine Ölmühle betrieben, es soll die letzte am Comer See sein. Das Öl von Vanini wird überall am See verkauft, man kann es aber auch direkt beim Produzenten in der Via Silvio Pellico 10 erwerben. Mo–Sa 8–12, 14–18.30 Uhr. ☎ 0344-55127, www.oliovanini.it. ∎

Übernachten ** Plinio, ebenfalls an der Promenade, von der Anlegestelle ein paar Schritte nach Norden. Gemütliches und familiär geführtes Albergo mit gerade mal sieben Zimmern und hervorragendem Ristorante (→ Essen & Trinken). DZ mit Frühstück ca. 80 €. ☎ 0344-55158.

》》 Mein Tipp: *** San Giorgio, am nördlichen Ende der Uferpromenade steht das große, palastähnliche Haus in einem wunderbaren Garten mit Palmen und Liegestühlen, davor liegt ein Kiesstrand mit erhöhten Rasenflächen. Erbaut wurde es nach dem Ersten Weltkrieg, seitdem wird es in mittlerweile vierter Familiengeneration als Hotel geführt. Die schöne, nostalgische Einrichtung, die gemütlichen Zimmer mit Holzböden, großen Bädern und Balkonen, der herrliche Blick und die Ruhe machen es zu einem der begehrtesten Häuser am See (Matratzen beim letzten Check allerdings

etwas weich). DZ mit Frühstück ca. 145–180 €. Via Regina 81, ☎ 0344-40415, ☎ 0344-41591, www.sangiorgiolenno.com. ≪

Camping Lavedo, am Weg nach Ossuccio, kleiner Platz im Grünen, geführt von einer sympathischen Familie. Kein Seeblick, aber ruhig und gutes, preiswertes Ristorante, der Sohn kocht. Zum Strand ca. 250 m. ☎ 0344-56288, www.campinglavedo.it.

Essen & Trinken Antica Trattoria Santo Stefano, kleine Trattoria neben dem Baptisterium, auch draußen einige Sitzplätze auf der verglasten Veranda. Familie Zani bietet hausgemachte Pasta und Fisch aus dem See. Reservierung sinnvoll. Mo geschl. ☎ 0344-55434.

》》 Mein Tipp: Plinio, schöne Lage an der ruhigen Promenade, überdachte Terrasse direkt am Wasser. Beste bodenständige Küche zu fairen Preisen, nicht nur Fisch, auch Fleisch, z. B. ein hervorragendes Ossobuco. Achtung, an Wochenenden ist schnell jeder Platz belegt. ☎ 0344-55158. ≪

Lido di Lenno, beim kleinen Badestrand. Man speist von edlem Gedeck in einem weißen Zelt auf grüner Wiese, nicht billig. Tagsüber auch Beach Bar, nachts bis 3 Uhr schicker Abendtreff. ☎ 0344-57093.

Pub Hosteria La Magnolia, in Mezzegra am See, etwas abseits der Küstenstraße. Terrasse mit Seeblick neben einem imposanten, über 200 Jahre alten Magnolienbaum. Traditionelle Küche zu erfreulichen Preisen. Im Winter Mo geschl. Piazza Magnolia 4. ☎ 0344-43205.

Villa del Balbianello

Die ehemalige Kardinalsvilla schmiegt sich pittoresk an die Spitze der bewaldeten Halbinsel. Sie besteht aus zwei übereinander versetzt angeordneten Gebäudekomplexen und einer stilvollen Loggia am höchsten Punkt, alles umgeben vom üppigen Grün des herrlichen Gartens.

Ursprünglich stand hier am Seeufer ein einsames Franziskanerkloster, von dem aber nur die Fassade mit zwei Türmen erhalten blieben, als der kunstsinnige Kardinal Angelo Durini 1787 die Villa erbauen ließ. Nach dem Ersten Weltkrieg erwarb der amerikanische General Amos W. Butler die Villa und restaurierte sie vollständig. 1974 kaufte sie der Mailänder Unternehmer Graf Guido Monzino, der zahlreiche Exeditionen unternahm, darunter eine zum Nordpol (1971) und eine zum

Das Westufer

Pittoreske Lage: Villa del Balbianello

Mount Everest (1973). Er vererbte die Villa 1988 an den FAI (Fondo per l'Ambiente Italiano), der schon zahlreiche historische Bauten in Italien restauriert und der Öffentlichkeit zugänglich gemacht hat.

Von der eleganten *Loggia* aus kann man nach Norden auf die „Baia di Venere" („Venusbucht") und nach Süden auf die „Baia di Diana" („Dianabucht") sowie weit über den traumhaften See blicken. In der angeschlossenen *Bibliothek* werden über 400 Bände zu Themen aus Reise und Geografie verwahrt, im *Musiksaal* Landkarten und historische Drucke zum Comer See.

Die *Innenräume* der Villa sind mit historischem Mobiliar, Tapisserien und Muranoglasleuchtern opulent ausgestattet, es lassen sich dort chinesische, afrikanische und präkolumbische Kunstwerke bestaunen, dazu eine Sammlung von Glasmalereien im *Dachgeschoss*, außerdem eine Sammlung von Expeditionsstücken des letzten Besitzers.

Der herrliche *Terrassengarten* ist mit verschiedenen Ebenen dem Niveau des hügligen Geländes angepasst, an den Panoramapunkten stehen Ruhebänke bereit. Brüstungen, Hecken, Zypressen und Laubbäume setzen Akzente, immer wieder hat man herrliche Ausblicke. Und wem die idyllische Szenerie bekannt vorkommt – auf diesem schönen Fleckchen Erde drehte George Lucas im Frühherbst 2000 die romantische Kussszene zwischen Anakin Skywalker und Padmé Amidala aus dem Kultfilm „Star Wars Episode II". Der Regisseur hatte im Jahr zuvor mit seiner Familie im Hotel „Villa d'Este" in Cernobbio Urlaub gemacht – dabei gefiel ihm der See so gut, dass er einige Szenen auf die Villa del Balbianello abstimmte. Und erst 2006 hat sich hier auch James Bond alias Daniel Craig für „Casino Royale" vor die Kamera gestellt.

Öffnungszeiten Villa del Balbianello, Mitte März bis Mitte Nov. tägl. außer Mo/Mi 10–18 Uhr; Eintritt Garten ca. 5 € (4–12 J. ca. 2,50 €); Villa und Garten (60-minütige Führung obligatorisch) ca. 11 € (4–12 J. ca. 6 €). ✆ 0344-56110, www.fondoambiente.it.

Anfahrt Taxiboote fahren Do/Fr alle 30 Min. ab Lenno und Sala Comacina hinüber, ca. 6 € hin und zurück (✆ 333-4103854, www.taxiboat.net). Di/Sa/So muss man zu Fuß laufen, vom Kirchplatz in Lenno ist es etwa ein Kilometer, der Weg ist ausgeschildert (am Lido di Lenno vorbei).

Isola Comacina

Die Isola Comacina ist die einzige Insel im Comer See und liegt dicht vor der Westküste. Zu erreichen ist sie mit kleinen Motorbooten, die ständig von Sala Comacina und Ossuccio aus hinüberpendeln.

In den Zeiten der Völkerwanderung war die Insel immer wieder Rückzugsort vor Eroberern. Vor allem aus Como und Umgebung siedelten sich Flüchtlinge an und erbauten Wohnhäuser, Kirchen und Befestigungen – eine lange Zeit relativen Wohlstands brach an. Wegen der Invasion der Langobarden im späten 6. Jh. soll sich der Legende nach sogar kurzzeitig der Heilige Gral auf der Insel befunden haben. 1158 besiegte Kaiser Barbarossa das aufbegehrende Mailand, 1169 machte die kaisertreue Stadtrepublik Como auf der mit Mailand verbündeten Insel alles dem Erdboden gleich. Kaiser Barbarossa verbot danach in einem Dekret den Wiederaufbau, und der Bischof von Como sandte einen Fluch über die Insel, dass alle Bewohner eines unnatürlichen Todes sterben sollten: „Es werden niemals mehr die Glocken läuten, nie wird man mehr ein Stein auf den anderen setzen, niemand wird hier mehr Wirt sein unter der Strafe eines qualvollen Todes." Seitdem war die Insel über Jahrhunderte mehr oder minder unbewohnt und ist wegen ihrer Unberührtheit für Archäologen ein interessantes Pflaster. Heute verbergen sich Reste alter Festungsmauern und eine Handvoll Kirchen im dichten Grün.

Die einzige Insel: Isola Comacina bei Ossuccio

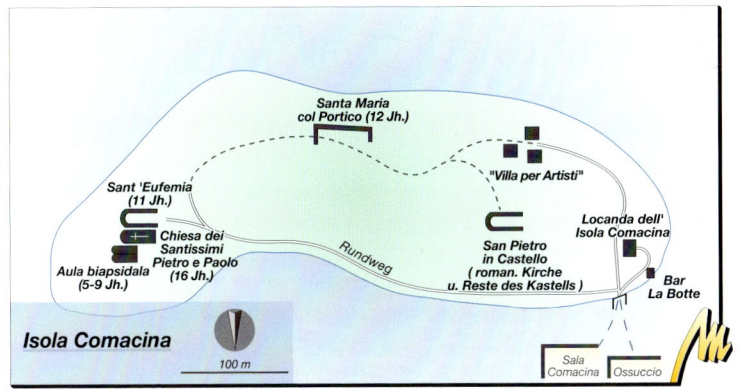

Isola Comacina

Das Westufer

Rundgang: Eine Umrundung der 600 m langen Insel dauert etwa eine halbe Stunde. Von der Anlegestelle wendet man sich nach links, läuft erst am Wasser entlang und steigt dann hinauf zur Nordspitze der Insel mit der *Chiesa San Giovanni* aus dem 16. Jh. Links dahinter findet man die Grundmauern der *Aula Battesimale Biabsidata*, einer frühchristlichen Kirche mit Doppelapsis und schönem Mosaikboden (5.–9. Jh.). Rechts neben der Kirche liegen die malerischen Überreste der romanischen Basilika *Sant'Eufemia* (11. Jh.).

Über das Ostufer der Insel läuft der Pfad nun zurück nach Süden. Unterwegs trifft man auf die spärlichen Reste der Kirche *Santa Maria col Portico* (12. Jh.), kurz darauf auf die *Case per Artisti*, drei schön restaurierte Natursteinhäuser im sog. rationalistischen Stil, die Anfang des 20. Jh. als Künstlerdomizile dienten – damals suchten viele Künstler und Kulturschaffende nach neuen Lebensformen abseits der Zivilisation. Auf der Hügelkuppe lassen sich noch die überwucherten Grundmauern der Kirche *San Pietro in Castello* entdecken, ansonsten geht es wieder hinunter zur Anlegestelle, vorbei am berühmten Inselrestaurant „Locanda dell'Isola Comacina".

Anfahrt/Verbindungen mit Taxiboot ab Sala Comacina oder von der Kirche Santa Maria Maddalena in **Ossuccio**, Mitte März bis Ende Okt. tägl. 10–17 Uhr, Juli/Aug. 10–18.30 Uhr. Die Überfahrt kostet ca. 5 €, dazu kommt der Eintritt für die Insel von ebenfalls 5 €, Familien mit Kindern erhalten Ermäßigung. Auch die Fähren der Seeschifffahrt stoppen auf der Isola Comacina.

Feste Am letzten Sa im Juni findet die erlebenswerte **Festa di San Giovanni** statt, eine Johannisnacht auf dem Wasser mit großer Bootsprozession und anschließendem Festessen. Ihre Ursprünge reichen bis ins 16. Jh. zurück.

Essen & Trinken Locanda dell'Isola Comacina, seit 1947 wird hier allabendlich ein in seinem Arrangement unverändertes Sechs-Gänge-Menü (und nur dieses!) aus Seeforelle, Gemüse, Brathähnchen, Schinken, Parmesankäse, Orangen und flambiertem Brandy bzw. Kaffee – Letzteres eine Art Feuerexorzismus, der den Fluch des Bischofs von Como neutralisieren soll (→ oben). Dieses Abendmenü kostet inkl. Getränke satte 65 € pro Pers., à la carte speisen kann man nur mittags. Beim pudelbemützten Benvenuto Puricelli und seiner Familie kehren gerne auch mal Stars ein – George Clooney hat hier die Abschlussarbeiten zum Film „Ocean's Twelve" gefeiert, der z. T. am Comer See gedreht worden war, Brad Pitt war hier, ebenso Madonna, Victoria Beckham, Franz Beckenbauer, Konrad Adenauer, Bruce Springsteen, Jürgen Klinsmann, Arnold Schwarzenegger und und und … März–Okt., in den Sommermonaten tägl., sonst Di geschl. ☎ 0344-55083, www.comacina.it.

Von Lenno nach Como

Ossuccio   (ca. 1000 Einwohner)

Bekannt ist Ossuccio in erster Linie für seinen Sacro Monte. Dieses Bergheiligtum entstand im 17. Jh. zusammen mit acht weiteren „heiligen Bergen" in Piemont und Lombardei als sichtbarer Ausdruck der Gegenreformation in einer Region, in der das „Ketzertum" stark vertreten war. 2003 wurden die Sacri Monti von der UNESCO zum Weltkulturerbe erhoben.

Direkt an der Durchgangsstraße fällt jedoch zunächst die Kirche *Santa Maria Maddalena* auf, deren Turm mit dem eigenwillig geformten Glockenstuhl – im 14. Jh. im gotischen Stil auf den romanischen Turm aufgesetzt – eine Art Wahrzeichen in dieser Ecke des Sees geworden ist. Die Kirche gehört zu einem mittelalterlichen Hospiz für reisende Pilger, dessen Gebäude noch weitgehend erhalten

Santa Maria Maddalena mit gotischem Glockenstuhl

sind – der Name des Ortsteils ist wohl deswegen Ospedaletto. Heute sind darin ein Antiquarium, das Informations- und das Ticketbüro für die Isola Comacina untergebracht. An der Seeseite der Anlage sind Gerätschaften für die Produktion von Olivenöl ausgestellt, davor liegt eine Wiese mit Olivenbäumen – die Region um Ossuccio gehört (wie auch Varenna am Ostufer) zu den nördlichsten Anbaugebieten des Ölbaums, genannt „Zoca de l'Oli" („Ölmulde").

Ein wenig weiter südlich steht an der Straße die romanische Kirche *San Giacomo* aus dem 11. Jh., in der noch Fresken aus der Bauzeit erhalten sind, z. B. ein großer Christopherus und Szenen aus dem alten Testament.

Anfahrt   Einen *Parkplatz* findet man, wenn man gegenüber der Kirche Santa Maria Maddalena landeinwärts einbiegt und ein Stück den Hang hinauffährt.

Öffnungszeiten Antiquarium, Di/Mi und Fr–So 10–13 und 15–17 Uhr. ☎ 0344-56369.

Sacro Monte di Ossuccio

Von der Uferstraße kann man der Beschilderung bergauf folgen und bis in den Ortsteil *Garzola* fahren. Von der Kreuzung bei der „Locanda Bar Riposo" in 309 m Höhe (nur wenige Parkplätze) führt ein etwa ein Kilometer langer, gepflasterter Fußweg mit Kreuzwegkapellen stetig ansteigend auf den *Sacro Monte di Ossuccio*, über 100 Höhenmeter sind dabei zu überwinden. Insgesamt sind es 15 Kapellen,

Auf dem Sacro Monte

drei liegen unterhalb vom Riposo, die letzte ist an die Kirche am Endpunkt des Kreuzwegs angebaut. In den Kapellen sind mit insgesamt 230 lebensgroßen Figuren Szenen vom Leidensweg Jesu Christi dargestellt, alle ein wenig verstaubt und teilweise renovierungsbedürftig.

Am Ende des Weges steht die barocke Wallfahrtskirche *Santuario della Beata Vergine del Soccorso* auf einem felsigen Vorsprung in 419 m Höhe, wo man einen wunderbaren Panoramablick genießt. Im überreich mit Stuck und Fresken verzierten Innenraum befindet sich linker Hand in der *Cappella dei Miracoli* eine hoch verehrte Marienstatue mit Kind aus Marmor. Sie wurde hier oben versteckt gefunden, angeblich von einem taubstummen Hirtenmädchen, das danach wieder hören und sprechen konnte – Anlass zum Bau der Kirche. Angebaut an das Heiligtum ist die nette kleine „Trattoria del Santuario" mit Außensitzgelegenheiten (Di geschl., ✆ 0344-56311).

Argegno (ca. 700 Einwohner)

Geschäftiger Ort an der Mündung des Flusses Telo, der malerisch von einer alten Bogenbrücke überspannt wird.

Baden kann man im zentral gelegenen Strandbad mit Kiesstrand, betonierter Plattform und Rasenflächen. Dazu gehört die schön gelegene Pizzeria „Lido", daneben liegen ein großer Parkplatz und ein Bootshafen. Wassersportler mit Tiefenangst sollten sich allerdings besser eine andere Stelle aussuchen, denn vor Argegno erreicht der Comer See eine Tiefe von 410 m.

Am nördlichen Ortsausgang geht eine Funivia (Seilschwebebahn derzeit wegen Renovierung geschl.) hinauf nach *Pigra* (881 m), von dort führt eine kleine Bergwanderung auf den 1331 m hohen *Monte Pasquella.* Außerdem kann man von Argegno ins hoch gelegene Val d'Intelvi fahren, bekannt für seine bemerkenswerten Barockkirchen (→ S. 140), sowie zum Luganer See (→ S. 184).

Shopping Markttag ist Montag.

Übernachten *** Villa Belvedere, schöne Villa aus dem 18. Jh. direkt am Ufer. Restaurant mit stimmungsvoller Seeterrasse, im Inneren Fresken und Stuckarbeiten, Zimmer mit Seeblick, Parkplatz. Hinter dem Haus führt die Straße entlang. ℡ 031-821116, 📠 031-821571, www.villabelvedere-argegno.it.

Essen & Trinken Crotto dei Platani, etwas unterhalb der Uferstraße zwischen Argegno und Brienno. Bildhübsche Kiesterrasse, raumhoch verglaster Innenraum und ein alter, in die Felsen getriebener „Crotto", also ein Felsenkeller, in dem Vorräte gelagert wurden und wie man sie nördlich vom See noch häufig findet. Gute Seeküche und breite Weinauswahl. April–Okt. tägl., sonst Mo/Di geschl. Via Regina 73, ℡ 031-814038.

Brienno: einfaches und ruhiges Örtchen ohne die Pracht der Jugendstilvillen, die weiter südlich das Seeufer dominieren. Die alten Häuserfronten stehen direkt am Wasser, beim letzten Check war eins neben dem hier mündenden Wildbach zusammengebrochen. Von der Kirche führen Stufen zu einer Bademole hinab. Urlauber sieht man hier höchstens auf der Durchreise.

Val d'Intelvi

Zwischen den Urlaubsorten am Westufer des Comer Sees und dem Luganer See eröffnet sich auf der Hochebene entlang des Flüsschens Telvo eine ganz andere, beinahe alpine Dimension.

Ein dichtes Netz von Wanderwegen und Mountainbike-Touren führt bis auf den 1702 m hohen *Monte Generoso*, der im Winter auch ein nennenswertes Skigebiet ist. Reiterhöfe und ein Golfplatz runden das Aktivangebot ab, weniger Mobile finden Erholung in Sanatorien und Kurstätten. Kunsthistorisch kommt dem Val d'Intelvi durch seine berühmten Söhne, die „Magistri Intelvesi", besondere Bedeutung zu, die im 15. bis 17. Jh. als Architekten, Stukkateure und Baumeister für die Kirchenfürsten Europas deren große Bauvorhaben realisierten (z. B. die Kathedralen von Mailand, Como und Modena sowie das Baptisterium von Parma). Waren sie auf Heimatbesuch, konnten sie das Bauen wohl nicht lassen, und so kam die vergleichsweise karge Gegend zu einigen echten Juwelen barocker Baukunst – allen voran die Kirche *Santa Maria* und das Kloster *Santi Nazzaro e Celso*. Beide stehen in *Scaria*, wo es auch ein interessantes Kirchenmuseum gibt. Ansonsten lebte man in der Gegend gut vom Schmuggel mit der nahen Schweiz, den ein winziges Museum in einer ehemaligen Zollstation bei Erbonne historisch dokumentiert hat.

Touristisches Zentrum des Val d'Intelvi ist das Bergdorf *Lanzo*, kurz vor der Schweizer Grenze. *San Fedele* ist der administrative Mittelpunkt des Tals und *Dizzasco* am unteren Ende vermittelt schon die ganze Opulenz des Comer Sees.

Öffnungszeiten Museo Diocesano d'Arte, nur Juli/Aug. 16–18 Uhr, sonst nach Voranmeldung (℡ 031-840241), Eintritt frei.

Museo della Guardia di Finanza e del Contrabbando, San Fedele Intelvi, Località Erbonne. Öffnungszeiten mit Touristinfo in Lanzo vereinbaren.

Information Ufficio Turistico di Lanzo, im Palazzo Comunale, sehr kooperative Mitarbeiter versorgen mit Bergen von Informationsmaterial. Piazza Novi 2, ✆ 031-840143.

Übernachten/Essen & Trinken La Nevera, Agriturismo-Betrieb mit mehreren gemütlichen Zimmern sowie authentischer Bergküche, zubereitet durch einen Brasilianer. DZ mit Frühstück ca. 60–80 €. Lanzo d'Intelvi, Località Rondanino (unmittelbar hinter dem Sanatorium rechts abbiegen), ✆ 031-841397, www.lanevera.it.

** Rondanino, vom „La Nevera" 500 m den Berg hinab. Kleines Hotel mit vorzüglichem Restaurant am Ende der Welt, fantastischer Blick aus 1000 m über NN. DZ mit Frühstück ca. 56–67 €. Via Rondanino 1, ✆ 031-839858, ✆ 031-833640, www.rondanino.it.

*** Campeggio ai Colli Fioriti, in Castiglione d'Intelvi, romantisches Plätzchen im Schatten der Berge. Via Case Sparse 10, Località Fossia, ✆/✆ 031-830564, www.campeggioaicollifioriti.it.

Seeuferstraße von Torriggia nach Cernobbio

Südlich von Argegno führt die Straße zunächst am Wasser entlang, verläuft dann aber ab Torriggia unter dem Namen Via Regina Nuova weiter landeinwärts, was den Orten am See ein wenig Entlastung vom Durchgangsverkehr bringt.

Jedoch gibt es auch direkt am See eine schmale Parallelstraße namens Via Regina Vecchia über *Laglio, Carate Urio* und *Moltrasio*, wo das Seeufer schon durch die mondäne Welt von Cernobbio und Como geprägt und weitgehend mit aufwendigen Jugendstilvillen zugebaut ist. Hier und dort findet sich aber noch eine Badestelle und das eine oder andere nette Restaurant und Hotel.

An der Via Regina Vecchia kommt man an der ungewöhnlichen *Grabpyramide* des deutschen Arztes Josef Frank (gest. 1857) vorbei. Der skurrile Bau war ursprünglich Alessandro Volta (→ Como) zum hundertsten Geburtstag zugeeignet worden, aber die Granden der Volta-Gesellschaft konnten sich mit der ägyptisierenden Merkwürdigkeit nicht anfreunden – so fand schließlich der edle Spender selbst darin die letzte Ruhe.

Laglio   (ca. 1000 Einwohner)

Der etwas verschlafene Seeort ist seit einigen Jahren ein Begriff in der Welt des Jetsets. George Clooney hat sich hier anlässlich der Dreharbeiten für seinen rasanten Film „Ocean's Twelve" die 7,8 Millionen schwere Villa L'Oleandra aus dem 18. Jh. mit 25 Zimmern und eigenem Anleger gekauft.

Die Villa liegt ummauert zwischen See und Straße (Via Regina 20) und kann nur aus der Ferne, vom kleinen Hafen aus, betrachtet werden (auch bei Youtube gibt es verschiedene Videos). Vorbesitzer war Teresa Heinz-Kerry, die Witwe des verstorbenen „Ketchup-Königs" Heinz, ihr jetziger Mann ist John Kerry, der gegen George Bush unterlegene Präsidentschaftskandidat der Demokraten. Mittlerweile gehören Clooney auch noch zwei Nachbarvillen mitsamt einem privaten Kiesstrand. Der Deal hat weite Kreise gezogen, viele Prominente suchen nun ebenfalls eine Villa in Laglio oder Umgebung. Sting soll kürzlich die Villa Melograno neben dem Hotel „Plinio au Lac" gekauft haben. Brad Pitt und Richard Gere haben angeblich auch Interesse bekundet, im Nachbardorf Moltrasio nennt Donatella Versace die Villa

Fontanelle ihr Eigen, Eros Ramazzotti lebt ebenfalls am See, Berlusconi besitzt eine Villa, und auch Madonna war schon öfters hier.

Wer Clooney oder die anderen nicht sichtet, kann immerhin beim Hotel „Plinio au Lac", unterhalb der Straße an einem intimen, kleinen Kiesstrand mit schütteren Rasenflächen gemütlich baden gehen. Dem Vernehmen nach fährt George übrigens gerne Motorrad, begleitet von einem Bodyguard – aufgepasst also, wenn zwei Harleys erscheinen …

Übernachten   **** Relais Villa Vittoria, schöne klassizistische Villa direkt am See, edle Zimmer und Suiten in Pastelltönen, üppiger Garten mit Pool, Spa mit Jacuzzi und türkischem Bad, Restaurant mit Panoramaterrasse, dazu ein in den Fels gehauener Weinkeller. DZ mit Seeblick 200–250 €, ohne 150–200 €, Suite mit Seeblick 330–420 €. Via Vecchia Regina 62, ✆ 031-400859, 🖅 031-401802, www.relaisvillavittoria.it.

*** Plinio au Lac, Mittelklassehaus direkt an der Uferstraße, viele Zimmer mit Balkon und Seeblick, kleiner Strand in der Nähe, freundlich geführt. DZ mit Frühstück ca. 80–110 €. Via Vecchia Regina 101, ✆ 031-401271, 🖅 031-401278, www.hotelplinioaulac.it.

* Bersagliere, wenig vorteilhafte Lage direkt an der oberen Durchgangsstraße, aber immerhin mit Blick auf den See. Zimmer okay, Restaurant und Bar, Parken auf der anderen Straßenseite. DZ mit Frühstück ca. 60–80 €. Via Regina Nuova 38, ✆/🖅 031-400259, www.hotelbersagliere.com.

Essen & Trinken   Osteria Vecchio Molo, nett und authentisch gebliebenes Gasthaus direkt an der Durchgangsstraße, Nähe Hotel Plinio au Lac. Man isst in familiärem Ambiente, auch einige wenige Tische im Freien, Küche Mittelmaß. Via Vecchia Regina 91, ✆ 031-400730.

San Bernardo, in dieser Pizzeria bestellt Clooney angeblich seine Pizzen und lässt sie von einem Angestellten abholen. Via Vecchia Regina 131, Carate Urio, ✆ 031-400352.

Villa L´Oleandra

Cernobbio   (ca. 6600 Einwohner)

Geschäftige Kleinstadt mit nettem Ortskern und langer Fußgängerzone, mit Como fast zusammengewachsen. An Sommerwochenenden ist sie eine der bevorzugten Ausflugsziele, man steht oft im Stau und findet selten einen Parkplatz.

In aller Welt bekannt ist Cernobbio wegen seines legendären Grandhotels „Villa d'Este" (www.villadeste.it), eines der großen Luxushotels Italiens. Im 16. Jh. von einem Kardinal erbaut, ist die prachtvoll ausgestattete Villa mit ihrem großen Park seit 1873 Hotel. Von Churchill über Hitchcock bis Clark Gable und Kissinger – alle waren sie hier. Das Publikum besteht zu fast 50 % aus Stammgästen der High Society.

Shopping Markttag ist Sonntag.

Übernachten *** **Miralago**, stattliches Herrschaftshaus mit nostalgischem Charme. Schöne Lage an der zentralen Seepiazza, gemütliche Zimmer mit TV und Minibar, z. T. Klimaanlage. Parkplatz/Garage vorhanden. DZ mit Frühstück ca. 110–170 €. Piazza Risorgimento, ✆ 031-510125, 📠 031-342088, www.hotelmiralago.it.

* **La Vignetta**, einfaches, aber aufmerksam geführtes Haus mit guter Trattoria. Nah am See, aber auch an der stark befahrenen Straße. DZ ab ca. 70 €, Frühstück extra. Via Monte Grappa 32, ✆ 031-33470555, www.lavignetta.it.

Essen & Trinken **Harry's Bar**, Clooneys Stammkneipe, so wird gemunkelt. Dementsprechend sind die Preise. Di geschl. Piazza Risorgimento, ✆ 031-512647.

Il Gatto Nero, auf kurvigem Sträßchen geht es hinauf nach Rovenna, auf halber Strecke liegt dieses intime Terrassenlokal mit spektakulärem Blick. Die Preise sind hoch, die Qualität der Küche kann da nicht ganz mithalten. Mo und Dienstagmittag geschl. Reservierung nötig unter ✆ 031-512042.

Belvedere, einfache Trattoria, versteckt im Gassengewirr von Rovenna. Man sitzt an groben Steintischen unter Weinranken und kann für wenig Geld den Seeblick genießen.

Monte Bisbino: Eine schmale, kurvige Straße führt von Cernobbio über Rovenna auf den 1325 m hohen Monte Bisbino hinauf, sie ist v. a. im unteren Teil eine der schönsten Aussichtsstraßen am Lago di Como. Oben liegen das *Santuario della Beata Vergine* und Reste von italienischen Militäranlagen aus dem Ersten Weltkrieg – der Monte Bisbino gehörte damals zur Cadorna-Verteidigungslinie (Linea Cadorna), errichtet zur Abwehr einer deutsch-österreichischen Invasion über die Schweiz. An klaren Tagen kann man bis zum Apennin sehen.

Como

(ca. 100.000 Einwohner)

Weitläufige und elegante Stadt, die Skyline dominiert von der grünen Domkuppel, das historische Zentrum ideal zum Bummeln und gepflegten Shopping.

Am See bildet die Piazza Cavour mit ihren Rasenflächen einen weiten, offenen Platz, dort legen die Fähren an. Dahinter erstreckt sich das in seinen Ursprüngen auf die Römer zurückgehende Centro Storico mit seinen weitgehend rechtwinklig zueinander angelegten Pflastergassen – heute zum Großteil Fußgängerzonen. Entlang des Ufers verläuft eine lange, baumbestandene Promenade. Nach Westen gehend passiert man den auffallenden, Alessandro Volta gewidmeten *Tempio Voltiano* und kommt zur prachtvollen *Villa dell'Olmo* mit ihrem repräsentativen Garten. Es gibt zwei gepflegte Strandbäder, eins bei der Villa dell'Olmo am Westufer und eins am Ostufer nahe der Villa Geno. Nach der Stadtbesichtigung ist die Auffahrt mit der Standseilbahn nach Brunate fast ein Muss.

Die Stadt ist aber nicht nur ein Ort der Kultur und Erholung. In den Randbezirken der geschäftigen Seemetropole hat sich Industrie angesiedelt, vor allem Seiden- und Kunstseidenfabrikation. Como war seit dem 15. Jh. bis zum Zweiten Weltkrieg ein bedeutender Standort der Seidenraupenzucht und ist – obwohl so mancher Betrieb in den letzten Jahren schließen musste – noch heute das wichtigste europäische Zentrum für Veredelung und Verarbeitung der nunmehr hauptsächlich aus China importierten Seide.

(**Basis-Infos**

(→ Karte S. 145)

Information **IAT**, zentral am großen Platz an der Seefront. Mo–Sa 9–13, 14.30–18, So 10–13, 14–17 Uhr. Piazza Cavour 17, ✆ 031- 269712, 📠 031-240111, www.lakecomo.it, lakecomo@tin.it.

Das Westufer

Info Point, neben dem Dom, Di–So 10–18 Uhr, Mo geschl. ☎ 031-264215.

Weitere **Info Points** an der Piazza Matteotti und im Bahnhof.

Die **Welcomocard** ist sechs Tage gültig und kostet ca. 8 €. Man erhält Ermäßigung in Museen, Villen und Gärten, bei der Seeschifffahrt, in Restaurants, Shops etc. Details unter www.welcomocard.com

PKW Autobahn ab **Mailand**. Die gesamte Innenstadt ist für den Verkehr gesperrt, Zufahrt nur für Autorisierte und Hotelgäste. Gebührenpflichtig parken kann man entlang des langen Viale Lecco östlich vom Zentrum und am Viale Varese an der Westseite der Altstadt. Ein großes **Parkhaus** steht in einer Seitengasse des Viale Cesare Battisti (beschildert), Nähe landseitiges Stadttor.

Bahn Como ist Station an der internationalen **Gotthard-Linie** von Basel nach Mailand, eine der wichtigsten Strecken im alpenüberquerenden Verkehr. Hier fahren hauptsächlich zuschlagspflichtige Züge, Nahverkehrszüge gehen hinüber nach Lecco, dort umsteigend erreicht man **Bergamo** und den dortigen Flughafen. Der FS-Bahnhof **Como San Giovanni** liegt westlich vom Zentrum am Piazzale San Gottardo, in die Altstadt geht es geradeaus die Via Gallio entlang, ca. zehn Fußminuten oder mit dem Stadtbus 4 zur Fähranlegestelle vor der Altstadt.

Auf der anderen Seite der Altstadt, an der Piazza Matteotti, wenige Meter vom See, liegt der Bahnhof der privaten **Trenord** mit etwa halbstündlichen Verbindungen von und nach **Mailand-Nord** (M2: Cadorna), Fahrtdauer ca. 45 Min.

Bus SPT-Busse in die wichtigsten Ortschaften am See starten ab **Piazza Matteotti** am See und ab **Bahnhof San Giovanni**, z. B. C10 nach Menaggio und C30 nach Bellagio, C40 nach Lecco fährt nur ab **Piazza Matteotti**. Verbindungen gibt es auch nach Mailand und zum Flughafen Malpensa sowie mit dem Bus C46 zum Flughafen Bergamo/Orio al Serio (→ Bergamo).

Schiff Tägliche Abfahrten in viele Seeorte an der zentralen **Piazza Cavour**.

Shopping Mercato Generale Annonario, Lebensmittelmarkt, Via Mentana 5/Via Sirtori. Dienstag- und Donnerstagvormittag, Sa den ganzen Tag.

Auf der Piazza San Fedele

Das Westufer

Chiasso, Basel

Cernobbio

Via Cernobbio

1 Villa Olmo

Piscina Lido
Villa Olmo

Lido Villa Geno

Torno

Übernachten
1 Jugendherberge
2 Marco's
3 Quarcino
4 In Riva al Lago
5 Posta
7 Firenze
12 Tre Re

Essen & Trinken
6 Colonial Café
8 Da Rino
9 Taverna Messicana
11 Sociale
13 Le Colonne
14 Cioccolandia
17 Caffè Mariett
18 L'Angolo del Silenzio
20 Al Giardino
21 Navedano

Nachtleben
10 Nova Comum
15 L'Angolo di Vino
16 Enoteca da Gigi
19 Birreria 35

Via Borgo Vico

Via Borgo Vico

Lago di Como

Aero Club Como
(Rundflüge)

Stadion

Viale Fratelli Roselli

Tempio
Voltiano

Lungo Lario Trento

Via Torno

Via F.lli Recchi

Standseilbahn

Brunate

FS-Bahnhof

Via Innocenzo XI

Piazza
A. Volta

i Piazza
Cavour

Pza.
Matteotti

BUS

Bahnhof Trenord

2

4

3

Via Manzoni

5

7 6 8

9

Pza.
Mazzini

12

10

Piazza
Roma

Piazza
Grimoldi

11

Piazza Verdi

Via Cinque Giornate

13

Via Vitani

Piazza
Duomo

Broletto

Dom

V.M.Comaci

Piazza del
Popolo

Via Santo Garovaglio

Via
Cinque Giornate

Via Rusconi

14

Teatro
Sociale

Via Bellini

Via Alessandro Volta

Via Indipendenza

15

Piazza
Terragni

16

Via Independenza

Via Dante

Viale Varese

Viale Innocenzo XI

Via Amando Diaz

Pza.S
Fedele

17

San Fedele

Museo
Archeologico &
Museo del
Risorgimento

18

Viale Regina Teodolinda

Via Torriani

19

Via Rovelli

Via Battisti

Torre
Gattoni

Torre di
Porta

Mauer

Via Carducci

Torre San
Vitale

Sant'
Abbondio

Mercato Generale
Annonario

20

Museo
Didattico
della Seta

21

Como

Milano

100 m

Mercato Mercerie, Kleidung, Schuhe und Sonstiges, Viale Cesare Battisti bis Viale Varese. Dienstag- und Donnerstagvormittag, Sa den ganzen Tag.

Mercato Piazza San Fedele, Antiquitätenmarkt am ersten Sa im Monat 8–19 Uhr, Kunsthandwerk am zweiten, dritten und vierten Sa im Monat 8–19 Uhr.

FoxTown, riesiges Designer-Outlet im nahen Mendrisio (Schweiz), von Como in Richtung Lugano fahren. 130 Shops, alle großen Marken sind vorhanden, 2010 hat auch der Seidenproduzent Mantero hier seinen Concept-Store „La Tessitura" eröffnet (2. Stock, Sektor 203). Tägl. 11–19 Uhr. Via Angelo Maspoli 18, Mendrisio, ✆ 0041-848-828888, www.foxtown.ch.

Übernachten
(→ Karte S. 145)

Como ist ein teures Pflaster, für gehobene Ansprüche gibt es allein acht **Vier**sternehotels.

*** Firenze 7, modernes Hotel in einem historischen Gebäude, ruhige Lage an einem reinen Fußgängerbereich. Freundlich geführt, schick und ansprechend in klaren Linien gestaltet, Zimmer mit Holzböden, z. T. Klimaanlage, sehr gute Bäder, leider kein Parkplatz. DZ mit Frühstück ca. 115–140 €. Piazza Volta 16, ✆ 031-300333, ✆ 031-300101, www.albergofirenze.it.

*** Tre Re 12, ebenfalls mitten in der Altstadt. Großes, älteres Gebäude, Treppenhaus im klassizistischen Stil, Zimmer schlicht, durchgängig renoviert, Mobiliar in hellem Holz, Parken im Hof, mit Ristorante. DZ mit Frühstück ca. 120–160 €. Piazza Boldoni 20, ✆ 031-265374, ✆ 031-241349, www.hoteltrere.com.

*** Marco's 2, bei der Standseilbahnstation nach Brunate, nah am See. Im ersten Stock Frühstücksterrasse mit schönem Blick, innen geht es allerdings etwas eng zu. Restaurant unten im Haus. DZ mit Früh-

stück ca. 95–120 €. Via Coloniola 43 (Piazza della Funicolare), ✆ 031-303628, ✆ 031-302342, www.hotelmarcos.it.

** Quarcino 3, ebenfalls nicht weit von der Standseilbahn, bei der Kirche San Agostino. Freundlich geführtes Haus mit Garten und bewachtem Parkplatz. 150 m zum See, aber nicht alle Zimmer mit Aussicht. Gutes Frühstücksbuffet. DZ mit Frühstück ca. 75–85 €. Salita Quarcino 4, ✆ 031-303934, ✆ 031-304678, www.hotelquarcino.it.

** Posta 5, zentrale, trotzdem ruhige Lage. Zimmer mit Teppichböden, solidem Mobiliar und guten Bädern. Unten Restaurant. DZ mit Frühstück ca. 85–100 €. Via Garibaldi 2/Ecke Piazza Volta, ✆ 031-266012, ✆ 031-266398, www.hotelposta.net.

》》 Mein Tipp: In Riva al Lago 4, zentrale Lage beim Bahnhof der Trenord, etwa 100 m vom See. Ein ganzes Haus mit Zim-

mern und Apartments verschiedener Größe (40–140 m²), beliebt bei Rucksacktouristen, aber auch für Familien geeignet. Tageweise, wochenweise oder monatsweise Vermietung, guter Standard, mit eigenem „Pub". DZ mit Bad ca. 55–65 €, mit Etagendusche ca. 45–60 €. Piazza Matteotti 4, ✆/✉ 031-302333, www.inrivaallago.com. **«**

Weitere Adressen siehe unter **Torno** und **Brunate**, S. 158 bzw. 151.

Jugendherberge Ostello dell'Olmo (IYHF) **1**, beliebte Herberge im Park der Villa Olmo am Westufer, ca. 1,5 km vom FS-Bahnhof, Bus 1 oder 6. Anmeldung ab 16 Uhr,

März bis Mitte Nov., im Sommer oft voll. Übernachtung mit Frühstück etwa 16 € pro Pers. Fahrradverleih, Waschmaschine. Via Bellinzona 2, ✆/✉ 031-573800, www.aighostels.com.

Camping ** International Como Sud, für Motorisierte günstiger Übernachtungsplatz, da direkt an der Auf-/Abfahrt Como Sud der Autobahn Chiasso–Mailand, ca. 3 km vom Zentrum. Dicht beschattete Stellplätze unter Bäumen, Kinderspielplatz, kleiner Pool, Bar/Pizzeria. Im Sommer wird es sehr eng. Auch Holzhütten stehen zur Vermietung. Faire Preise. Ostern bis Mitte Okt. Via Cecilio, ✆/✉ 031-521435, www.camping-internazionale.it.

Essen & Trinken/Nachtleben (→ Karte S. 145)

Auch beim Essen muss man oft tief in die Tasche greifen, v. a. die zentral gelegenen Ristoranti sind teuer. Mittags bieten die meisten Lokale dagegen preiswerte Menüs.

Navedano **21**, 2 km südöstlich vom Zentrum. Aprikosenfarbene Villa aus dem 19. Jh., seit über hundert Jahren in Familienbesitz, heute geführt von Mariella Casartelli. Tolle Lage in einem üppigen Garten, elegante Atmosphäre und stilvolle Blumenarrangements, dazu beste und innovative Küche, von Michelin gelobt. George Clooney war schon mehrfach hier. Gehobene Preisklasse. Mittwochmittag und Di geschl., außerdem zwei Wochen im Aug. Via Giuseppe Velzi, Ortsteil Camnago Volta, ✆ 031-308080.

Osteria L'Angolo del Silenzio **18**, an einer viel befahrenen Straße nordöstlich der alten Stadtmauer, trotzdem ein „Winkel der Stille", da man in den Gasträumen davon nichts mitbekommt. Hinten kann man auch im Freien sitzen. Gute und typische lombardische Küche, Fisch und Fleisch gleichermaßen. Dienstagmittag und Mo geschl. Viale Lecco 25, ✆ 031-3372157.

Da Rino **8**, historisches Ristorante in einer mittelalterlichen Seitengasse, seit 60 Jahren in Betrieb. Familie Lepri bietet toskanische Küche und ebensolche Weine. Mo geschl. Via Vitani 3, ✆ 031-273028.

Le Colonne 🔢, beliebte Pizzeria an einem ruhigen Platz, schön zum Sitzen. Di geschl. Piazza Mazzini 12, ✆ 031-266166.

Taverna Messicana 🔢, gemütliche Alternative am selben Platz, winziger Innenraum, wo man hautnah dem Pizzabäcker zusehen kann, daneben kleiner Innenhof, auch vor dem Haus kann man sitzen. Große, leckere Pizzen und einige mexikanische Gerichte. Oft sehr voll. Piazza Mazzini 5, ✆ 031-266204.

》》》 Mein Tipp: Sociale 🔢, ansprechendes Ristorante in einer ruhigen Gasse an der Rückseite vom Dom. Unten Backsteinwände und ein Innenhof, im ersten Stock freskenverzierter Saal mit Kamin. Im Obergeschoss Vermietung von guten Apts. ab 80 € (www.lestanzedellago.com). Di geschl. Via Rodari 6, ✆ 031-264042. **《《《**

Al Giardino 🔢, außerhalb der Innenstadt, eine „Osteria con Cucina", d. h. Gäste kommen auch nur auf ein Glas Wein. Man speist in einer schönen historischen Villa, im Sommer sitzt man im Garten. Spezialität ist natürlich Fisch aus dem Comer See, *cavedona* genannt. Mo geschl. Via Monte Grappa 52, ✆ 031-265016.

Cafés Pasticceria/Gelateria Monti, Piazza Cavour 21, gegenüber der Anlegestelle. Erste Adresse in Sachen Eis, auch Pizza und Gebäck. Der alte Palazzo ist innen stuckverziert.

Colonial Café 🔢, originell ausgestattet, gemütliche Lounge-Atmosphäre, Ledersitze und Hocker. Piazza Mazzini, neben Taverna Messicana.

Caffè Mariett 🔢, seit 1887, der Treff zum Aperitivo. Wer drinnen keinen Platz mehr findet, steht draußen. Via Vittorio Emanuele 86.

Cioccolandia 🔢, nette Adresse für Kaffee-, Tee- und Schokoladeliebhaber, nur wenige Minuten vom Dom. Ein paar Tische zum Sitzen, auch zum Einkaufen schön, faire Preise. Via Rusconi 12.

Freiluftcafé an der Piazza San Fedele (→ Sehenswertes).

Nachtleben Nova Comum 🔢, populäres Café in der Via Ballarini/Ecke Piazza del Duomo. Hier geht es abends oft fröhlich und laut zu, mit seinem Bier in der Hand steht man auf der Straße.

Enoteca da Gigi 🔢, moderne Enoteca, ansprechend eingerichtet, schön für eine Stärkung oder einen Aperitif, diverse offene Weine können verkostet werden, Preise ab 2,50 € pro Glas. Dazu werden kleine, leckere Snacks gereicht. Via Bernardino Luini 48.

L'Angolo di Vino 🔢, moderne „Enoteca con Cucina", am späteren Abend als Treff beliebt. Via Armando Diaz 69.

Birreria 35 🔢, gemütliche Kneipe mit viel Holz, Jazzmusik und Musikinstrumenten an den Wänden. Via Giuseppe Rovelli 35.

Sehenswertes

Das historische Zentrum geht auf eine römische Garnison zurück und besitzt einen rechteckigen Grundriss. Auch die gepflasterten Gassen sind weitgehend rechtwinklig zueinander angelegt. Reste der mittelalterlichen Stadtmauer sind entlang der Piazza del Popolo und dem Viale Lecco erhalten, drei Tortürme der Stadtmauer stehen an der Landseite der Altstadt.

Dom Santa Maria Maggiore: Imposant und äußerst dekorativ dominiert die mächtige Kirche einen weiten, offenen Platz im Zentrum. In ihrer gelungenen Mischung aus Gotik- und Renaissanceelementen gehört sie zu den bedeutendsten Sakralbauten Oberitaliens. Die aufwendig verzierte Fassade aus weißem Marmor besitzt senkrechte Skulpturenleisten und Türmchen, reich geschmückte Portale und hohe Fenster. Wohl geborgen hinter Glas sieht man zu beiden Seiten des Haupttors die Statuen von Plinius dem Älteren und Plinius dem Jüngeren, beide in Como geboren.

Im Innern grenzen mächtige Wandteppiche die Seitenschiffe vom Hauptschiff ab, sparsam bestuhlt kommt die Weite des Baus zum Tragen. Auffallend sind die vielen bunten Glasfenster, u. a. eine prächtige Rosette und hohe Glasfenster in der Front sowie kleine, leuchtende Fenster hinter dem Altar. Die spitze Kuppel von Filippo

utender Sakralbau: der Dom von Como

Juvarra (→ Turin) wirkt fast himmelhoch, beachtlich ist auch die vergoldete Orgel. An den Seitenaltären Reliefs der Gebrüder Rodari und mehrere Gemälde. Zu den bedeutendsten zählen die „Anbetung der Heiligen Drei Könige" und „Der heilige Hieronymus" von Luini sowie die „Flucht nach Ägypten" und die „Vermählung der Heiligen Jungfrau" von Gaudenzio Ferrari.
Geöffnet 7–12, 15–19 Uhr.

Broletto: Das ehemalige Rathaus mit Stadtturm aus dem 13. Jh. ist direkt an den Dom angebaut. Die schöne romanische Loggia im Zebramuster beherbergt heute oft Bücherstände, Flohmärkte etc.

San Fedele: kleine Basilika im lombardischen Stil, errichtet im 12. Jh. über einem Vorgängerbau aus karolingischer Zeit. Schöne Lage an einem beschaulichen Platz mit schattigen Arkaden und jahrhundertealten Häusern, deren Erker und Holzbalken einen pittoresken Rahmen bilden. Der kuppelgekrönte Innenraum in Form eines vierblättrigen Kleeblatts besitzt drei Schiffe und eine dreigliedrige romanische Apsis. Wandmalereien aus verschiedenen Epochen schmücken die Wände. Seitenemporen und Decke stammen z. T. aus der Renaissance.

Sant'Abbondio: Die große Basilika mit zwei Glockentürmen aus dem 11. Jh. steht westlich, außerhalb der Stadtmauern, in einem recht unattraktiven Umfeld. Doch der kleine Fußweg lohnt sich, gilt sie doch als eins der bedeutendsten Werke der lombardischen Romanik. Das fünfschiffige Innere mit Säulen und Pfeilern ist schlicht gehalten, lediglich die Apsis ist vollständig mit farbenfrohen Fresken des 14. Jh. im toskanischen Stil ausgemalt, die das Leben Christi und das der Apostel Petrus und Paulus thematisieren.

Villa Olmo: klassizistischer Palast mit prachtvollem Innenleben am westlichen Seeufer, erbaut Ende des 18. Jh., seit 1927 als Kongress- und Ausstellungszentrum genutzt. Zwischen Palast und See ein italienischer Park, hinter dem Haus ein Garten im englischen Stil.
Garten, April–Okt. 8–23, sonst 9–19 Uhr, von der Villa ist außer bei Ausstellungen nur die Eingangshalle zugänglich (Mo–Sa 9–12.30, 14.30–17 Uhr). Eintritt frei. ✆ 031-576169.

Farbenfrohes Mittelalter: die Apsis von Sant'Abbondio

Museen

Tempio Voltiano: Der architektonisch auffallende „Tempel" direkt am See ist dem einheimischen Physiker *Alessandro Volta* gewidmet. Hunderte von Erinnerungs-stücken an den Wegbereiter der elektrischen Batterie liegen hier etwas nüchtern ausgebreitet und fein säuberlich dokumentiert auch in einer deutschsprachigen Broschüre. Pflichtbesuch für alle Schulklassen aus der Umgebung.
Di–So 10–12, 15–18 Uhr (Winter 14–16 Uhr), Mo geschl., Eintritt ca. 3 €. ✆ 031-574705.

Museo Didattico della Seta: anschaulich gestaltetes Seidenmuseum in der Via Castelnuovo 9, südlich, außerhalb des Centro Storico, 1990 in einer alten Seidenspinnerei eröffnet. Alle Arbeitsgänge der Seidenherstellung werden anhand von Originalgeräten ausführlich dargestellt.
Di–Fr 9–12, 15–18 Uhr, Eintritt ca. 10 € (Studenten und unter 18 J. 4 €, über 65 J. 7 €). ✆ 031-303180.

Museo Archeologico „Paolo Giovio" & Museo Storico „Giuseppe Garibaldi": Beide sind zu finden an der Piazza Medaglie d'Oro im südöstlichen Bereich der Altstadt. Das archäologische Museum umfasst Funde von der Prähistorie über die römische Zeit bis zum Mittelalter, darunter auch eine ägyptische Sammlung und griechische Vasen. Das Museo Storico ist im Palazzo Olginati untergebracht, dessen Eigentümer dem Risorgimento-Helden Giuseppe Garibaldi wiederholt Unterkunft gewährt hatten. Hier kann man historische Kostüme und Seidenstoffe, Keramik, Dokumente und mancherlei mehr aus den letzten Jahrhunderten betrachten.
Di–Sa 9.30–12.30, 14–17, So 10–13 Uhr, Mo geschl., Eintritt ca. 3 €. ✆ 031-252550.

Museo Studio del Tessuto: In der *Villa Sucota,* an der Uferstraße nach Cernobbio, hat die Fondazione Ratti ihren Sitz, gegründet von Antonio Ratti, einem Textilunternehmer und Kunstmagnaten aus Como (1915–2002). Im angeschlossenen Museum werden Textildesigns vom frühen Mittelalter bis zum 19. Jh. gezeigt, die einstige Privatsammlung Rattis.
Mo–Fr 10–13, 14–17.30 Uhr, Sa/So geschl. Nur nach vorheriger Reservierung für Gruppen ab 10 Pers., Eintritt ca. 10 €. Via per Cernobbio 19, ✆ 031-233224, www.fondazioneratti.org.

Seterie Mantero: Ein Schauraum des bekannten Seidenfabrikanten liegt in der Via Alessandro Volta 74, nahe der landseitigen Stadtmauer (✆ 031-3211, www.mantero.com).

Umgebung von Como

Brunate   (ca. 1700 Einwohner)

716 m über Como liegt der Villenort in panoramareicher Hügellage, schön zum Spazierengehen und Wandern, mit stets herrlichen Ausblicken. Vom Ostende des Lungo Lario Trieste kommt man mit der Standseilbahn „Funicolare Como-Brunate" hinauf. 2014 feiert das Bähnlein schon seinen 120. Geburtstag.

Von der Bergstation der Seilbahn kann man zum *Faro Voltiano* weitergehen. Der achteckige, 29 m hohe Leuchtturm lässt sich nach knapp 30-minütigem Aufstieg erreichen. Man hält sich zunächst links, bis zur großen Pfarrkirche, dort ist der weitere Weg ausgeschildert. Nach wenigen Minuten stößt dieser auf die Asphaltstraße zum Leuchtturm, von wo in einer Kurve ein ehemaliger Maultierweg, die

Auffahrt nach Brunate…

kieselsteingepflasterte „Mulattiera per San Maurizio" (ausgeschildert als Weg 1), abzweigt, der durch dichtes Waldgebiet nach oben führt. Von der fast 1000 m hoch gelegenen Plattform kann man weit in die Alpen schauen, der Blick auf den See ist z. T. durch Bäume beeinträchtigt. Wunderschön ist die Ruhe hier oben, die Verkehrsgeräusche vom tief unten gelegenen Como dringen nur schwach herauf. Um den Leuchtturm erstreckt sich der große öffentliche Waldpark *Parco Marenghi*.

Zurück an der Seilbahnstation hat man ein Stück die Straße hinunter einen herrlichen Blick auf Como. Wer nun noch Kraft hat, kann zu Fuß nach Como wandern (ausgeschildert). Der steile Hang ist übersät mit Häusern, Villen und Palästen der Wohlhabenden, Vermögenden und märchenhaft Reichen – und Standort des Restaurants mit dem wohl schönsten Blick auf den linken Arm des Comer Sees (→ Essen & Trinken).

Wer stattdessen am Berg bleiben will und wanderlustig ist, kann den *Monte Boletto* (1236 m) weiter hinaufgehen (auch fahren ist möglich). Auf 980 m gibt es dort das Rifugio CAO (☎ 031-220264) und weiter oben die Baita Carla (☎ 031-220186), beides preiswerte Übernachtungsquartiere.

Anfahrt/Verbindungen Funicolare Como-Brunate, Abfahrten etwa alle 15–30 Min., Dauer ca. 7 Min., hin und zurück ca. 5,10 € (Kinder bis 12 J. 3,10 €), letzter Zug hinunter gegen 22.30 Uhr, im Sommer bis Mitternacht. www.funicolarecomo.it.

Mit dem **PKW** kann man auf steiler Straße ebenfalls hinaufgelangen, ausgeschildert mit „Brunate".

Übernachten/Essen & Trinken *** Falchetto, unterhalb der Seilbahnstation der Beschilderung folgen und ein ordentliches Stück den Berg hinunter. Seit 2009 unter neuer Leitung, bislang bekannt für seine hervorragende Küche, dazu herrlicher Blick. Der Weg zurück zur Seilbahn ist beschwerlich, also lieber die steile Straße nach Como hinunterschwanken

Das Westufer

und Blick hinunter

oder, noch besser, eins der schönen, mit viel Holz rustikal-modern eingerichteten Zimmer nehmen. DZ mit Frühstück ca. 90 €. Salita Peltrera 37, ✆ 031-3365033, ✉ 031-3365007, www.falchetto.eu.

*** Paradiso sul Lago, am Fuß des Leuchtturmhügels, seit 1908 als Hotel geführt, jetzt unter neuer Leitung. Große Panoramaterrasse mit Seeblick und Liegestühlen, Swimmingpool, Ristorante/Pizzeria. Von der Station 20 Min. zu Fuß nach San Maurizio oder den Shuttlebus neh-

men. DZ mit Frühstück ca. 90–120 €. Via Giacomo Scalini 74, ✆ 031-364099, ✉ 031-3365696, www.paradisosullago.eu.

La Polenteria San Maurizio, rustikales Lokal unterhalb vom Leuchtturm, Polenta mit Grillfleisch in diversen Variationen. Geöffnet Freitagabend bis So. ✆ 031-365105.

Locanda del Dolce Basilico, am Fußweg zum Leuchtturm. Ligurische Spezialitäten in einem kleinen Landhaus mit begrünter Terrasse. Sa/So auch mittags, sonst nur abends, Mi geschl. ✆ 031-221003.

Cantù: Mekka für Möbelliebhaber

Die Kleinstadt Cantù, etwa 12 km südlich von Como, ist seit Ende des 19. Jh. ein Zentrum der Möbelindustrie. Damals wurde hier sogar die landesweit erste Schule für Möbelbau gegründet. Wer sich für formschöne Designermöbel interessiert, findet an der zentralen Piazza Garibaldi 9 eine beeindruckende Verkaufsausstellung von mehreren Dutzend Herstellern. Von traditionellen Stilmöbeln bis zur Avantgarde ist alles vertreten.
La Permanente Mobili Cantù, Mo–Sa 9–12.30, 15–19 Uhr, So 10–12.30, 15–18 Uhr. ✆ 031-712539, www.lapermanentemobilicantu.com.

Treffpunkt der Rennradler: Madonna di Ghisallo, südlich von Bellagio

Südufer

Von Lecco
   nach Bellagio   → S. 156
Von Como
   nach Bellagio   → S. 158

Bellagio   → S. 160
Villa Serbelloni   → S. 168
Villa Melzi   → S. 169
Von Bellagio nach Erba   → S. 171

Das Südufer

Abgesehen vom traditionsreichen Fremdenverkehrsort Bellagio wird der „Triangolo Lariano", das Dreieck zwischen den beiden Seearmen, vom Urlaubsgeschehen nur wenig beeinflusst. Die Ostseite zwischen Lecco und Bellagio ist nur wenig besiedelt, auch Unterkünfte sind dort nicht allzu zahlreich. An den Steilhängen zwischen Bellagio und Como gehen dagegen mehrere lang gestreckte Ortschaften ineinander über, wegen des schwierigen Terrains findet Tourismus allerdings kaum statt.

Von Lecco nach Bellagio

Auf breiter Brücke geht es über den See nach Valmadrera. Nach dem Tunnel in Valmadrera wird die Küstenstraße eng und kurvig, links führt sie z. T. hart an den Felsen entlang, rechts unterhalb ist das dicht bewachsene Ufer. Mehrere Tunnel werden passiert, dann kommt man in die Gemeinde *Oliveto Lario,* die sich aus den Orten Onno, Vassena und Limonta zusammensetzt.

Valmadrera: Gegenüber von Lecco liegt dieser Uferort mit Jachthafen und einer großen Bade- und Ruhewiese, die zum Ufer hin mit einer Betonmauer abgetrennt ist, allerdings mehrere Einstiege ins Wasser besitzt. Die Durchgangsstraße in Richtung Bellagio verschwindet hier in einem Tunnel. Seewärts davon führt eine Sackstraße noch einige hundert Meter in Ufernähe weiter, zunächst unter dem über die

Straße gebauten Hotel Villa Giulia hindurch, danach folgt das Hotel Bellavista. Im Weiteren geht es an einem großen, lauten und staubigen Kieswerk vorbei, kurz danach endet die Straße an einem Zaun.

Übernachten *** Villa Giulia, schöne Villa aus dem 19. Jh. mit schicker Restaurantterrasse (→ Essen & Trinken) und Garten, Blick auf den See und Lecco gegenüber. An Sommerabenden Livemusik in der Loungebar. Zwölf gut ausgestattete Zimmer, WLAN gratis. DZ mit Frühstück ca. 125–150 €. Via Parè 69/73, ☎ 0341-583106, ✆ 0341-201118, www.alterrazzo.com.

*** Bellavista, nettes Haus an der meist wenig befahrenen Sackstraße zum Kieswerk, Zimmer mit kleinen Balkonen und Seeblick, großer Garten, freundliche Leitung, Gratis-

parkplatz. DZ mit Frühstück ca. 85–100 €. Via Parè 87, ☎ 0341-581973, ✆ 0341-581335, www.hbvl.it.

Essen & Trinken Baia di Parè, Hotel mit gutem Ristorante in der Nähe vom Jachthafen. Via Parè 37, ☎ 0341-207187.

Al Terrazzo, Ristorante mit sehr guter, auch von Michelin gewürdigter Küche in der Villa Giulia. Sonntagabend und Mo geschl. Via Parè 69/73, ☎ 0341-583106.

Parè 67, relaxte Terrassenbar auf dem See. Via Parè 67.

Moregallo: Ein Abzweig führt beim *Monte Moregallo* (1276 m) zum See hinunter. Das Ristorante „Avalon – La Locanda del Re" liegt hier mit einer Terrasse ruhig an der kaum befahrenen Straße (Mai–Sept. tägl. mittags und abends, sonst nur abends, ☎ 0341-201573), gegenüber gibt es eine Badeplattform.

Onno: kleines Örtchen unter hohen Felswänden. An der Durchgangsstraße gibt es eine große Piazza und unterhalb davon einen angenehmen Kiesstrand. Die Ortskirche „San Pietro Martire" war zeitweise ein Kloster, sie besitzt noch mittelalterliche Fresken.

In der Ortsmitte zweigt die Straße nach *Asso* im Valassina ab, von dort erreicht man schnell den hübschen kleinen *Lago del Segrino* (→ S. 191).

Camping La Fornace, unmittelbar nördlich von Onno, netter Platz unter kräftigen Nadelbäumen direkt am See. Via Garibaldi 52, ✆ 031-969553, www.lafornace.it.

Vassena: In dem ruhigen Villendorf rechts zum See hinunterfahren (oder oben parken). Direkt am Ufer liegt die Piazza Conciliazione mit der Pfarrkirche „Santi Nazaro e Celso" (Deckenmalereien in der Apsis), davor eine beschauliche Promenade mit Bänken und die Schiffsanlegestelle. Daneben die empfehlenswerte Trattoria von Danilo, gefolgt von einem Bilderbuchhäfchen – ein wahrlich romantisches Fleckchen.

》》 Mein Tipp: Trattoria a Lago da Danilo, besonders stimmungsvolle Lage neben einem intimen kleinen Hafenbecken, natürlich wird hier Fisch vom See serviert, z. B. *Coregone*, *Lavarello* und *Missoltini*, dazu auch leckere Antipasti. Via Milano 1, ✆ 031-969757. 《《

Limonta: Dominiert wird der Villenort von der großen Jugendstilvilla *La Corte del Lago*, die majestätisch am See steht, umgeben von einem riesigen Park mit jahrhundertealten Bäumen. Die Villa besitzt sieben Schlafzimmer und einen Pool, sie kann gemietet werden (✆ 031-952059, www.lacortedellago.com).

Von Como nach Bellagio

Sehr enge und kurvenreiche Straße hoch über dem See, bitte vorsichtig fahren. Mehrere größere Orte ohne spürbaren Tourismus, extrem steil die Hänge hinuntergebaut und im Bereich von Lezzeno miteinander verwachsen. Immer wieder prächtiger Blick aufs gegenüberliegende Ufer, reizvoll zum Durchfahren.

Wasserfall bei Nesso

Torno: Den kleinen Ort, knapp 10 km nördlich von Como, durchziehen enge Gassen und er besitzt eine kleine Hafenpiazza mit Cafés. Als ruhiges Standquartier bietet er sich für das nahe Como an. Sehenswert ist die romanische Kirche *San Giovanni,* in der noch alte Fresken erhalten sind.

20 Fußminuten entfernt steht die *Villa Pliniana* mit ihrer mächtigen vierstöckigen Fassade direkt am Seeufer. Sie gehörte aber nicht Plinius, wie der Name assoziieren lässt, sondern wurde im 16. Jh. erbaut. Zu ihren illustren Gästen zählten Rossini, der hier eine ganze Oper komponiert haben soll, Liszt, Napoleon, Lord Byron und Churchill. Sie wurde 2005 restauriert, ist aber nur von außen zu besichtigen. Seit Jahrhunderten bekannt – jedoch nur vom See aus sichtbar – ist das Phänomen der sog. „intermittierenden Quelle", die hier mal

stärker, mal schwächer aus einer hochgelegenen Grotte entspringt und unterhalb der Villa in den See fließt.

Im benachbarten *Blevio* steht die noble *Villa Roccabruna* unmittelbar am See. Sie ist heute als Luxusherberge namens „Castadiva Resort" (www.castadivaresort.com) in Betrieb.

Übernachten *** Vapore, älteres Haus mit nostalgischem Charme, attraktive Lage direkt am kleinen Hafenbecken von Torno. Sehr schöner Platz zum Essen – altertümlicher Speisesaal mit Deckenfresken, zum See hin lauschiger Gastgarten mit Kastanienbäumen (Mi geschl.). Zimmer ordentlich eingerichtet, etwas hellhörig. DZ ca. 80–90 €, Frühstück 9,50 € pro Pers. ☎ 031-419311, 📠 031-419031, www.hotelvapore.it.

»» Mein Tipp: Tornoalago, stilvoll renovierte Ferienwohnungen, vermietet vom sehr gastfreundlichen, italienisch-deutschen Ehepaar Cristina und Rainer. Vom neuen Pool toller Blick über den See, Vermietung von Kanus, Motor- und Segelbooten. Wohnung ca. 90–120 € pro Nacht. Via de Benzi 17, ☎ 031-419346, www.tornoalago.it. «««

Nesso: Der Fluss Nosé bricht sich seinen Weg mitten durch den Ort. In mehreren Fallstufen stürzt er durch die steilwandige Klamm *Orrido di Nesso* unter der Autostraße hindurch zum See. Die überwucherte Zinnenmauer eines mittelalterlichen Kastells ist oberhalb der Straße erhalten (beschildert).

Lezzeno: größerer Ort mit mehreren Ortsteilen, alles steil die Hänge hinuntergebaut bis zum Ufer. Per Boot kann man die nahe *Grotta dei Bulberi* anfahren. Von der einzigen Höhle direkt am See wird erzählt, dass sie dem Seeungeheuer des Comer Sees (→ S. 18) als Versteck dienen soll. Nachmittags lassen sich dort schöne Lichtspiegelungen im Wasser bewundern.

Übernachten/Essen & Trinken *** Aurora, Hauptgebäude an der Straße, die Villa Aurora am See, dazu ein Restaurant mit großer, offener Terrasse direkt am Ufer. Saubere und nett eingerichtete Zimmer (nach Seeblick fragen), in der Villa unten besonders komfortable, aber auch teurere Zimmer. DZ mit Frühstück ca. 75–95 €. Via Sossana 2, ☎ 031-914645, 📠 031-914370, www.hotelauroralezzeno.com.

Crotto del Misto, freundlicher Familienbetrieb an der Durchgangsstraße, zwölf Zimmer (WLAN gratis), gute und günstige Küche mit schöner Terrasse. Pool nah am See, Wasserski, Motorboot- und Ruderbootverleih, auch Transport per Boot möglich. DZ mit Frühstück je nach Länge des Aufenthalts ca. 75–85 € pro Nacht. Ortsteil Crotto 10, ☎ 031-914541, 📠 031-915291, www.crottodelmisto.com.

Ittiturismo da Abate, beliebtes Ristorante im Ortsteil Villa, ebenfalls gleich an der Durchgangsstraße, allerdings unter Straßenniveau. Claudio und Giuseppe bieten frisch gefangenen Fisch und freundlichen Service. ☎ 338-5843814.

Schönes Bellagio

Bellagio
(ca. 3100 Einwohner)

Ein Hauch von Belle Époque schwebt über dem ehemaligen Fischerdörfchen im geografischen Zentrum des Comer Sees. Große Hotels mit klang-
vollen Namen nutzen bereits seit dem 19. Jh. die wundervolle Lage (Bellagio = bello lago, schöner See) an der Punta Spartivento, der Spitze zwischen
den beiden Seearmen, um Prominenz anzuziehen – Kaiserin Sissi, Franz
Liszt, John. F. Kennedy und Charlie Chaplin waren nur einige davon.

Bis heute hat sich hier eine heile Welt des Tourismus alter Schule erhalten. An der
Promenade breite Laubengänge und Traditionscafés, in denen man sich in Ruhe
die Times, Le Monde und das Wall Street Journal zu Gemüte führen kann, dahinter
steigen enge Treppengässchen zum Ortskern hinauf, wo sich Boutiquen, Souvenir-
shops und Restaurants aneinanderreihen. Insgesamt ein Örtchen mit Stil und ein
sehr beliebtes Ziel für Ausflugsbusse, deren Insassen in Scharen durch das winklige
Dorf schwärmen. Vor allem US-Amerikaner zählen zu den häufigen Gästen – laut
Statistik kommt jeder zweite Besucher aus Übersee. Die Liebe zum schönen Dorf
am Comer See geht dort sogar so weit, dass ein amerikanischer Milliardär Bellagio
in Las Vegas nachbauen und die Kopie in einem 36-stöckigen Hotelkomplex glei-
chen Namens unterbringen ließ – samt künstlichem Comer See daneben.

Basis-Infos

Information IAT, in der Fähranlegestelle.
Umfangreicher Ortsprospekt „Bellagio Do-
ve" und viel Material über den gesamten
Comer See. April–Okt. Mo–Sa 9–12.30, 13–
18.30 Uhr, So 10–14 Uhr, Nov.–März 9–12.30,
15–18 Uhr, So/Di geschl. Piazza Mazzini,
✆/📠 031-950204, iat@promobellagio.it.

Promo Bellagio, die Vereinigung der touristischen Betriebe hat ihren Sitz in der Torre San Giacomo an der Piazza della Chiesa, gegenüber der Kirche. Mo 9.30–13 Uhr, Di–Fr 9.30–11, 14–15.30 Uhr, Sa/So 10–11, 14–15.30 Uhr. ℡/✉ 031-951555, www.bellagio lakecomo.com.

Anfahrt/Verbindungen PKW, der Ortskern ist für den Durchgangsverkehr gesperrt. Wer jedoch ein Hotel ansteuert, kann mit dem PKW die handtuchschmale Hauptstraße benutzen, die im Bogen zur Promenade hinunterführt. Gebührenpflichtige Parkmöglichkeiten gibt es auf dem Kirchplatz im oberen Ortsbereich und an der südlichen Seepromenade.

Schiff, ein- bis zweimal stündl. pendeln Autofähren hinüber nach Cadenabbia, etwas weniger häufig nach Varenna, etwa fünfmal tägl. nach Menaggio. Es werden auch verschiedene Ausflugsvarianten mit Essen an Bord und Besichtigungsstopps angeboten.

Bus, Busstopp am Lungo Lario Manzoni (südliche Uferstraße), Tickets in der Tabaccheria, Salita Serbelloni 7, und im Lario

Eines der Treppengässchen („Salita")

Edicola Shop, Piazza Mazzini. Nach Lecco D10 (Linee Lecco), nach Como C30 (SPT).

Taxi, Piazza Mazzini (Uferpromenade), ℡ 031-950913.

Taxiboot, Bellagio Water Taxis, Piazza Mazzini. ℡ 338-5244914;

Taxi Boat Service, im Hafen von Loppia, südlich der Villa Melzi. ℡ 031-950201, www.taxiboat.it.

> Der **Trombetta Express** schaukelt Urlauber bis zu etwa achtmal tägl. durch den Ort und die Umgebung. Abfahrt an der Uferpromenade. Preis ca. 5 € (6–10 J. 2 €). ℡ 338-8889847.

Shopping Bottega del Legno 🄬, seit 1855 in Familienbesitz. Luigi Tacchi fertigt aus Olivenholz Gebrauchsgegenstände wie Schüsseln, Bretter, Löffel und Salatbestecke, auch Stücke aus anderem hochwertigen Holz gibt es. Via Garibaldi 22.

I Vetri di Bellagio 🄮, seit 1952 werden hier mundgeblasenes Glas aus ganz Italien, Glasmosaike und andere gläserne Kunstgegenstände verkauft. Via Garibaldi 60 und Via Roma 26 (gegenüber der Basilika San Giacomo).

Sport Mountainbikes verleiht im Zentrum z. B. **Arco Sport Bikes** 🄯, Salita Monastero 6 (ca. 15 € pro Tag), außerdem **Cavalcalario Club** in der Località Gallasco 1 bei Guello (3 km südlich von Bellagio), dort gibt es auch Kajaks. ℡ 339-5308138, www. bellagio-mountains.it.

Lido, Strandbad südlich der Uferpromenade, Betonplattformen zum Sonnen, Drei-Meter-Sprungbrett. Zwei Liegen und Schirm ca. 20 €. Schön zum Sonnenuntergang, für Tagesgäste gibt es dann Gratisaperitifs. Im ersten Stock Discoclub (→ Nachtleben).

Übernachten

Am schönsten (und teuersten) sind die Hotels an der Promenade mit prächtigem Seeblick.

***** **Grand Hotel Villa Serbelloni** 🄴, herrschaftlicher Komplex aus der Mitte des 19. Jh. am Nordende der Uferpromenade. Nach der Villa d'Este in Cernobbio das exklusivste Refugium am Comer See. Im prächtigen Garten großer Swimmingpool, Privatstrand vor der Tür, das Ristorante Mistral ist bekannt für seine exquisite und raffinierte Küche. Die Luxusherberge taugt mit ihren je nach Kategorie ca. 385–765 € pro Tag und Zimmer allerdings nur als Präsidentenunterkunft bzw. für Bosse von Automobilkonzernen und deren Formel-1-Piloten. ℡ 031-950216, ✆ 031-951529, www.villaserbelloni.it.

*** **Florence** **5**, am Nordende der Promenade. Das Haus aus dem 18. Jh. ist seit über hundert Jahren im Besitz der Familie Ketzlar. Rezeption in einem Gewölbe mit dorischen Granitsäulen, abgeschabten Polstermöbeln, schweren Holzbalken und Kamin. Auch in den Zimmern Holzbalkendecke, teils mit historischem Mobiliar, die schicke Cocktailbar im vorgelagerten Rundbau ist ebenfalls mit viel Holz ausgestattet. Restaurant mit schattiger Kiesterrasse am See, Wellnessbereich. DZ mit Frühstück je nach Ausstattung und Blick ca. 140–200 €. ℡ 031-950342, ✆ 031-951722, www.hotelflorencebellagio.it.

*** **Du Lac** **10**, neben Florence, ebenfalls historisches Haus. Gepflegte Einrichtung, Restaurant im ersten Stock, großer, sonniger Dachgarten mit herrlichem Seeblick, hübsch eingerichtete Zimmer mit TV. DZ mit Frühstück je nach Blick ca. 160–195 €. ℡ 031-950320, ✆ 031-951624, www.bellagiohoteldulac.com.

*** **Excelsior Splendide** **15**, herrschaftliches Haus im südlichen Bereich der Promenade, klassizistischer Stil, viel Stuck, Marmor und geschwungene Geländer aus Schmiedeeisen, Zimmer mit Parkettboden, hinter dem Haus kleiner Garten mit Pool. Auch über Reiseveranstalter zu buchen. DZ mit Frühstück ca. 125–160 €, bei Onlinebuchung 10 % Rabatt. Via Lungo Lario Manzoni 28, ℡ 031-950225, ✆ 031-951224, www.hsplendide.com.

*** **Centrale** **8**, ruhige Lage, etwas oberhalb der Promenade. 1922 gegründet und 2005 nach längerer Schließung wieder neu eröffnet. 18 freundliche Zimmer, Klimaanlage und WLAN gratis, im begrünten Hof eine mächtige Zypresse, Frühstücksterrasse im Freien. DZ ca. 90–130 €. Salita Plinio 7, ℡ 031-951940, ✆ 031-952682, www.hc-bellagio.com.

* **Suisse** **20**, wer etwas weniger Geld ausgeben, aber trotzdem an der schönen Pro-

Promenade am See

menade wohnen will, ist hier richtig. Älteres Haus, zehn Zimmer, Ausstattung einfach. Ohne Vorreservierung im Sommer wenig Chancen. DZ mit Frühstück ca. 85–135 €. ℡ 031-950335, ✆ 031-951755, www.hotelsuissebellagio.com.

** **Bellagio** **18**, gleich hinter dem Hotel Suisse, vor einigen Jahren grundlegend renoviert. Zimmer mit Klimaanlage, von den meisten schöner Seeblick, besonders in den oberen Stockwerken. DZ mit Frühstück ca. 80–165 €. Salita Grandi 6, ℡ 031-950424, ✆ 031-951966, www.hotelbellagio.it.

* **Giardinetto** **16**, im oberen Ortsbereich, bei der Touristinfo eine kleine Gasse hinein. Tolle und ganz ruhige Lage mit herrlichem Seeblick, Zimmer durchgängig renoviert, teils sehr geräumig, auch die Bäder. Freundliche Wirtsleute. DZ ca. 65–70 €, Frühstück extra. Via Roncati 12, ℡ 031-950168, giardinetto@aol.it.

Am Lungolago steht ein Hotel neben dem anderen

Residence La Limonera 🔢, Haus in zentraler Lage mit elf Apts. und Studios verschiedener Größe. Garten, z. T. Balkon mit schönem Seeblick. Studio ca. 70–100 €, Apt. je nach Größe und Saison 80–150 €. Via Bellosio 2, ☎ 031-952124, 📠 031-6850006, www.residencelalimonera.com.

Il Borgo 🔢, sechs zentral gelegene Apts., sauber und geschmackvoll, Fenster z. T. etwas klein, Klimaanlage, TV. Apt. ca. 65–105 €. Salita Plinio 4, ☎ 031-952497 oder 338-1935559, 📠 031-951585, www.borgoresidence.it.

Residence Haus Bethusy 🔢, am Weg zur Landspitze im Grünen, helle Apts. mit kleinem Balkon oder Terrasse, Klimaanlage und Heizung, Sat-TV sowie WLAN gratis. Sonnenterrasse mit Schirmen und Liegen, 100 m zum See. Studio ca. 80–90 €, Apt. ca 100–120 €. Via Eugenio Vitali 20, ☎ 333- 2894876, 📠 031-4499007, www.hausbethusy.com.

Außerhalb vom Zentrum *** **Silvio** 🔢, in Loppia, südwestlich von Bellagio, schräg oberhalb der Villa Melzi (→ Sehenswertes). Schlichtes, sauberes Albergo mit herrlichem Seeblick, ruhige Lage, seit vier Generationen im Besitz einer ehemaligen Fischerfamilie, freundliche Aufnahme. Zimmer z. T. mit Balkon. Zum Haus gehört ein gutes Fischrestaurant mit großer, offener Terrasse. DZ mit Frühstück ca. 80–130 €. Via

Carcano 12, ☎ 031-950322, 📠 031-950912, www.bellagiosilvio.com.

*** **Belvedere**, in exponierter Lage südlich von Bellagio, herrlicher Seeblick. Großes, stattliches Haus, seit über 120 Jahren in Familienbesitz. Schöner, zum See hin abfallender Garten mit Pool, Panoramarestaurant, Parkplatz. Gut eingerichtete Zimmer mit TV, gehobene Preise. DZ mit Frühstück je nach Lage, Blick und Ausstattung ca. 160–340 €. Via Valassina 31, ☎ 031-950410, 📠 031-950102, www.belvederebellagio.com.

** **Il Perlo Panorama**, an der Straße nach Magreglio (Valassina), tolle Panoramalage 3 km südlich von Bellagio, freundlich und familiär geführt von Piera und Carlo Sancassano. DZ mit Frühstück ca. 90–120 €. Via Valassina 180, ☎ 031-950229, 📠 031-951556, www.ilperlo.com.

B & B Alla Torretta, in Visgnola, 1,5 km vom Zentrum. Zimmer in einer schönen, alten Villa, der Hausherr ist Sportler und kann diverse Aktivitäten vermitteln. DZ mit Frühstück ca. 80–85 €. Via Nuova 3, ☎/📠 031- 951272, www.allatorretta.com.

Camping **Clarke**, in Visgnola, einige Kilometer südlich von Bellagio, kleiner Wiesenplatz in Hügellage, ganzjährig geführt von Elisabeth Clarke. Via Valassina 170/c, ☎ 031- 951325, www.bellagio-camping.com.

Essen & Trinken/Nachtleben

(→ Karte S. 161)

Bilacus , schöner Terrassengarten und oft sehr großer Andrang, worunter die Küche manchmal leidet, insgesamt aber okay. Mo geschl. (außer Juni–Sept.). Salita Serbelloni 30/32, ☎ 031-950480.

La Fontana, etwas versteckt gelegenes Lokal bei einem kleinen Brunnen (deshalb der Name), freundlich geführt von Tonino und Brunella, nette Terrasse, ordentliche Küche. Via Centrale 7, ☎ 031-950283.

San Giacomo „Da Gancio", seit 1973. Aurelio und Margherita bieten gute Küche, manchmal kommt es allerdings zu Wartezeiten, da sehr beliebt. Man kann auch draußen sitzen. Di geschl. Salita Serbelloni 45/Ecke Via Garibaldi. ☎ 031-950329.

》》 Mein Tipp: Aperitivo et al, sehr hübsche Weinschenke gegenüber vom San Giacomo mit guten, stets frischen Gerichten. Zu empfehlen sind z. B. die Pizzoccheri Valtellinesi. Aufmerksam geführt, abends oft viel los, tagsüber dagegen schön ruhig. Sehr gute Weine, auch glasweise in verschiedenen Größen. Preislich etwas angehoben. WLAN gratis. Di geschl. (außer Juli). Salita Serbelloni 34, ☎ 031-951523 oder ☎ 348-1453256. **《《**

La Grotta, Pizzeria in einer der charakteristischen Seitengassen. Schöner Innenraum mit Säulen, preislich im Rahmen. Mo geschl. (außer Juli–Sept.). Salita Cernaia 14, ☎ 031-951152.

》》 Mein Tipp: Babayaga, Steakhouse/Pizzeria am Weg zur Punta Spartivento, der Landzungenspitze von Bellagio, ein paar Schritte nördlich der Basilika San Giacomo. Überdachte Terrasse, freundlich geführt und sehr beliebt wegen seiner großen Pizzen, die auf Holzbrettern serviert werden. Lecker sind auch die Orecchiette alla Pugliese. Mi geschl. Via Eugenio Vitali 8, ☎ 031-951915. **《《**

La Punta, großes Lokal direkt an der Punta Spartivento, zehn Fußminuten vom Zentrum, netter Spaziergang. Herrlicher Seeblick, freundlicher Service und gute Küche. Via Eugenio Vitali 1, ☎ 031-951888.

Vecchio Borgo, Café/Birreria/Paninoteca an der schmalen Hauptgasse im oberen Ortsbereich. Unprätentiös aber hübsch gemacht: vorne Zigarettenverkauf und Bartresen, hinten abgeteilt der Speise- und Trinkbereich, wo man Pizza und Primi Piatti ordern kann, z. B. Pasta e Fagioli und Lasagne. Via Garibaldi 47, ☎ 031-950324.

Abseits vom Trubel: Der Hafen von Loppia

Das Südufer

Der lichtblaue Pavillon im Park der Villa Melzi

Außerhalb La Pergola, im Fischerdörfchen Pescallo, 500-jähriges Haus mit kleiner, idyllischer Terrasse direkt am See, spezialisiert auf Fisch. Auch Zimmervermietung: DZ mit Frühstück ca. 110–120 €. ✆ 031-950263.

»» Mein Tipp: Alle Darsene di Loppia, die frühere Werft am Hafen von Loppia südlich der Villa Melzi ist heute ein lauschiges Fleckchen am Wasser, daneben sind traditionelle Boote festgemacht. Auf einer schattigen Veranda speist man stilvoll von blütenweißen Leinen. ✆ 031-952069. ««

Ittiturismo Mella, an der zentralen Piazza von San Giovanni. Alessandro ist Fischer seit 1980, der tägliche Fang wird abends als Pesce del Giorno al Cartoccio (in Folie) serviert. Schlichte lokale Küche, Rosy bedient freundlich. Degustationsmenü ca. 28 €. Voranmeldung erwünscht. Di geschl. Piazza San Giovanni 6, ✆ 031-950205.

La Busciona, Panoramarestaurant an der Straße ins Valassina, in der Nähe vom Hotel Il Perlo. Teo kocht hier seit 20 Jahren und hat schon manche Auszeichnung erhalten. Kostenloser Minibusservice ab Bellagio. Via Valassina 161, ✆ 031-964831.

Silvio **26**, vorzügliches Fischrestaurant mit schöner Terrasse in Loppio (→ Übernachten).

Cafés/Bars Pasticceria & Bar Rossi, im breiten Laubengang des Hotel Du Lac. Prächtiger Innenraum mit geschnitzten Holzvitrinen und Stuckdecke, draußen gemütliche Korbstühle. Schon Kaiserin Sissi von Österreich hat hier von den hausgemachten Leckereien gekostet.

Nachtleben La Divina Commedia **12**, in dieser Cocktailbar im Ortszentrum geht es eher menschlich als göttlich zu, ein Türsteher wacht darüber, dass hier das richtige Publikum zusammenkommt. Salita Mella 43/45.

Bellagio Point.com **11**, liebevoll ausgestattete Bar mit einer Galerie bunt bemalter Weinflaschen, gestaltet von Bruno Tagliapietra aus Venedig. Ein beliebter Platz zum Treffen und Plaudern, der Chef kennt sich gut im Ort aus. Über eine Treppe geht es hoch zu den Internetterminals (15 Min. ca. 2 €, eine Stunde 6 €). Salita Plinio 10, www.bellagiopoint.com.

»» Mein Tipp: Enoteca Cava Turacciolo **25**, beim Busstopp (→ Karte). Kleiner behaglicher Weinkeller aus dem 19. Jh., leckere Antipasti und kalte Platten, ca. 300

Weinetiketten. Im Sommer tägl. 10.30–1 Uhr, im Winter Mi geschl. Salita Genazzini 3, ☎ 031-950975. **《《**

Lido Beach Club, schicker Club beim Strandbad im Obergeschoss, Fr/Sa laute Disco bis 4 Uhr früh, gelegentlich Livemusik. Tischreservierung unter ☎ 335-374624.

Sehenswertes

Bellagio hat wenig mehr als 3000 Bewohner – das gleichnamige Luxushotel in Las Vegas hat allein mehr Zimmer – und besteht nur aus einer einzigen Einbahnstraße, verzweigten Treppenwegen und einer langen Promenade.

An der Piazza della Chiesa im oberen Ortsbereich steht die romanische Basilika *San Giacomo* aus grobem Bruchstein. Besonders auffallend sind der große goldene Altar und die Kanzel, die drei Apsiden sind mit schönen Mosaiken auf Goldgrund vom Anfang des 20. Jh. geschmückt. Die *Torre San Giacomo* an der oberen Platzseite ist ein Teil der einstigen Stadtmauer, von der Reste an der Salita Serbelloni erhalten sind. An einer nahen Mauer hängt eine Erinnerungstafel an den Komponisten Franz Liszt, er wohnte in den 1830er Jahren in Bellagio und komponierte hier einige seiner bekanntesten Stücke.

Wenn man von der Kirche die Via Roma nach Norden nimmt, kann man am Grandhotel Villa Serbelloni vorbei einen schönen Spaziergang zur Spitze der Landzunge von Bellagio, genannt *Punta Spartivento,* machen. Hier lassen sich mit einem Blick alle drei Arme des Comer Sees umfassen.

Südlich der Uferstraße mit den Hotels schließt sich eine wunderbare Promenade an, landeinwärts flankiert vom ehemaligen Grandhotel „Grande Bretagne", das seit einigen Jahren restauriert wird. Zwischen Rosenbeeten, üppigen Oleanderbäumen und Geranien kann man hier genüsslich lustwandeln. Danach folgt das Strandbad „Lido" (mit Disco) und dann die berühmte Villa Melzi.

Seerosen vor der Villa Melzi

Das Südufer

Hübsch sind außerdem die kleinen Fischerdörfchen, die zwischen 15 und 30 Fußminuten vom Zentrum entfernt sind: *Pescallo* an der Ostseite sowie *San Giovanni*
an der Westseite der Halbinsel.

Villa Serbelloni

**Die große, festungsartig anmutende Villa oberhalb der Torre San Giacomo
steht dominant in einem riesigen Waldpark, der sich an den steilen Hängen
des Vorgebirges von Bellagio erstreckt.**

Eine gewundene Straße führt zwischen prächtig bepflanzten Terrassen und Beeten
hinauf, weiter oben stehen Zypressen und Palmen. Die kunstvoll gestalteten
Gartenanlagen können zweimal täglich (außer montags) im Rahmen einer Führung
besichtigt werden. Dabei genießt man immer wieder herrliche Ausblicke auf beide
Arme des Sees. Die Villa selbst ist nicht zugänglich.

Die Ursprünge des Anwesens gehen bis auf die Antike zurück, Plinius der Jüngere
soll damals an dieser Stelle einen Wohnsitz besessen haben. Im Mittelalter stand
hier eine Burg, die später von Räuberbanden in Besitz genommen und schließlich
abgerissen wurde. Mitte des 15. Jh. ließ ein Mailänder Adliger eine Sommerresidenz auf den Ruinen errichten, die jedoch schon 1489 durch ein Feuer zerstört
wurde. Im 16. Jh. wurden die Ruinen restauriert und ein großer Park mit vielen
neuen Bäumen und Pflanzen angelegt. 1788 ging der Besitz an Alessandro Serbelloni (1745–1826) über, der die Villa aufwendig mit Kunstwerken ausschmückte und
auch den Park weiter ausbaute. Dazu legte er befahrbare Trassen und Wege mit
einer Gesamtlänge von fast 18 km an. 1905 wurde die Villa in ein Hotel umgebaut.
1930 erwarb eine amerikanische Angehörige der Thurn-und-Taxis-Familie den Besitz und schenkte ihn 1959 der Rockfeller-Stiftung in New York – bis heute die einzige Dependance der Stiftung außerhalb der USA. Wissenschaftler, Künstler und

Adelsbüsten im Pavillon der Villa Melzi

Politiker aus aller Welt verbringen hier alljährlich mehrwöchige Forschungsaufenthalte. Auf dem Gelände stehen für die Gäste kleine Pavillons bereit mit Schreibtisch und Seeblick zur Inspiration.

Villa Serbelloni, 90-minütige Führungen März bis Anfang Nov. Di–So 11 und 15.30 Uhr, Mo geschl. Eintritt ca. 8,50 € (7–13 J. 4,50 €), Tickets in der Torre San Giacomo.

Villa Melzi

Die von einem prachtvollen Park umgebene Seeufervilla wurde zu Napoleons Zeit im klassizistischen Stil erbaut.

Bauherr war Francesco Melzi d'Eril (1753–1816), Vizepräsident der von Napoleon eingerichteten Italienischen Republik von 1802. Er nutzte sie zunächst als Sommerresidenz, nach Beendigung seiner politischen Laufbahn lebte er hier ständig. Er war einst Kammerherr der Kaiserin Maria Theresia und später ein großer Bewunderer und persönlicher Freund Napoleons. Ein Bummel durch die großzügige, auf mehreren Ebenen angelegte Gartenanlage ist ein Genuss, man passiert herrlichste Azaleen, Rhododendren und Riesenalpenrosen, mächtige Sequoia-Bäume (Küstenmammutbäume) und turmhohe Zypressen, verspielte Teiche und antike Statuen, dazu stets bester Seeblick. Viele bekannte Künstler wurden für die Gestaltung und Dekoration des Anwesens engagiert, der französische Schriftsteller Stendhal hat dessen Schönheit schon 1817 im Buch „Rome, Naples et Florence" gerühmt.

Pavillon: Umgeben von Zypressen steht der im maurischen Stil erbaute Pavillon mit seinem eleganten lichtblauen Dach direkt am Seeuferweg. Melzi trank hier gerne seinen Nachmittagstee, umgeben von den Büsten des österreichischen Kaisers Ferdinand I., der Kaiserin Maria Anna von Savoyen (Tochter von Maria Theresia) und des Herzogs Ludovico von Melzi samt Gemahlin. Franz Liszt, der in den 30er Jahren des 19. Jh. mit seiner Geliebten in Bellagio lebte (sie gebar ihm Cosima, die spätere Ehefrau Richard Wagners), hat sich hier für seine „Dante-Sonate" inspi-

rieren lassen. Gegenüber vom Pavillon steht ein lebensgroßes Denkmal von Dante und seiner Jugendliebe Beatrice, geschaffen 1810 vom Bildhauer Giovanni Battista Comolli. Bis heute ist allerdings umstritten, ob Beatrice wirklich existierte oder nur eine literarische Fiktion Dantes war.

Platanenallee: Zwischen Pavillon und Villa wird der Weg von weit ausladenden Platanenbäumen gesäumt. Sie sind nach südfranzösischen Vorbildern geschnitten und spenden im Sommer willkommenen Schatten und Kühlung.

Villa: Das mächtige, im schlichten klassizistischen Stil errichtete Haupthaus mit seinen auffallenden Kaminen ist nicht zugänglich, besitzt aber einen schönen seeseitigen Vorplatz mit zwei Treppenaufgängen, flankiert von vier Löwen im ägyptischen Stil. Zum See

hin wird der Platz durch eine Brüstung mit Säulen begrenzt, darunter liegt die Anlegestelle. Ein längliches Seerosenbecken bildet einen markanten Blickfang. An den Seiten stehen zwei Marmorstatuen aus dem 16. Jh. Sie stellen die mythologische Figur des Königssohns Meleagros aus der Ilias und den Gott Apollon dar. Über den Tod des Meleagros gibt es mehrere Versionen, eine besagt, dass er durch die Hand des Gottes getötet worden sein soll.

Orangerie: Der etwas erhöhte Bau neben der Villa war ursprünglich als Wintergewächshaus für Zitrusbäume genutzt worden. Heute ist darin ein kleines Museum untergebracht. Es enthält u. a. eine Büste von Napoleon, die Schlüssel der Stadt Mailand, Drucke und Presseerzeugnisse aus dem französisch besetzten Mailand, Kanonen eines napoleonischen Feldzugs im Jahr 1796, archäologische Funde und zwei Renaissancefresken vom Comer See.

Kapelle: Vorbei an einer venezianischen Gondel, die auf Geheiß Napoleons hierher gebracht wurde, erreicht man das südliche Gartenende, nahe der Anlegestelle von Loppia. Hier steht die Grabkapelle der Melzi-Dynastie und der ihr durch Heirat angeschlossenen Familie Gallarati Scotti, entworfen und dekoriert von Giocondo Albertolli. Im Innenraum sind die Grabmäler verschiedener Angehöriger der Melzi und Gallarati Scotti untergebracht. Im klassizistischen Pomp mit viel Stuck fallen v. a. die exzellenten zweifarbigen Fresken an den Ecken der Deckenkuppel auf (Evangelisten, Jungfrau mit Kind), gestaltet von Angelo Monticelli nach Zeichnungen von Giuseppe Bossi. In der nördlichen Außenwand der Kapelle ist die Haustür der Mailänder Familie Melzi eingebaut, entworfen wahrscheinlich vom berühmten Baumeister Bramante.

Villa Melzi, Ende März bis Ende Okt. tägl. 9.30–18.30 Uhr, Eintritt ca. 6 € (Kinder unter 6 J. frei).

Von Bellagio nach Erba

Man fährt das *Valassina* in Richtung Norden hoch über die Berge, bis in knapp 800 m Höhe. Eine kurze Fahrt auf den Monte San Primo bringt einen sogar auf fast 1200 m Höhe. *Canzo* ist ein trotz seiner Industrie recht attraktives Städtchen inmitten von viel Grün. Zum *Santuario San Miro al Monte* (600 m) kann man mit dem Auto einen Abstecher unternehmen. Bei *Lasnigo* steht die *Chiesa di Sant' Alessandro* mit mittelalterlichen Fresken. Dann geht es zur Passhöhe hinauf.

Madonna di Ghisallo: Beliebter Stopp auf der Passhöhe ist die Wallfahrtskirche der Madonna di Ghisallo, die Papst Pius XII. 1949 zur Schutzpatronin der Radfahrer erklärt hat. Täglich finden sich hier ganze Rudel von Bikern ein, alle Wände des Kirchleins sind bedeckt mit Rennrädern (u. a. von Eddy Merckx und Francesco Moser), Trophäen und Siegerpreisen von Wettrennen. Neben der Kirche steht ein Bronzedenkmal für die tapferen Radler. Benachbart wurde vor einigen Jahren ein modernes *Radsportmuseum* eröffnet.

Öffnungszeiten/Eintritt Museo del Ciclismo, Di–Fr 9.30–17.30, Sa/So 9–18 Uhr, Mo geschl. Eintritt ca. 6 € (Kinder bis 8 J. frei). ✆ 031-965885, www.museodelghisallo.it.

Übernachten B & B Il Paraguay, nette Unterkunft mit geräumigen Zimmern und freundlichem Gastgeber. In wenigen Minuten ist man in Bellagio. DZ mit Frühstück ca.

55–65 €, Apt. ca. 70 € (Rabatt bei längerem Aufenthalt). Via Garibaldi 11, Magreglio, ✆ 031-965117, www.ilparaguay.it.

Camping Madonna del Ghisallo, nordwestlich unterhalb der Wallfahrtskirche, leider großteils von Dauercampern belegt. Strada Valassina, Località Alpetto (Civenna), ✆ 031-963432, ✆ 031-210060.

Gestiftete Rennräder in der Radlerkirche Madonna di Ghisallo

Das Südufer

Wasserfall Cascata dell´Acquafraggia bei Chiavenna

Ausflüge vom See

Chiavenna   → S. 175
Lago di Lugano
 (Luganer See)
 italienischer Teil   → S. 184

Lago di Piano   → S. 184
Seen in der Brianza   → S. 188
Bergamo   → S. 192
Milano   → S. 201

Einstiges Grafenschloss: Castello Balbiani in Chiavenna

Ausflüge vom See

Der Comer See liegt zentral in den südlichen Alpenausläufern, und in jede Himmelsrichtung lassen sich schöne Ausflüge unternehmen – mit dem eigenen Fahrzeug, Bus oder Zug.

Im Norden kann man etwa das gar nicht weit entfernte Städtchen *Chiavenna* besuchen, Valchiavenna heißt danach die umgebende Region. Außer dem malerischen Stadtzentrum ist der nahe gelegene Wasserfall Cascata dell'Acquafraggia ein besonderes Highlight.

Vom Westufer des Comer Sees ist man im Handumdrehen beim nächsten See, dem *Lago di Lugano,* den sich Italien mit der Schweiz teilt. Der italienische Abschnitt ist touristisch eher ruhig, besitzt aber ein paar beliebte Campingplätze, ebenso wie der kleine *Lago di Piano,* der auf dem Weg zwischen beiden Seen liegt. Anschließen könnte man eine Fahrt hinauf ins *Val d'Intelvi* (→ S. 140).

In der *Brianza,* dem Tiefland zwischen Como und Lecco, liegen gleich vier kleine Seen, die man über die Straße nach Erba erreicht. Baden kann man hier nicht überall, aber reizvoll ist z.B. der Aufstieg zum einstigen Benediktinerkloster *San Pietro al Monte.*

Im Südosten des Sees lockt v. a. die Stadt *Bergamo,* die wegen ihrer malerischen Altstadt in exponierter Hügellage über der Poebene zu den beliebtesten norditalienischen Kulturstädten gehört. Ein Höhepunkt der Besichtigung ist zweifellos die *Cappella Colleoni,* ein filigranes Meisterwerk aus weißem und rosa Marmor.

Blick ins Flusstal von Chiavenna

Und von Como im Süden des Sees sind es nicht einmal 40 km bis in die norditalienische Metropole *Mailand,* die mit ihrem weltberühmten Dom, dem Teatro alla Scala, der Pinacoteca di Brera und vielen weiteren Highlights schon allein einen Urlaub wert ist. Besonders bequem: Den Autostress in der Millionenstadt spart man sich, indem man von Como oder Lecco mit dem Zug ins Zentrum fährt.

Chiavenna (ca. 7400 Einwohner)

Einladendes Städtchen zwischen hohen, bewaldeten Hängen und Weinreben, ca. 25 km nördlich des Comer Sees.

Die tiefe Schlucht des Flusses Mera zieht sich mitten durch das Centro Storico, pittoresk kleben die Altstadthäuser mit wackligen Balkons, grün überwucherten Terrassen und Steinschindeldächern an den Ufern. Die Altstadt mit ihren langen, gepflasterten Gassen und eingelagerten Plätzen bietet eine reizvolle Mischung aus Alpenarchitektur und gediegenen Palazzi, die den Reichtum der einst hier ansässigen Adelsfamilien erahnen lassen. In kleinen Straßencafés sitzt man gemütlich und kann das lebhafte Treiben genießen.

Anfahrt/Verbindungen Bahn, Chiavenna ist Startpunkt einer Bahnlinie, die am Ostufer des Comer Sees entlang nach Lecco führt, dort häufige Verbindungen nach Milano und Bergamo.

Information Ufficio Informazioni Chiavenna, Piazza Caduti della Libertà, gleich beim Bahnhof. Mo–Sa 8–12.40, 14–15, 16.30–19, So 8.30–12.30, 14–18 Uhr. ✆/✉ 0343-33442, www.valchiavenna.com.

Übernachten Im Bereich um den Bahnhof liegen einige Hotels, die Geräuschkulisse hält sich in erträglichen Grenzen.

Ausflüge vom See

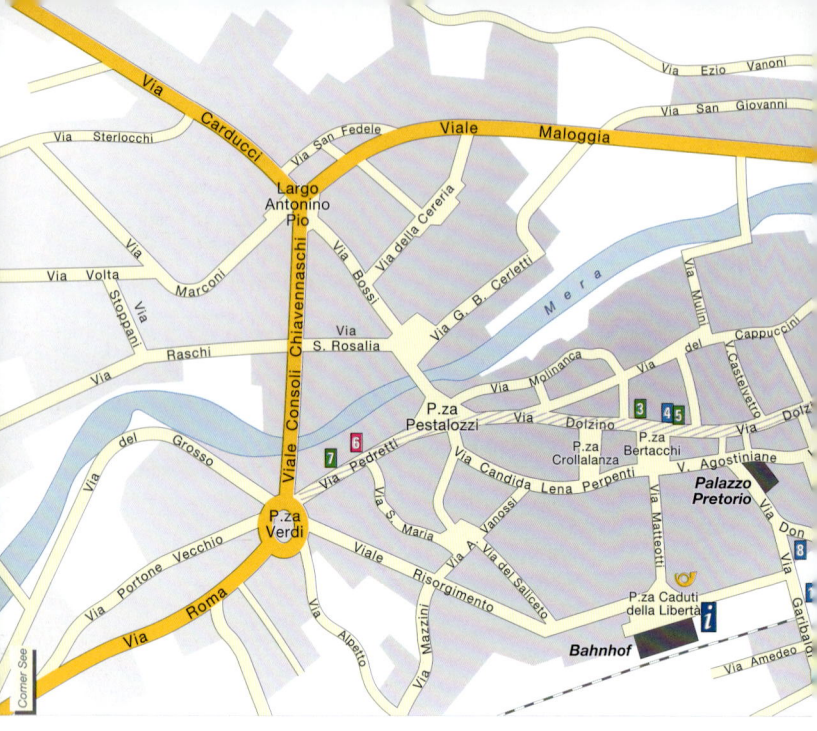

≫ Mein Tipp: *** San Lorenzo **10**, schickes Haus wenige Meter vom Bahnhof. Geräumige und topmodern eingerichtete Zimmer mit Balkon, schöner Blick in die Berge, prima Duschbäder, freundliches Personal. Mit gutem Restaurant, Bar und Tiefgarage. WLAN gratis. DZ mit Frühstück ca. 85 €. Via Garibaldi 3, ☎ 0343-34902, ⌨ 0343-36098, www.sanlorenzochiavenna.it. **≪**

*** Crimea **12**, gemütliches Haus alpenländischer Bauweise im Crotto-Bezirk Pratogiano, nah am Bahnhof. 30 saubere Zimmer mit TV, z. T. mit Balkon, freundlicher Service. Ein Restaurant gehört zum Haus und der bekannte Crotto Ombra (→ Essen & Trinken) liegt gleich daneben. Ins Zentrum geht man ca. 5 Min. DZ mit Frühstück ca. 50–80 €. Viale Pratogiano 16, ☎ 0343-34343, ⌨ 0343-35935, www.hotelcrimea.net.

≫ Mein Tipp: B & B Palazzo Salis **2**, zentral an der Hauptgasse in einem Palazzo des 18. Jh., in dem sich auch das elegante Ristorante Passerini befindet (→ Essen & Trinken). Es gibt einen wunderbaren Barocksaal, daneben werden zwei sehr schöne Zimmer mit Stuckverzierungen und Ma-

lereien vermietet, jeweils mit Bad und großzügigem Frühstück. Im idyllischen Garten hinter dem Palast kann man schön sitzen. Nachts trotz der zentralen Lage ruhig, Vermieter sehr zuvorkommend. DZ mit Frühstück ca. 110 €. Via Francesco Dolzino 126, ☎ 0343-32283, www.palazzosalis.it. **≪**

** Flora **8**, 150 m nördlich vom Bahnhof. Einfaches solides Quartier mit 17 Zimmern, jeweils TV. DZ mit Frühstück ca. 70 €. Via Don Guanella 10, ☎/⌨ 0343-32254, www.florahotel.com.

B & B La Sciora Oliva **4**, superzentrale Lage an einer hübschen Piazza in der Fußgängerzone, beim Caffè Svizzero. Vermietet werden zwei Einzimmerwohnungen im ausgebauten Dachgeschoß. DZ mit Frühstück ca. 60 €. Via Francesco Dolzino 71, ☎ 0343-33041 oder 0343-36852, www.bbscioraoliva.it.

Essen & Trinken In der Felswand hinter dem Bahnhof gibt es eine ganze Reihe von Crotti, die „Crotti di Pratogiano". Hauptsächlich Käse und Wein wird hier gelagert. In den angeschlossenen Restaurants wird die typische lokale Küche serviert.

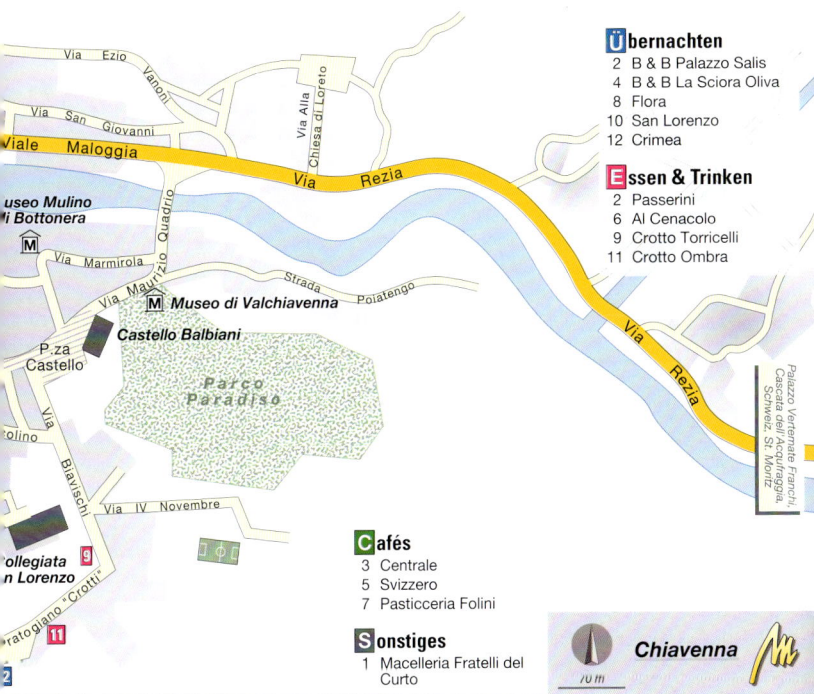

Übernachten

2 B & B Palazzo Salis
4 B & B La Sciora Oliva
8 Flora
10 San Lorenzo
12 Crimea

Essen & Trinken

2 Passerini
6 Al Cenacolo
9 Crotto Torricelli
11 Crotto Ombra

Cafés

3 Centrale
5 Svizzero
7 Pasticceria Folini

Sonstiges

1 Macelleria Fratelli del Curto

Museo Mulino di Bottonera

M

Museo di Valchiavenna

Castello Balbiani

P.za Castello

Parco Paradiso

Collegiata n Lorenzo

Chiavenna

Palazzo Vertemate Franchi, Cascata dell'Acquafraggia, Schweiz, St. Moritz

Passerini **2**, das schickste Lokal der Stadt liegt im nördlichen Bereich der Hauptgasse, und zwar im Palazzo Salis aus dem 18. Jh. Viele Stammgäste schätzen die leichte und feine Küche, dazu passt das noble Ambiente. Mo geschl. Via Francesco Dolzino 128, ☎ 0343-36166.

≫ Mein Tipp: Crotto Ombra **11**, populäres Restaurant im Pratogiano-Viertel, seit 20 Jahren geführt von Amerigo Crescenzo. Am Fuß der Felswand ein großer, offener Hof mit Holztischen, auch drinnen kann man essen. Im großen, lang gestreckten Crotto lagern Tausende von Käselaiben – eindrucksvoll. Di geschl. Viale Pratogiano 14, ☎ 0343-290133. ≪

Crotto Torricelli **9**, nicht weit vom Crotto Ombra, gemütliches Crotto mit Glaswänden und offener Terrasse, 1640 erstmals erwähnt. Via Picchi 15, ☎ 0343-36813.

Al Cenacolo **6**, in der Fußgängerzone. Gepflegtes Lokal mit Atmosphäre, großer Terrasse zum Fluss, guter Fleisch- und Nudelküche. Eine Spezialität ist *taróz*, ein Mix aus Gemüse, Käse und Kartoffelbrei. Im Ober-

geschoss organisiert der Eigentümer Kunstausstellungen. Dienstagabend und Mi geschl., außerdem im Juni. Via Carlo Pedretti 16, ☎ 0343-32123.

Außerhalb ≫ Mein Tipp: Crotasc, in Mese, 2 km südwestlich von Chiavenna. Seit 1928 von Familie Prevostini geführt. Früher ein einfacher Crotto, gibt es heute sehr schön eingerichtete Innenräume (antik und modern), und auch draußen sitzt man herrlich unter alten Kastanienbäumen vor einer Felswand – der richtige Platz also bei jedem Wetter. Das Essen ist hervorragend und reicht von typischer Crottokost, empfehlenswert z. B. der *Violino di Capra* und die *Pizzocheri della Valtellina*, bis zu leckeren Gourmetgerichten. Die begleitenden Tropfen stammen vom familieneigenen Weingut, das zu den bekanntesten der Region gehört (www.mameteprevostini.com). Unter dem Lokal liegt der eigentliche Crotto, hier Crotasc genannt, und auch eine Cantina mit großem Weinangebot wartet auf Besucher. Mo/Di geschl., außerdem die zweite Hälfte im Juni. Via Don Primo Lucchinetti 63, ☎ 0343-41003. ≪

Ausflüge vom See

Alltag in Chiavenna

Cafés Pasticceria Folini **7**, schickes Café mit großer Auswahl und einer überdachten Terrasse über der Mera, bekannt für ihr gutes Eis aus eigener Produktion. Via Pedretti 24.

Centrale **3**, Eis aus eigener Produktion, es wird deutsch gesprochen. Via Francesco Dolzino 61.

Svizzero **5**, an einer zentralen Piazza der Fußgängerzone, schön zum Draußensitzen, freundliche Bedienung und Internetcafé. Via Francesco Dolzino 71.

Shopping   großer **Samstagsmarkt** zwischen Bahnhof und Zentrum.

»» Mein Tipp: Birrificio Spluga, in Gordona, wenige Kilometer südwestlich von Chiavenna. Noch im 19. Jh. gab es neun Brauer-

eien im Valchiavenna, die alle die Crotti zur Lagerung und Kühlung nutzten. Birra Spluga wurde nach dem Zweiten Weltkrieg vom Poretti-Konzern übernommen. Vor einigen Jahren hat nun der junge Braumeister Giandomenico Marocchi die Tradition wieder aufgenommen und produziert nach alter Methode und ohne Pasteurisierung die Sorten Pils, Monaco, Vienna, Bock und Weizen, außerdem das Tellis, ein Bier auf der Basis von Buchweizen – übrigens alle mit Bügelverschluss! Dazu gehört eine Osteria, wo zum Bier Pasta serviert wird. Via degli Emigranti 12. ☎ 0343-41397. **«**

Macelleria Fratelli del Curto **1**, Metzgerei gegenüber vom Palazzo Salis, beste Salumi, Bresaola und Mortadella. Via Franzesco Dolzino 129.

Sehenswertes

Das Zentrum lässt sich bequem zu Fuß erkunden. Von der Brücke bei der Piazza Verdi, über welche die Durchgangsstraße führt, hat man einen prächtigen Blick auf die Häuser am Fluss. Durch den benachbarten Torbogen *Portone Santa Maria* gelangt man in die Altstadt – die lange Via Carlo Pedretti führt als Fußgängerzone über mehrere kleine Plätze mit eleganten Specksteinbrunnen, wird zur Via Francesco Dolzino und endet am stolzen *Castello Balbiani* aus dem 15. Jh. Oberhalb davon erstreckt sich der botanische *Parco Paradiso*. Zwei weitere Brücken überqueren den Fluß, auch hier kann man das schöne Panorama genießen.

Collegiata di San Lorenzo: An der Piazza Bormetti steht dieser große Gebäude-komplex mit Renaissancekirche, Baptisterium (Taufkapelle), langem Kreuzgang, hohem, eleganten Glockenturm und einem hochkarätigen *Museo del Tesoro* (Schatzmuseum). Ein Meisterwerk der mittelalterlichen Goldschmiedekunst ist dort „La Pace di Chiavenna", ein fast tausend Jahre alter Evangeliareinband, der aus einer Goldreliefarbeit mit wertvollen Miniaturen, 94 Perlen und 97 Edel-steinen besteht.

Durch den Kreuzgang kommt man zum *Baptisterium.* Der Taufbrunnen mit Deko-rationsrelief stammt aus dem Jahre 1156 und ist aus einem einzigen, grünlich-grauen Specksteinblock hergestellt (Durchmesser 180 cm, Höhe 83 cm). Das Relief zeigt die Zeremonie der Wasserreinigung für die Taufe am Ostersamstag.

Die *Kollegiatskirche* geht in ihren Ursprüngen bis ins 5. Jh. zurück. Sie wurde mehr-mals um- und ausgebaut, der romanische Grundriss blieb dabei jedoch unverän-dert. Wandmalereien des 18. Jh. bedecken die Innenwände.

Castello dei Conti Balbiani: Der burgähnliche Palazzo mit seinen zwei Rundtür-men und den pittoresken Palmen davor wurde im 15. Jh. als Sitz der Grafen Balbia-ni erbaut, die ausgedehnten Grundbesitz im Valchiavenna hatten. Nach der Erobe-rung durch die Bündner wurde der Palazzo zerstört, nur die Außenwände und die beiden Türme ließen die Landsknechte stehen. 1930 wurde das Gebäude wieder vollständig aufgebaut, heute hat sich eine große Versicherungsgesellschaft hinter der historischen Fassade eingerichtet.

Museo Mulino di Bottonera: Ein rares Beispiel vergangener Industriearchitektur lässt sich im ehemaligen Handwerkerviertel von Chiavenna erleben. Auf vier Stock-werken wird dort am Ufer der Mera die kunstvolle Holzkonstruktion einer Mühle aus dem 19. Jh. präsentiert. Sie war 60 Jahre lang Tag und Nacht in Betrieb und mahlte in dieser Zeit unermüdlich Mehl für die Teigwarenfabrik Moro, die Arbeiter waren in drei Schichten rund um die Uhr eingeteilt. Alle vier Mahlanlagen sind fast

Pittoresk: Stadthäuser im Flusstal

Ausflüge vom See

vollständig erhalten geblieben, und beim Randgang kann man die verschiedenen Arbeitsgänge verfolgen: Mahlen, Säuberung, Siebung, Wiegen etc. Von der Wasserkraft der Mera profitierten damals auch eine Papierfabrik, ein Hammerwerk und mehrere Brauereien, bis Ende der 1940er Jahre schließlich ein Wasserkraftwerk gebaut wurde. Die Fabrik Moro gibt es noch, mittlerweile in fünfter Generation.

Museo di Valchiavenna: Kurz hinter der Piazza Castello, in der Nähe des Eingangs zum botanisch-archäologischen Garten Paradiso, befindet sich das Museum, das sich der frühen Geschichte des Valchiavenna widmet. Von der Stein- über die Bronzezeit bis zur römischen Epoche sind hier viele Funde ausgestellt, die z. T. bei Bauarbeiten im Wohngebiet von Chiavenna entdeckt wurden.

Parco Botanico e Archeologico Paradiso: Der botanisch-archäologische Garten der Stadt liegt hinter dem Castello Balbiani. Er besteht aus zwei Hügeln, dem Paradiso und dem Castellaccio – beide mit herrlichem Panoramablick auf die Stadt. Sie sind voneinander durch den tiefen Caurga-Spalt getrennt und können auf mehreren Spazierwegen begangen werden. Die zahlreichen Pflanzen- und Blumenarten sind alle beschildert, im Kontrast dazu stehen die Ruinen der Stadtmauer und der Festung, die hier einst die Stadt bewachte.

Hinter dem botanischen Garten schließt sich das Naturreservat *Marmitte dei Giganti* mit vielen interessanten Erd- und Felsformationen an, entstanden durch Gletscherschliffe.

Öffnungszeiten/Eintritt Museo del Tesoro, Di–Fr 14–16, Sa 10–12, 14–18 So 14–17 Uhr, Mo geschl. Eintritt ca. 3 € (Studenten und über 60-Jährige ca. 1,50 €).

Baptisterium, März–Mai Sa/So 9–12, 14–17, Juni–Sept. Di–So 9–12, 14–18, Okt./Nov. Sa 9–12, 14–17 Uhr.

Museo Mulino di Bottonera, Mitte Juni bis Mitte Sept. Mi–Mo 15–18 Uhr, Di geschl.,

Aug. tägl. geöffnet. Eintritt ca. 3 € (Studenten und über 60-Jährige ca. 1,50 €).

Museo di Valchiavenna, nach Vereinbarung mit der Touristinfo. Eintritt ca. 2 € (Studenten und über 60-Jährige ca. 1 €).

Parco Botanico e Archeologico Paradiso, Di–Sa 14–17, So 10–12, 14–17 Uhr, Mo geschl. Eintritt ca. 2 € (Studenten und über 60-Jährige ca. 1 €).

Crotti im Valchiavenna

Crotti sind ihrem Ursprung nach natürliche Felsgrotten, durch deren Spalten das ganze Jahr hindurch ein Luftzug, „sorel" genannt, mit der konstanten Temperatur von 8 °C weht. Im Sommer kühlt er also die Grotten, im Winter erwärmt er sie. Wegen dieses vorzüglichen Mikroklimas eignen sich die Crotti bestens als Lagerräume für Wein, Wurst und Käse. Im Valchiavenna gibt es viele Dutzend Crotti, so gut wie jeder Ort hat eine Zone, wo sie meist zu mehreren dicht nebeneinander in den Felshängen liegen. Einige wurden zu Restaurants umgebaut, welche die typische Küche der Region anbieten: Costine di Maiale (Schälrippchen vom Schwein im Specksteintopf), Pizzoccheri (Bandnudeln aus Buchweizen), Bresaola (Bündnerfleisch), Violino (getrocknetes Schlegelfleisch vom Lamm) und Gnocchetti di Chiavenna (Klößchen aus Weizenmehl). Draußen sitzt man unter schattigen Bäumen auf Holz- oder Steinbänken, drinnen gibt es oft einen rustikalen Innenraum mit Kamin. Wer um das zweite Septemberwochenende vor Ort ist, kann in der Località Pratogiano von Chiavenna (→ S. 177) die „Sagra dei Crotti" erleben, ein populäres Volksfest mit Degustationen, Musik und Tanz.

Umgebung von Chiavenna (Valchiavenna)

In Chiavenna treffen zwei lange Täler aufeinander, die schon von den Römern für den Alpenübertritt genutzt wurden: Nach Norden geht es das Val San Giacomo entlang über den Splügenpass und nach Nordosten im Val Bregaglia (auch: Bergell) entlang des Flusses Mera hinauf zum Malojapass und weiter nach St. Moritz. Beide Strecken sind heute beliebte Optionen für die Anreise zum Comer See (→ Anreise S. 32) – nach der Alpenüberquerung spürt man hier erstmals die Wärme des Südens und kann in den urigen Crotti stimmungsvoll einkehren.

Val San Giacomo

Museo della Via Spluga e della Val San Giacomo: In Campodolcino, an der Strecke zum Splügenpass, etwa 10 km nördlich von Chiavenna, zeigt dieses Museum in einem Palazzo des 16. Jh. die Historie dieser beliebten Alpenroute – Dokumente, Kunstwerke, Literatur, Relikte aus Handel, Postwesen und Wirtschaft, dazu rekonstruierte Stuben und eine Küche aus dem 16./17. Jh.

Mai–Juni und Sept./Okt. Di–Fr 9–12, Sa 10– 18; die übrige Zeit Di–So 10–12, Sa auch 16– 12, 16–18, So 10–12, Mo geschl.; Juli/Aug. 18 Uhr. Eintritt ca. 4 € (Studenten und über Mo 9–12, Di–Fr 9–12, 16–18, Sa/So 10–12, 16– 65 J. 2 €, unter 6 J. frei).

Val Bregaglia (Bergell)

Von 1512 bis 1797 war die Region um Chiavenna im Besitz der Schweizer Bündner, eine Zeit der Blüte, von der noch viele Adelspalazzi zeugen, z. B. der Palazzo Vertemate Franchi. Hauptwirtschaftszweig war neben Landwirtschaft und Handel die Förderung und Bearbeitung von Speckstein, zu sehen im Museo degli Scavi di Piuro. Vor allem aber lohnt ein Besuch des Wasserfalls Cascata dell'Acquafraggia bei Borgonuovo im Val Bregaglia, durch das viele Autourlauber bei der Anreise via St. Moritz kommen.

Palazzo Vertemate Franchi: In *Cortinaccio,* einem Ortsteil von Prosto di Piuro (ca. 2 km östlich von Chiavenna), steht inmitten von schönen Gärten einer der eindruckvollsten Renaissancewohnsitze der Region, errichtet in der zweiten Hälfte des 16. Jh. von den Geschwistern Guglielmo und Luigi Vertemate de Franchi. Er ist das einzige Gebäude von Piuro, das beim verheerenden Erdrutsch von 1618 nicht zerstört wurde (→ S. 183). Das strenge Äußere kontrastiert mit den opulenten Innenräumen und Sälen, die mit mythologischen Fresken zu den Metamorphosen des Ovid ausgestattet sind und reich verzierte Decken mit Intarsienarbeiten besitzen. Bis heute soll übrigens ein Angehöriger der Gründerfamilie namens Aloiso Vertemate de Franchi hier noch spuken.

Zum Palast gehören ein Obst- und Gemüsegarten, ein Weinberg sowie ein Kastanienwald, außerdem verschiedene Landwirtschaftsgebäude wie Ställe, Weinpresse und Eiskeller.

Ende März bis Anfang Nov. Do–Di 10–12, 14.30–17.30 Uhr, Mi geschl., Aug. tägl. geöffnet. Eintritt ca. 6 € (Studenten und über 60-Jährige 4 €).

Cascata dell'Acquafraggia: Gleich hinter den Häusern von Borgonuovo (ca. 5 km östlich von Chiavenna) stürzt dieser mächtige Wasserfall mit lautem Tosen in zwei Bahnen 170 m in die Tiefe – ein beliebtes Ausflugsziel, von dem sich bereits Leonardo da Vinci beeindruckt zeigte, und wo man heute im Familienverband Picknick macht, die erfrischende Gischt genießt und im Sturzbecken planscht.

100 m entfernt bietet „Crisa's Bar" Sitzgelegenheiten, Getränke und Panini
(☎ 339-4226424).

Der Wildbach, der für das großartige
Naturschauspiel verantwortlich ist, beginnt am Pizzo del Lago in 3050 m Höhe. In wiederholten Abstürzen (acqua
fracta = gebrochenes Wasser) bahnt er
sich seinen Weg nach unten, bildet unterwegs in 2040 m Höhe den *Lago di
Acquafraggia* und stürzt zuletzt als
Wasserfall ins Tal.

Seitlich des Falls ist es möglich, in etwa
einer Stunde recht steil über Stahltreppen
zu mehreren Aussichtspunkten hinaufzusteigen, ganz oben überquert eine Hän-
gebrücke den Wildbach. Im Anschluss
könnte man noch eine anstrengende
dreistündige Bergaufwanderung über das
malerische Bergdorf *Savogno* bis zum ruhigen *Lago di Acquafraggia* machen.

Zitat von Leonardo da Vinci in Granit

Museo degli Scavi di Piuro: In der Sakristei der nahen Kirche *Sant'Abbondio* (aus-
geschildert) ist das Museum der Ausgrabungen von Piuro untergebracht. Es zeigt
Funde aus dem ehemaligen Dorf Piuro (Plurs), das in der frühen Neuzeit durch die
Bearbeitung von Speckstein (Steatit, Lavezstein) beachtlichen Wohlstand erlangt
hatte und am 4. September 1618 durch einen Bergsturz des Monte Conto völlig
zerstört wurde. Ursache war vermutlich der exzessiv betriebenen Abbau von
Speckstein (pietra ollare), damals ein geschätztes Werkmaterial, aus dem man
Skulpturen, Haushaltsgegenstände und Kochgeschirr formte. Fast eintausend Men-
schen starben unter den Steinmassen. Bei mehreren Ausgrabungen wurden ein ge-
pflasterter Straßenabschnitt und die Reste einer Drechslerwerkstatt gefunden, dazu
Reste einer Wasserleitung aus Specksteinrohren sowie zahlreiche Gegenstände aus
Edelmetall, Münzen, Werkzeuge, Küchengeräte u. v. m.

Öffnungszeiten/Eintritt Museo degli
Scavi di Piuro, Anfang Juni bis Mitte Sept.
Sa/So 15–17 Uhr, Eintritt ca. 2 €.

Shopping Simonetta e Monica Del Curto,
die Schwestern Del Curto verkaufen in ihrer
Bäckerei wunderbare *Biscottini di Prosto*, ge-
backen nach einem jahrhundertealten Fami-
lienrezept. Via alla Chiesa 3, Prosto di Piuro.

Roberto Lucchinetti, der letzte der Speck-
steinkünstler des Tals, im 18. Jh. waren es
noch Hunderte. Erwerben kann man hier
z. B. die berühmten Kochtöpfe aus Speckstein und Kupfer. Via alla Chiesa 5, Prosto
di Piuro.

Übernachten Camping Acquafraggia,
bei Borgonuovo, ganz in der Nähe des
Wasserfalls, schattiger Platz im Grünen,

von der Straße aus beschildert. Feb. bis Mitte Nov. Via Sant'Abbondio 1, Piuro, ☎/🖷 03
43-36755, www.campingacquafraggia.com.

Essen & Trinken » Mein Tipp: Lanter-
na Verde, 2 km außerhalb von Villa di Chiavenna führen Andrea und Antonio Tonola
ihr edles, mit viel Holz geschmackvoll eingerichtetes Restaurant im Grünen, nahe
der Fischfarm ihres Vaters. Die kreative Küche bietet z. B. ein interessantes Forellen-
menü, wobei der Fisch auf dem traditionellen *pietra ollare* (Speckstein) gegart wird.
Der Lohn der Mühe ist seit vielen Jahren ein
Michelinstern. Etwas teurer. Dienstagabend
und Mi geschl. (Juli/Aug. nur Mi), außerdem
zehn Tage im Juni. Frazione San Barnaba 7,
Villa di Chiavenna, ☎ 0343-38588. «

Crotto Ghiggi, kurz nach der schweizerisch-italienischen Grenze, noch vor Villa da Chiavenna an der rechten Straßenseite der SS 37. Urige Wirtschaft mit Tischen auf einer Terrasse vor der Tür. Im Inneren des Felsenkellers gibt es zahllose italienische Köstlichkeiten zu kaufen: diverse Käsesorten, Olivenöl, Salami, Schinken, Speck, dazu Weine aus dem ganzen Land und natürlich auch Grappa. Großer Parkplatz auf der anderen Straßenseite. So geschl. Via Nazionale 31, ✆ 0343-38573.

Crotto Quartino, seit 1930. Schöne Sitzplätze unter alten Kastanienbäumen, dazu gute lokale Küche und ein bestens bestückter Verkaufsladen. Mauro und Fabio Salini legen viel Wert auf beste Zutaten, fast alles stammt aus Valchiavenna und Valtellina, das Wasser kommt von einer nahen Quelle, das Bier wird in Gordona gebraut (→ Chiavenna/Shopping). Mi geschl. (außer Juli/Aug.). Via dei Quartini 5, Località Santa Croce di Piuro, ✆ 0343-35305.

Lago di Lugano (Luganer See) italienischer Teil

Von Menaggio am Westufer des Comer Sees ist der verwinkelte Luganer See – in Italien nach seinem lateinischen Ursprung „Ceresio" genannt – nur einen Katzensprung entfernt, gerade mal 13 km sind es bis Porlezza, dem Hauptort in dieser Seeecke.

Busse pendeln häufig von und nach Menaggio, sodass man auch ohne eigenes Verkehrsmittel bequem einen Tagesausflug machen kann. Unterwegs geht es am idyllischen, kleinen Lago di Piano vorbei, an dessen Ufer drei ruhige Zeltplätze liegen.

Der größte Teil des Luganer Sees gehört zur Schweiz. Italienisch sind lediglich ein kleines Stück des Westufers und der östliche Seearm, der wie eine lange Zunge in lombardisches Gebiet hineinragt. Letzterer liegt landschaftlich reizvoll inmitten hoher, bewaldeter Hänge, trotzdem ist das Gebiet insgesamt eine eher ruhige Ecke mit nur einer Handvoll bescheidener Orte.

Das Wasser des Ceresio gehört nicht zu den saubersten der Oberitalienischen Seen. Da er keinen großen Zufluss besitzt, sondern mehrere kleine Flüsschen, vollzieht sich der notwendige Wasseraustausch recht zögerlich. Zudem gibt es nur wenige Kläranlagen am See, sodass immer wieder Badeverbote ausgesprochen werden.

Umfassende Informationen zum Schweizer Ufer – u. a. zum mondänen Lugano, zu Montagnola, wo Hermann Hesse 43 Jahre lang lebte, und zum touristischen Aushängeschild Morcote mit dem berühmten Gartenparadies Parco Scherrer – finden Sie in unserem Titel „Tessin".

Lago di Piano

Der völlig unbebaute See liegt malerisch im üppig grünen Naturschutzgebiet *Riserva Naturale Lago di Piano.* Er ist z. T. mit Seerosen bedeckt und Nistgebiet zahlreicher Wasservögel, besitzt aber bei den Campingplätzen auch mehrere reizvolle Badezonen, außerdem kann man Ruderboote und Mountainbikes leihen. Auf der Landzunge Brioni im Seewesten steht das *Castel San Pietro,* eine befestigte Häusergruppe aus dem Mittelalter.

Badespaß am Lago di Piano

Rundwanderung um den See: Eine schöne und wegen fehlender Steigungen auch einfache Wanderung ist vom nahe gelegenen Dorf *Bene Lario* aus möglich (Busstation La Santa). Man geht dabei durch Wiesen- und Waldgebiete am Fuß des *Monte Galbiga* entlang zum See, umrundet ihn und kehrt wieder zurück zum Ausgangspunkt (Dauer ca. 3 Std., rot-weiß-rote Markierungen um den See). Startpunkt ist die Piazza Garibaldi in Bene Lario. Dort rechts die Via del Torchio nehmen und am alten Waschhaus vorbei zu den Vecchi Mulini (alte Mühlen) laufen. Hier geht man links weiter und erreicht bald das Südufer des Sees. Ein Privatgrundstück wird umgangen und ein Fahrweg führt weiter bis zum Campingplatz „OK La Rivetta". Kurz danach biegt man rechts ab und gelangt zum *Castel San Pietro.* Dahinter geht es weiter, bis zum Fahrradweg, der am Nordufer des Sees nach Bene Lario zurückführt (einstige Bahntrasse von Porlezza nach Menaggio). Unterwegs kommt man an der „Casa della Riserva" vorbei (Ecomuseum sowie Boots- und Radverleih), dann geht es an den Campingplätzen „Ranocchio" und „Costa Azzurra" entlang und weiter in Richtung Bene Lario.

Sport Casa della Riserva, am Nordufer, Verleih von Ruderbooten und Mountainbikes. ☎ 0344-74961.

Übernachten ** Camping Ranocchio, beliebter Platz mit schönem Pool und schattiger Badezone am Ufer. Sanitäranlagen sauber. Anfahrt beschildert ab Piano di Porlezza. Via Al Lago 7, ☎/📠 0344-70385, www.ranocchio.eu.

* Camping Costa Azzurra, ruhiger Wiesenplatz gleich in der Nachbarschaft des Camping Ranocchio. Via Lago 2, ☎/📠 0344-70024.

** Camping OK La Rivetta, in der südwestlichen Ecke des Sees, Zufahrt an der Straße nach Porlezza kurz nach Carlazzo beschildert. Schöner Platz mit Strandwiese, Pool und Kinderbecken. Via Calbiga 30, ☎ 0344-70393, 📠 0344-70715, www.campingoklarivetta.com.

Porlezza

(ca. 4100 Einwohner)

Hauptort des Sees auf italienischem Gebiet, schon von den Römern gegründet. Das Kleinstädtchen mit seiner luftigen Promenade und nettem Altstadtkern bietet einen schönen Seeblick, sonst aber nichts Spektakuläres. Die Kirche *San Vittore* ist üppig mit Fresken und Stuck verziert. In der Fußgängerzone findet man gut bestückte Delikatessenläden. Drei beliebte Campingplätze liegen am Seeufer südlich vom Ort im Grünen.

Anfahrt/Verbindungen SPT-Bus C12 fährt von und nach Menaggio (Comer See) und Lugano (Schweiz).

Shopping großer **Samstagsmarkt** an der Uferstraße.

Übernachten **Europa**, großes, gepflegtes Haus an der Uferstraße, Restaurant mit Terrasse, Zimmer mit Sat-TV, eigener Anleger, Garage und Parkplatz. DZ mit Frühstück ca. 99–139 €. Lungo Lago Matteotti 19, ✆ 0344-61142, ✉ 0344-72256, www.hoteleuropaitaly.com.

*** Camping Darna, seit 50 Jahren in Familienbesitz, schön gestalteter Pool, große Pizzeria, im Sommer Animation. Via Osteno 50. ✆/✉ 0344-61597, www.campingdarna.com.

** International Sport Camping, weitläufiger Platz mit Ristorante/Pizzeria. Dazu gehört das große Schwimmbad Acquapark mit Hydro-Massage und Rutschbahn, außerdem ein Tennisplatz. Via Osteno 40, ✆ 0344-61535, ✉ 0344-61852, www.intersportcamp.it.

** Camping La Sbianca, wird besonders wegen seiner freundlichen Platzleitung gelobt. Via Osteno 42, ✆/✉ 0344-62271.

Ausflug nach Cavargna: Einen Kontrast zum mondänen Leben am Comer See bietet ein Ausflug in die einsame Welt des *Val Cavargna*. Von Porlezza führt eine Serpentinenstraße nach Norden in das graue Bergdorf *Cavargna* in 1100 m Höhe, unterhalb des *Pizzo di Gino* (2245 m), dicht an der Grenze zum Tessin. Kaum noch 250 Einwohner leben heute in dem höchstgelegenen Dorf der Provinz Como, in den 50er Jahren war es noch fast 1000.

Trattoria Franca, einige Zimmer und warme Küche (vorher anrufen) gibt es bei Donna Franca. Via Caduti sul Lavoro 42, ✆ 0344-63133.

Am Lungolago von Porlezza

Nordufer

Die Straße durchquert einen längeren Tunnel, bevor sie *Cima di Porlezza* erreicht. Etwas außerhalb vom Ort steht die barocke Wallfahrtskirche *Santuario della Madonna della Caravina*, die Kardinal Carlo Borromeo im 16. Jh. erbauen ließ.

Es geht in kurviger Fahrt auf teilweise sehr enger und im Sommer viel befahrener Straße weiter in Richtung Schweizer Grenze. Von den Orten sind das sich den Hang hinaufstaffelnde *San Mamete* und *Oria* kurz vor der Grenze am reizvollsten. In letzterem war der Dichter Antonio Fogazzaro (1842–1911) zu Hause, dessen Roman „Piccolo Mondo Antico" in Italien recht bekannt ist. Im Hinterland kann man einen Ausflug ins malerische *Valsolda* mit seinen kleinen Bergdörfern machen.

Übernachten   **** Parco San Marco, oberhalb der Norduferstraße, kurz nach dem Tunnel. Großzügige Anlage mit weitläufigem Garten und dreistöckigen Wohneinheiten in Südhanglage, durch eine Unterführung kommt man zum Kiesstrand am Seeufer. Aufmerksame Schweizer Leitung, gepflegte und nette Atmosphäre. Zahlreiche Einrichtungen: mehrere Restaurants, Swimmingpool, Tennis, Wellnesscenter mit Indoorpool, Whirlpool, Dampfbad, Sauna, Bootsanlegeplatz und Slipanlage. Man wohnt in komfortablen Zweiraumsuiten und Apts. Wird hauptsächlich über Reiseveranstalter gebucht. ✆ 0041-91-9234086, ✉ 0041-91-9242141, www.parco-san-marco.com.

Essen & Trinken   Il Crotto del Lago, in der Località Caravina am Ortsende von Cima, schöne schattige Seeterrasse, Fisch aus dem See. Via Fontanella 3, ✆ 0344-69132.

Südufer

An der Straße nach Osteno passiert man einen kleinen Wasserfall, wo die für den Publikumsverkehr erschlossene *Grotte di Rescia* gegenüber vom gleichnamigen Campingplatz besichtigt werden kann. *Osteno* selbst ist ein winziges, hübsch am See gelegenes Dorf, in dem die Ruhe zu Hause ist. Camping „Lido Osteno" liegt gleich in der Nachbarschaft. Die Pfarrkirche oberhalb vom Ort besitzt eine eindrucksvolle Marmorskulptur „Madonna mit Kind" (1464)des einheimischen Künstlers Andrea Bregno (1464).

Interessant könnte im Anschluss eine Fahrt auf schmaler Straße hinauf ins hochgelegene *Val d'Intelvi* sein, vom 15. bis 17. Jh. ein Sammelbecken für Baumeister und Architekten, die einige der größten Kirchen in Oberitalien bauten und auch in der Heimat wertvolle barocke Sakralbauten hinterließen (→ S. 140). Tipp: Man kann diesen Ausflug als Rundtour anlegen und nach Argegno am Comer See wieder hinunterfahren.

Öffnungszeiten Grotte di Rescia, Ostern bis Ende Sept. 14–18 Uhr. Info beim Campingplatz, ✆ 0344-75520.

Übernachten Beide Zeltplätze liegen am See, * Camping Grotte di Rescia (✆ 0344-75520, ✉ 0344-72766) und ** Camping Lido Osteno (✆ 0344-65224).

Ausflüge vom See

Ruhiges Plätzchen am Lago di Annone

Seen in der Brianza

In der Brianza, dem dicht besiedelten und stark industrialisierten Tiefland zwischen Como und Lecco, liegen mehrere kleine, optisch recht reizvolle Seen, deren Ufer allerdings weitgehend verschilft sind und nur vereinzelt Bademöglichkeiten bieten, z. T. ist das Baden sogar verboten. Vor allem die Möbelproduktion ist in der Brianza ein blühender Wirtschaftszweig (→ Umgebung von Como, S. 153). Auf der Straße zwischen Lecco und Erba herrscht meist heftiger Verkehr.

Lago di Annone

Er ist der größte der Brianzaseen, bietet jedoch kaum Badegelegenheiten. Am Westufer liegt *Annone di Brianza* mit einem empfehlenswerten Restaurant (→ Übernachten/Essen & Trinken), am Ostufer gibt es den „Stendhal Sportclub", ein großes Strandbad mit Liegewiese, zwei Außenpools, Rutsche, Beach-Volleyball-Anlage und Hallenbad, jedoch ohne Zugang zum See (Baden verboten), daneben liegt das Hotel/Restaurant „Ca' Bianca" (→ Übernachten/Essen & Trinken).

Von *Civate* am Nordufer kann man eine schöne Wanderung zur Bergkirche San Pietro al Monte unternehmen (→ Kasten).

Sport Stendhal Sportclub, Via Dante Alighieri, Oggiono. ℡ 0341-579189, www.stendhalsportclub.it.

Übernachten/Essen & Trinken ** Camping Due Laghi, am Nordufer zwischen beiden Teilen des Sees auf einer Halbinsel gelegen. Via al Lago 34, Isella di Civate, ℡/℻ 0341-550101.

*** Ca' Bianca, Hotel/Restaurant neben dem Stendhal Sportclub, seit 1952. Via Dante Alighieri 18, Oggiono. ℡ 0341-260601, www.ristorantecabianca.it.

Borgo Antico, freundlich geführtes Ristorante in einer Villa des 17. Jh. mit großem, grünem Garten. Dienstagabend und Mi geschl. Via San Cristoforo 10, ℡ 0341-576393, www.ristorantemadonnina.it.

Romanik in der Brianza

Oberhalb von Civate am Nordende des Lago di Annone erhebt sich der Monte Pedale. Auf halber Höhe liegt das ehemalige Benediktinerkloster *San Pietro al Monte* mit dem dazugehörigen *Oratorio San Benedetto* oberhalb eines dichten Waldes. Das romanische Ensemble ist nach knapp einstündigem Aufstieg über einen steilen Bergpfad zu erreichen Ausgangspunkt ist ein ausgeschilderter Parkplatz am Ende der Via Belvedere oberhalb von Civate. Die beim Aufstieg verbrauchten Kalorien lassen sich spielend mit den üppigen Brotzeitplatten der Crotti am Wegeinstieg wiederansetzen (nur im Sommer geöffnet).

Wahrscheinlich über einer frühchristlichen Kultstätte errichtet, liegt der Ursprung des Klosters im späten 8. Jh. Arnolfo dei Capitani, ein Mailänder Bischof, der mit dem Papst zerstritten war, zog sich später in das kleine Kloster zurück und veranlasste einen Umbau sowie die heutigen Malereien, die zu den Höhepunkten romanischer Freskenkunst zählen.

Der romanische Stil des Zentralbaus ist unübersehbar. Der heute völlig nackte Innenraum war früher reich verziert, davon zeugen jedoch nur noch die Fresken am gemauerten Altar. Vorgelagert ist die kleine Totenkapelle, die dem Ordensgründer geweiht ist.

Künstlerisch bedeutender ist der unmittelbar oberhalb anschließende Komplex der eigentlichen Klosterkirche San Pietro. Eine breite Granittreppe führt zur Ostapsis, die bei der Neuausstattung durch Arnolfo zum Eingang umgestaltet wurde. In der Verlängerung der interessanten Ostanlage, die prächtige Wandmalereien zeigt, schließen sich ein einfaches Landhaus mit einem Baldachin über dem Altar und eine weitere Apsis an. Besonderes Augenmerk gebührt den Stuckreliefs am Baldachin und v. a. den Fresken, die in mittelalterlicher Drastik den Sterblichen die Schrecken der Apokalypse und natürlich auch die Erlösung daraus lebhaft vor Augen führen.

Nur sonntags 9–15 Uhr oder nach Vereinbarung mit Signor Canali unter ✆ 0341-551576.

In luftiger Höhe: San Pietro al Monte

Anglerglück am Lago di Pusiano

Lago di Pusiano

Derjenige der Brianzaseen, an dem sich am meisten unternehmen lässt. Am Nordufer kann man im Ristorante „Negri" in *Pusiano* idyllisch direkt am Ufer essen, gleich gegenüber steht der *Palazzo Beauharnais* aus dem 18. Jh. mit Park und kürzlich restauriertem Gästehaus (Foresteria), in dem ein Studienzentrum eingerichtet wurde. Weiter westlich liegt die hübsche *Isola dei Cipressi* unmittelbar vor der Küste. Vom nahe gelegenen *Monte Cornizzolo* starten Gleitschirmflieger und segeln über den See.

Am Ostufer erreicht man *Bosisio Parini*, im 18. und 19. Jh. eine beliebte Sommerfrische vieler Adelsfamilien, die sich animiert von den Lobeshymnen des lokalen Dichters Giuseppe Parini (1729–99) hier niederließen. Verstreut stehen noch einige Villen aus dieser Zeit. Sein Geburtshaus wurde als Museum eingerichtet. Sonntags macht von hier aus die urige, kleine Fähre „Vago Eupili" Rundfahrten – 1820 fuhr auf dem Lago di Pusiano das erste Dampfboot Italiens. Die Anlegestelle liegt südlich vom Ortszentrum im *Parco Pubblico*, wo man sich in den Wiesen am Seeufer behaglich sonnen kann. Ein gepflasterter Uferweg führt hinüber in den Nachbarort *Borgo di Garbagnate*.

Öffnungszeiten Casa-Museo „Giuseppe Parini", Vicolo Casa Parini, Auskunft über Öffnungszeiten im Informationsbüro.

Information Pro Loco Bosisio Parini, Piazza Parini 1, ℡ 338-6798823, www.prolocobosisio.it.

Schiffsrundfahrten von Mitte April bis Anfang Okt. jeweils Sa/So mehrere Fahrten ab Bosisio Parini, Dauer ca. 1 Std., Preis ca. 5 €. Auskunft unter ℡ 338-1394577, Fahrplan unter www.prolocobosisio.it.

Übernachten *** Parini, modernes Haus in Bosisio Parini. DZ mit Frühstück ca. 75 €, auch einige günstige Zimmer für 50 €. ℡ 031-865008, 🖷 031-866400, www.parinihotel.com.

Essen & Trinken   Hostaria Ellera, westlich von Pusiano. Terrassenlokal mit Liegewiese direkt am See. Mittwochmittag geschl. Via Zoli 27, ☎ 320-6798152, www.ellerahostaria.com.

≫ **Mein Tipp:** Negri, in Pusiano unmittelbar an der Durchgangsstraße, ruhige und schattige Terrasse direkt am See, von der Durchgangsstraße aus nicht zu erahnen. Mit Parkplatz und einigen Gästezimmern,

allerdings wegen der Straße recht laut. Via Giuseppe Mazzini 26, ☎ 031-655706. ≪

Lago Paradiso, in der Bucht von Moiana am Südufer (ausgeschildert ab Durchgangsstraße). Schöne Lage direkt am See, schattige Terrasse und idyllisch ruhig. Dazu gehört eine kleine Liegewiese, es gibt Spielgeräte für Kinder, und auch Tretboote werden verliehen. Mo geschl. Via Colombo 10, ☎ 031-650485.

Lago di Alserio

Der kleinste der drei südöstlich von Erba gelegenen Seen ist ebenfalls zum Baden nicht geeignet, jedoch gibt es an der Südwestecke eine schöne Liegewiese, wo sich Picknickfreunde, Ruhesuchende und Angler treffen. Interessant ist dort außerdem die Rekonstruktion einer Wassermühle.

Lago del Segrino

Der einzige Badesee der Brianza ist ein malerisches, kleines Gewässer im Grünen nordöstlich von Erba, die Straße nach Bellagio führt direkt daran vorbei. Auch hier sind die Ufer verschilft, am Südufer kann man aber ein beliebtes Strandbad mit angeschlossener Trattoria besuchen. Weitere Bademöglichkeiten gibt es an verschiedenen Stellen am Ostufer. Die Straße am Ostufer ist als *Parco Lago Segrino* für den Verkehr gesperrt und wird zum Joggen genutzt, auch am Westufer führt unterhalb der Durchgangsstraße ein Fußweg entlang.

Nachwuchsangler am Lago di Alserio

Ausflüge vom See

Blick vom hochgelegenen Caffè della Funicolare über die Unterstadt

Bergamo

(ca. 125.000 Einwohner)

Die attraktive historische Stadt liegt in den hügligen Ausläufern der Südalpen, etwa 33 km östlich vom südöstlichen Arm des Comer Sees. Ab Como und Lecco fahren mehrmals täglich Busse, von Lecco gibt es auch eine direkte Bahnverbindung.

Bergamo besteht aus zwei völlig getrennten Bereichen: In der Ebene liegt die geschäftige Neustadt (Città Bassa = Unterstadt), auf einem hohen Plateau darüber thront die perfekt erhaltene Altstadt (Città Alta = Oberstadt) mit einigen hochkarätigen Sakralbauten. Besonders reizvoll: Man kann mit einer Standseilbahn hinauffahren. Das alte Zentrum ist für den Autoverkehr weitgehend gesperrt und erholsam ruhig geblieben. Mailand liegt jedoch nur einen Katzensprung entfernt und an Wochenenden wimmelt es von Städtern, die aus der stickigen Poebene anreisen, um hier die frische Bergluft zu genießen. Viele Betuchte und Prominente, z. B. der Gourmetpapst Veronelli und der Modeschöpfer Krizia, haben sich hier im schönen Alpenvorland auch dauerhaft niedergelassen. Auf die mittlerweile recht zahlreichen Touristen hat man sich eingerichtet, die alten Pflastergassen sind mit stilvollen Restaurants, Cafés, Enoteche und Boutiquen gesäumt.

Der früher recht überschaubare Provinzflughafen **Orio al Serio** liegt wenige Kilometer südöstlich der Stadt und hat sich in den letzten Jahren zu einem Zielflughafen für Billigfluglinien entwickelt. Bergamo ist seitdem zu einer wichtigen Drehscheibe im Reiseverkehr an die oberitalienischen Seen geworden. Nach kurzem Transfer zum Bahnhof im Stadtzentrum stehen verhältnismäßig gute Möglichkeiten zur Weiterreise per Bus oder Bahn zum Comer See zur Verfügung.

Basis-Infos

Information IAT, Città Bassa, Piazzale Marconi (Bahnhof). Mo–Fr 9–12.30, 14–17.30 Uhr. ℡ 035-210204, ℡ 035-230184, www.turismo.provincia.bergamo.it, www.turismo.bergamo.it.

IAT, Città Alta, in der hohen Torre di Gombito, Via Gombito 13, Hauptgasse der Altstadt, kurz vor der Piazza Vecchia. Dieselben Öffnungszeiten wie in der Unterstadt, aber auch am Wochenende offen. ℡ 035-242226, ℡ 035-242994.

Flug Bergamos Flughafen **Orio al Serio** (℡ 035-326323, www.sacbo.it), in Flugplänen häufig geführt als Milano/Orio al Serio (BGY), wird aus Deutschland v. a. von **Ryanair** angeflogen.

Vom Flughafen fährt zwei- bis dreimal stündl. ein Shuttlebus der Gesellschaft ATB (www.atb.bergamo.it) zum **Hauptbahnhof** in der Stadt, Fahrtzeit ca. 15 Min. Fahrschein ca. 2 €, 90 Min. gültig, auch für weitere Fahrten im Stadtbereich, inkl. Standseilbahn.
Weitere Infos zum Flughafen siehe unter Anreise, S. 36.

> **Oriocenter:** Das größte Shoppingcenter Norditaliens liegt an der A 4 beim Flughafen (auf der anderen Seite der Autobahn), von dort zu erreichen über einen unterirdischen Fußweg. 200 Läden, Restaurants, Bars, Supermarkt etc. Vom Café und den Restaurants im oberen Stock Blick auf den Flughafen und Bergamo. Mo–Fr 9–22 Uhr, Sa 8.30–21 Uhr, So 9–20 Uhr, www.oriocenter.it.

PKW Auf halbem Weg in die Oberstadt liegt am Viale Vittorio Emanuele II die Talstation der **Standseilbahn**, dort gibt es allerdings kaum Stellplätze. Man kann auch den langen, gebogenen Viale Vittorio Emanuele II direkt in die Città Alta hinauffahren und oben gebührenpflichtig parken.

Bahn Gute direkte Zugverbindungen gibt es von **Lecco** nach Bergamo. Von **Como San Giovanni** (Como Hbf.) fahren ebenfalls Züge, allerdings muss man in Mailand, Monza oder Seregno umsteigen.
Vom Bahnhof führt der Viale Giovanni XXIII geradeaus ins Zentrum der Neustadt. Wer direkt in die Altstadt will, nimmt Bus 1, der unterwegs an der Talstation der Standseilbahn stoppt (→ Sehenswertes).

Bus Von Como fährt Bus C46 (SPT) siebenmal tägl. (So viermal) nach **Bergamo**, Fahrtdauer ca. 2 Std.

Unterwegs in Bergamo Für die öffentlichen Verkehrsmittel (www.atb.bergamo.it) kann man einen Tagespass (ca. 3,50 €, mit Flughafenanbindung 4.50 €) oder einen Dreitagespass (ca. 7 €) erwerben, die Standseilbahn in die Città Alta ist dabei inbegriffen. Diese Pässe gibt es z. B. bei der Busstation am Bahnhof (Mo–Fri 6–19.30, Sa/So 7–19.30 Uhr) und beim ATB Point am Largo Porta Nuova (tägl. 7.20–19.15 Uhr). Einzeltickets können am Automaten gezogen werden (eine Zone 1,20 €, zwei Zonen 1,60 €). Weitere Hiweise siehe unter Sehenswertes. Ciclostazione 42, Fahrradverleih beim Bahnhof, Piazzale Marconi. Mo–Fr 7.30–11.30, 16–19.30, Sa/So 9.30–13, 15–19.30 Uhr. ℡ 389-5137313, pedalopolis@gmail.it.

🍃 **Shopping** Angelo Mangini **9**, Feinkostgeschäft seit 1921 mit lokalen Spezialitäten, v. a. beste Salami nach Bergamasker Art. Nicht billig, aber sehr lecker. Via Gombito 8, ℡ 035-248774. ∎

Übernachten (→ Karte S. 194/195)

Das Preisniveau ist hoch, bis auf die Jugendherberge gibt es keine billigen Schlafplätze.

*** **Arli 14**, gut ausgestattetes Stadthotel in zentraler, allerdings entsprechend lauter Lage. In den modernen Zimmern TV und Minibar, Spa und Ristorante, Garagenplatz gegen Gebühr. DZ mit Frühstück ca. 110–180 €. Largo Porta Nuova 12, ℡ 035-222077, ℡ 035-239732, www.arli.net.

*** **Il Gourmet 1**, sieben komfortable Zimmer in einer alten Villa mit Restaurant. Reizvolle Lage hoch über der Altstadt (beschildert), mit dem Auto zu erreichen über eine steile Anfahrt (Parkplatz) bzw. mit dem Funicolare. Wegen der Straße, die weiter zum Restaurant San Vigilio führt, leider abends

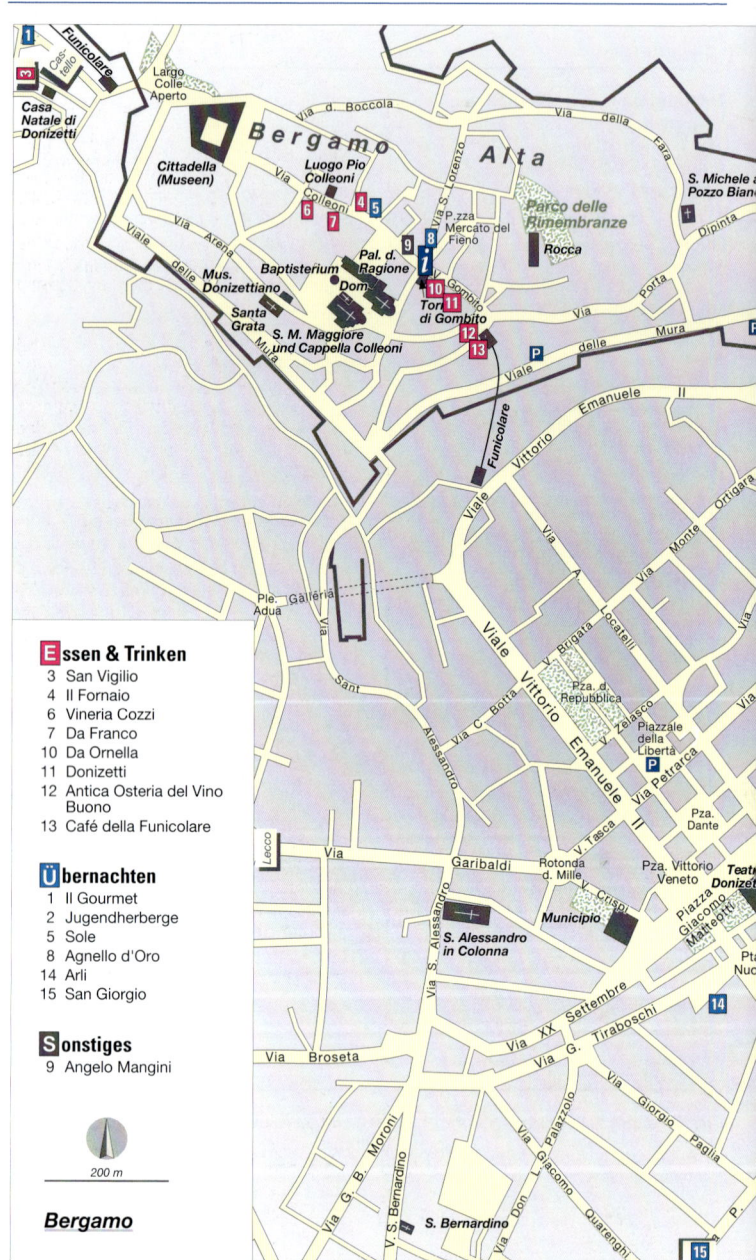

Bergamo Alta

Largo Colle Aperto

Casa Natale di Donizetti

Cittadella (Museen)

Luogo Pio Colleoni

Via d. Boccola

Via della Fara

S. Michele al Pozzo Bianco

Parco delle Rimembranze

Rocca

Mus. Donizettiano

Baptisterium

Pal. d. Ragione

Dom

Santa Grata

S. M. Maggiore und Cappella Colleoni

Torre di Gombito

P.zza Mercato del Fieno

Essen & Trinken
3 San Vigilio
4 Il Fornaio
6 Vineria Cozzi
7 Da Franco
10 Da Ornella
11 Donizetti
12 Antica Osteria del Vino Buono
13 Café della Funicolare

Übernachten
1 Il Gourmet
2 Jugendherberge
5 Sole
8 Agnello d'Oro
14 Arli
15 San Giorgio

Sonstiges
9 Angelo Mangini

200 m

Bergamo

Ple. Galleria Adua

Viale Vittorio Emanuele II

Via Brigata Locatelli

Via Monte Ortigara

Pza. d. Repubblica

Piazzale della Libertà

Via C. Botta

Via Alessandro

Via Zelasco

Via Petrarca

Pza. Dante

Lecco

Via

Garibaldi

Rotonda d. Mille

V. Crispi

V. Tasca

Pza. Vittorio Veneto

Teatro Donizetti

Municipio

S. Alessandro in Colonna

Piazza Giacomo Matteotti

Pta. Nuc

Via S. Alessandro

Via XX Settembre

Via G. Tiraboschi

Via Broseta

Via G. B. Moroni

Via S. Bernardino

Via Don

Via Giacomo Quarenghi

Via Giorgio

Pagila

S. Bernardino

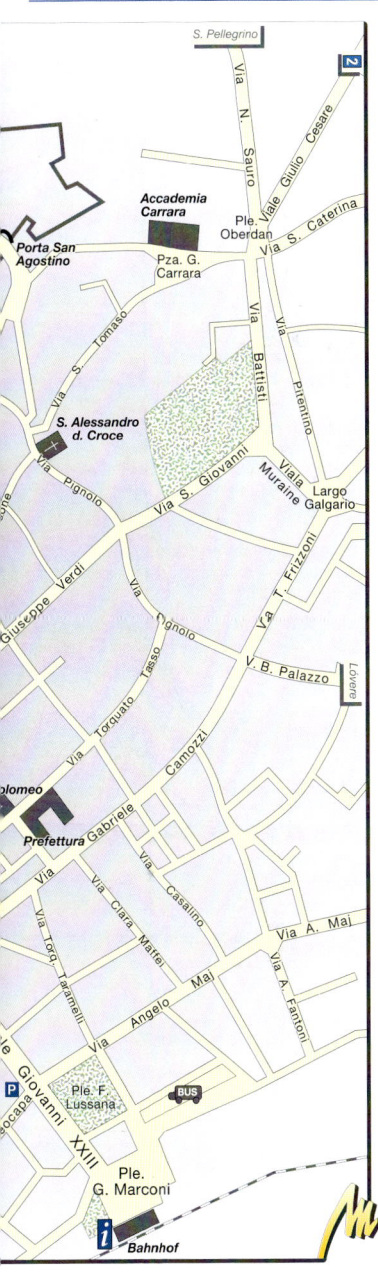

nicht ganz leise. DZ ca. 100–130 €, Frühstück 10 € pro Pers. (obligatorisch). Via San Vigilio 1, ✆/🖷 035-4373004, www.gourmet-bg.it.

** Agnello d'Oro 🞰, an der Hauptgasse der Oberstadt, nicht zu übersehen. Schmales, historisches Haus aus dem 17. Jh., ordentliche Zimmer, unten etwas plüschig eingerichtet, Ristorante mit vielen Kupferkesseln und Keramik. Das Personal ist freundlich, es wird auch englisch gesprochen. DZ um die 92 €, Frühstück extra. Via Gombito 22, ✆ 035-249883, 🖷 035-235612, www.agnellodoro.it.

** Sole 🞰, ebenfalls Città Alta, originelles Haus, ausstaffiert wie ein Museum, unten Ristorante mit Außenterrasse, verwinkeltes Innenleben mit ordentlichen Zimmern. DZ ca. 85 €, Frühstück extra. Via Colleoni 1/Ecke Piazza Vecchia, ✆ 035-218238, 🖷 035-240011, www.ilsolebergamo.com.

** San Giorgio 🞰, vollständig renoviertes Haus in der Unterstadt, Zimmer mit TV und WLAN gratis. Oben schöner Frühstücksraum mit Panoramablick. Privater Parkplatz kostenlos. DZ mit Bad ca. 75–80 €, mit Etagendusche 65 € (jeweils mit Frühstück). Via San Giorgio 10, ✆ 035-212043, 🖷 035-310072, www.sangiorgioalbergo.it.

Jugendherberge Nuovo Ostello di Bergamo (IYHF), etwas außerhalb, sehr schöne Lage mit Blick auf die Altstadt. 84 Betten, alle Zimmer mit Bad, Garten. Ab Flughafen Bus 1 C bis Porta Nuova, weiter mit Bus 6 in Richtung Stadion, aussteigen an der vorletzten Haltestelle. Verbindung von und zur historischen Oberstadt mit Bus 3. Übernachtung im Schlafsaal etwa 18 € pro Pers., es gibt auch Familienzimmer für ca. 21 € pro Pers. und DZ für 25 € pro Pers. (Preis jeweils mit Frühstück). Via Galileo Ferraris 1, ✆/🖷 035-361724, www.ostellodibergamo.it.

Außerhalb ≫ Mein Tipp: **** Settecento, in Presezzo, westlich von Bergamo, wurde ein ehemaliges Kloster vor einigen Jahren zu einem ausgezeichneten Hotel umgebaut. Moderne Zimmer, exquisites Restaurant, Tennisplatz, Outdoorpool und Hallenbad. Sehr freundliches Personal. DZ mit Frühstück ca. 80–130 €. Via Milano 3, ✆ 035-466089, 🖷 035-4375147, www.hotel-bergamo-settecento.com. ≪

Ausflüge vom See

Essen & Trinken (→ Karte S. 194/195)

Die Restaurants in der Oberstadt reihen sich an der langen Hauptgasse, sind durchweg einladend und hübsch eingerichtet, viele haben nach hinten einen Garten. Eine Bergamasker Spezialität sind die leckeren *Casoncelli (Casonsei) alla Bergamasca*, eine Art gefüllter Ravioli, und Funghi Porcini (Risotto mit Steinpilzen*)*. Die berühmte Leckerei *Polenta e Öseii*, eine Kalorienbombe aus gelbem Teig, gekrönt von Schokoladenvögeln, ziert die Auslagen zahlreicher Konditoreien und erinnert an das frühere Arme-Leute-Essen Polenta mit Vogel – die Vogelfängerei ist leider noch immer weit verbreitet.

Antica Osteria del Vino Buono 12, gleich am Platz bei der Funicolare-Station. In mehreren kleinen Speiseräumen wird gute lokale Küche serviert, z. B. die leckeren *Casonsei alla Bergamasca* und diverse Polentagerichte. Günstiges Mittagsmenü. Mo geschl. Piazza Mercato della Scarpa, ✆ 035-247993.

》》 Mein Tipp: Donizetti **11**, Enoteca mit schönen Plätzen in einer Loggia, riesige Weinauswahl, dazu stimmungsvolle Degustation von Käse, Wurst und Schinken, großes Angebot, auch warme Küche. Via Gombito 17/a, ✆ 035-242661. 《《

Da Ornella 10, gute lokale Küche mit viel Polenta, z. B. die leckere *Polenta Taragna*, eine Mischung aus Polenta und geschmolzenem Käse. Via Gombito 15, ✆ 035-232736.

Da Franco 7, nettes Ristorante auf einer kleinen Piazza an der Hauptgasse, viele Spezialitäten der Region werden serviert,

sehr lecker die hausgemachten *Casoncelli alla Bergamasca*. Mo geschl. Via Colleoni 8, ✆ 035-238565.

》》 Mein Tipp: San Vigilio **3**, ein echter Klassiker. Großes Terrassenlokal hoch über der Altstadt, hauptsächlich Einheimische kommen hierher. Toller Blick das Tal entlang und auf das Kloster von Astino, auch ordentliche Pizzen. Via San Vigilio 34, ✆ 035-253188. 《《

Il Fornaio 4, zentrale Lage in der Altstadt, Pizza vom Blech in zahlreichen Variationen. Via Gombito 1/c.

Cafés & Bars Vineria Cozzi **6**, Schmuckstück in der Oberstadt mit prächtiger altertümlicher Einrichtung, man trinkt sein Gläschen an der Theke, oft geht es hoch her. Mi geschl. Via Colleoni 22.

Caffè della Funicolare 13, in der Seilbahnstation (Oberstadt), wunderbarer Blick über Bergamo. Di geschl.

Sehenswertes

Um in die Altstadt zu kommen, gibt es mehrere Möglichkeiten: mit dem Wagen oder Bus 1 direkt hinauf, mit dem Funicolare ab der Station am Viale Vittorio Emanuele II (alle 10 Min., ca. 1,20 € einfach) oder aber den romantischen Treppenweg entlang, der unmittelbar hinter der Talstation beginnt (ca. 15 Min.).

Città Alta

Hügliges Auf und Ab, alles mit dunkelrotem Stein gepflastert, die venezianische Stadtmauer aus dem 16. Jh. ist noch vollständig erhalten. Der Funicolare endet am früheren Marktplatz *Mercato delle Scarpe*. Vom Café in der Station nicht den Superblick auf die Unterstadt versäumen. Beim Bummel die lange Hauptgasse entlang fallen die vielen gepflegten, oft altertümlich eingerichteten Läden, Cafés und Pasticcerie auf.

Piazza Vecchia: das harmonische Zentrum der Altstadt, in der Mitte ein Löwenbrunnen mit sphinxartigen Wesen. Dominierend ist der quergestellte gotische *Palazzo della Ragione,* das frühere Rathaus, mit einer breiten Säulenhalle im Erdgeschoss, die man durchquert, um auf den Domplatz zu gelangen. Schräg durch

Auf der Piazza Vecchia

die Halle zieht sich eine Art *Sonnenuhr* mit Tierkreiszeichen und ellipsenförmigen Bögen. Die Zeit konnte man mithilfe eines Apparats ablesen, der unter den Arkaden aufgehängt war. Seitlich steht der exakt 52,76 m hohe Stadtturm *Torre Civica,* dank seiner schweren Glocke „Campanone" genannt, der per Lift besichtigt werden kann.

Im Palazzo della Ragione ist derzeit ein Teil der Werke der berühmten *Accademia Carrara* zu besichtigen, die seit einigen Jahren restauriert wird. Die große Gemäldesammlung besitzt venezianische, florentinische und lombardische Meister, darunter Giovanni Bellini, Botticelli, Raffael, Carpaccio, Lotto, Pisanello, Tizian, Tintoretto und Tiepolo.

Palazzo della Ragione, Juni–Sept. Di–Fr 10–21, Sa/So 10–23 Uhr, Okt.–Mai Di–Fr 9.30–17.30, Sa/So 10–18 Uhr, Mo geschl. Eintritt ca. 5 € (über 60 J. und Studenten bis 25 J. 3 €).

Torre Civica, März–Okt. Di–Fr 9.30–19, Sa/So 9.30–21.30 Uhr; übrige Zeit Di–Fr 9.30–13, 14–17.30 Uhr, Sa/So 9.30–17.30 Uhr, Mo geschl. Eintritt ca. 3 €.

Piazzetta del Duomo: prächtiger, kleiner Platz mit zwei Kirchen, dem Baptisterium und der Grabkapelle der Colleoni. Linker Hand der klassizistische *Dom*, im Inneren großzügig und hell, reichlich Goldverzierungen, zahlreiche Gemälde, in der Apsis ein Werk von Tiepolo. Die romanische Kirche *Santa Maria Maggiore* geradeaus ist ungleich monumentaler. Die Fassade fehlt, man betritt den imposanten Innenraum von der Seite durch einen reich geschmückten Torbau. Teppiche schmücken die Wände, die Gewölbe sind über und über mit Stuckengeln, Gold und Gemälden verziert, an der Decke der Apsis ein riesiges Fresko, „Krönung der Jungfrau", links und rechts vom Altarraum zwei vergoldete Fürstenlogen. Besonders beachtenswert sind die geschnitzten Chorschranken, deren herrliche Intarsien eine Bilderfolge mit Themen aus der Bibel zeigen (u. a. „Sintflut" und „Arche Noah"), geschaffen vom

Ausflüge vom See

gebürtigen Venezianer Lorenzo Lotto (ca. 1480–1557). Außerdem die ältesten Wandmalereien der Kirche aus dem 14. Jh.: „Szenen aus dem Leben des heiligen Eligio" und „Das Letzte Abendmahl" gleich beim Eingang sowie genau gegenüber „Der Stammbaum der heiligen Bonaventura". Im hinteren Bereich der Kirche (vom

Eingang aus rechts) wurde für den beliebten Bergamasker Opernkomponisten *Gaetano Donizetti* (1797–1848) ein Grabmal errichtet.

Angebaut an die Kirche ist die Renaissancefassade der *Cappella Colleoni*, eine fantastische Filigranarbeit aus weißem und rosa Marmor mit zahllosen Details und Dekorationsformen, ähnlich der berühmten Certosa di Pavia bei Mailand, die vom selben Künstler – Giovanni Antonio Amadeo – bearbeitet wurde (→ S.219). In Auftrag gegeben hat die Grabkapelle im 15. Jh. *Bartolomeo Colleoni*, ein einheimischer Söldnerführer, der in Diensten Venedigs stand. Er und seine Tochter Medea (gestorben mit 15 Jahren) ruhen im Innenraum. Blickfang ist die vergoldete Reiterstatue des Recken, in der Kuppel Fresken von Giambattista Tiepolo.

Das *Baptisterium* rechter Hand stammt aus dem 14. Jh., besteht aber nur noch in Teilen aus dem originalen Mauerwerk. Ursprünglich stand es innerhalb der Kirche Santa Maria Maggiore, als aber die Taufen in den Dom verlegt wurden, baute man die funktionslos gewordene Taufkapelle 1660 ab und erst 200 Jahre später draußen wieder auf. Das Innere kann nicht besichtigt werden.

Filigranes Meisterwerk: die Cappella Colleoni in der Oberstadt

Ein paar Ecken weiter, in der Via Arena 9, steht der Palazzo della Misericordia, das frühere Wohnhaus von Gaetano Donizetti, das heute als *Museo Donizettiano* eingerichtet ist. Das Geburtshaus des Komponisten, der aus ärmlichen Verhältnissen stammte und zum geachteten Bürger aufstieg, ist die kürzlich restaurierte *Casa Natale di Gaetano Donizetti* in der Via Borgo Canale 14, oberhalb der Città Alta.

Dom, tägl. 7.30–12, 15–18.30 Uhr.

Santa Maria Maggiore, April–Okt. tägl. 9–12.30, 14.30–18 Uhr, übrige Zeit Mo–Fr 9–12.30, 14.30–17 Uhr, Sa 9–12.30, 14.30–18 Uhr, So 9–13, 15–18 Uhr. Messe wochentags 10 Uhr, So 11 Uhr (dann keine Besichtigung).

Cappella Colleoni, März–Okt. Di–So 9–12.30, 14–18.30 Uhr, übrige Monate nur bis 16.30 Uhr, Mo geschl.

Museo Donizettiano, Juni–Sept. Di–So 9.30–13, 14–17.30 Uhr, übrige Zeit Mo–Fr 9.30–13 Uhr, Sa/So 9.30–13, 14–17.30 Uhr, Mo geschl. Eintritt ca. 3 €.

Casa Natale di Gaetano Donizetti, Sa/So 10–13, 15–18 Uhr. ✆ 035-244483.

Im Valle Brembana: Arlecchino und Taleggio

Ein kleines, buntes Männchen tanzt durch das Logo der Stadt Bergamo – der *Arlecchino*. Dabei gehört er eigentlich zu den Zugereisten, denn ursprünglich stammt das Vorbild für diese zentrale Figur der Commedia dell'Arte, der wahrscheinlich bekanntesten Kunstform bergamaskischen Ursprungs, aus den Bergen nördlich der Stadt. Seine Heimat ist *San Giovanni Bianco*, etwa 30 km von Bergamo entfernt, zu erreichen auf winkligen Bergstraßen. Hier hat man ihm auch ein kleines Museum gebaut. Freilich werden nur echte Fans den Weg ausschließlich seinetwegen auf sich nehmen, alle anderen können sich aber im benachbarten *Taleggio* in die Geheimnisse der Käseherstellung einweisen lassen oder das weltberühmte Milchprodukt einfach nur vor Ort erstehen. Wer um seine Figur fürchtet, kann sich anschließend auf die Mountainbike-Tour „Strade del Formaggio" machen, bei der Topografie sollte kein Gramm Fett dranbleiben. Gespült wird dabei natürlich mit Wasser aus der Quelle von San Pellegrino – noch ein kulinarisches Spitzenprodukt des Valle Brembana.

Öffnungszeiten Casa di Arlecchino, San Giovanni Bianco, Località Oneta, April–Okt. 10–12, 15–18 Uhr, Nov.–März 10–12, 14–17 Uhr, Mo geschl., Eintritt frei. ✆ 0345-43262 (Besuch nur nach Vereinbarung).

Information Pro Loco Peghera in Taleggio, Località Peghera. ✆ 0335-5754212 oder Touristeninformation Bergamo (→ oben). Beide vermitteln Führungen durch Käsereien oder direkt bei der „Cooperativa San Antonio" in Vedegeta anfragen (✆ 0345-47467, sca.santonio@virgilio.it).

Von der Piazza Vecchia zur Citadella: Wenn man von der Piazza Vecchia die Hauptgasse Via Colleoni weiterläuft, trifft man am Ende der Altstadt auf die Reste der *Cittadella*, von der noch ein Turm steht. Im Inneren gibt es ein kleines *Naturgeschichtliches Museum* und ein *Archäologisches Museum*.

Naturgeschichtliches & Archäologisches Museum, April–Sept. Di–Fr 9–12.30, 14.30–18 Uhr; Sa/So 9–19 Uhr, übrige Zeit Di–So 9–12.30, 14–17.30 Uhr, Mo geschl., Eintritt frei.

Citadella und San Vigilio: An der Außenseite der Burg liegt der Largo Colle Aperto, ein größerer, schattiger Platz mit weitem Blick in die Hügel, wo sich abends die Einheimischen treffen. Durch ein Stadttor kommt man zum Funicolare nach San Vigilio hinauf (etwa alle 15 Min., ca. 1,40 € einfach). Man kann aber auch die stark ansteigende Straße mit dem Auto fahren oder einen schönen Spaziergang zu Fuß unternehmen – der Weg beginnt kurz hinter der Bahnstation, ca. 700 m steil bergauf. Oben sind die Ruinen des viertürmigen Castello di San Vigilio zu besichtigen, von denen man gleichzeitig einen herrlichen Blick auf Bergamo Alta und Bergamo Bassa hat.

Castello di San Vigilio, April–Sept. 9–20 Uhr, März/Okt. 10–18 Uhr, Nov.–Feb. 10–16 Uhr. Eintritt frei.

Museo Storico und Rocca: Zurück auf der Piazza Vecchia kann man die Hauptgasse ein Stück nach Osten gehen und gelangt über die lang gestreckte Piazza Mercato del Fieno mit ihren drei Stadttürmen zum früheren Kloster San Francesco, in dem heute Ausstellungen veranstaltet werden. Rechter Hand davon kann man durch den Parco delle Rimembranze zur *Rocca* hinaufklettern, den Blick über die Stadt genießen und die Risorgimento-Abteilung des *Museo Storico di Bergamo* besuchen.

Museo Storico di Bergamo, Juni–Sept. Di–Fr 9.30–13, 14–17.30, Sa/So 9.30–19 Uhr, übrige Zeit Di–So 9.30–13, 14–17.30 Uhr, Mo geschl. Eintritt ca. 3 €.

Ausflüge vom See

Umgebung von Bergamo

San Pellegrino Terme und Umgebung: architektonisch reizvoller Kurort im *Valle Brembana*, 20 km nördlich von Bergamo. Das berühmteste aller italienischen Mineralwasser kommt von hier. Der rote Pellegrino-Stern ist überall im Land präsent. 230.000 l sprudeln stündlich aus 700 m Tiefe (also mehr als 5 Millionen Liter am Tag!), über 2 Milliarden Flaschen werden jährlich abgefüllt. Königin Margherita legte 1905 durch ihren Besuch den Grundstein für den Erfolg des Kurorts und damit des Wassers. Etliche Jugendstilbauten weisen in die „Belle Époque" zurück, besonders das etwas erhöht im Grünen stehende, üppig verzierte *Casinò Municipale* (Kurhaus), wo man sich das 26 °C warme Heilwasser kostenlos abfüllen kann. Es soll v. a. bei Nieren- und Verdauungsproblemen helfen. Ein Dutzend Dreisternehotels und das Viersternehotel Terme warten auf Kurgäste. Das majestätische Grandhotel mit seiner prachtvollen Jugendstilfassade an der Flusspromenade hat dagegen den Wirren der Zeiten nicht standhalten können und steht seit 1979 leer. Seit 2009 wird es jedoch umfassend restauriert.

Einige Kilometer nördlich liegt *San Giovanni Bianco,* die Heimat des *Arlecchino,* zentrale Figur der Commedia dell'Arte und Urahn aller Clowns, Bühnennarren und des deutschen Hanswursts.

Le Cornelle: Bei *Valbrembo,* wenige Kilometer westlich von Bergamo (Autobahnausfahrt Dalmine), liegt dieser „Parco Faunistico" (Tierpark) mit hundert Tierarten auf 100.000 m^2.
April–Sept. 9–19 Uhr, übrige Monate 9–17 Uhr, Eintritt ca. 11 € (Kinder 3–11 J. 9 €). ☎ 035-527640, www.lecornelle.it.

Minitalia Leolandia: Wer nicht ganz Italien bereisen kann – bei der Autobahnausfahrt *Capriate* liegt im großen Vergnügungspark „Minitalia Leolandia" der Stiefel im Kleinformat, in kurzer Zeit kann man ihn zur Gänze durchwandern. Von Bozen bis Bari, dazu Sardinien und Sizilien – alle Landschaften und berühmten Bauwerke sind detailgetreu dargestellt, sodass man einen lebendigen Eindruck von der Vielseitigkeit des Landes bekommt. Daneben gibt es im Vergnügungspark zahlreiche Attraktionen für kleine Gäste: Minibahn, elektrische Autos und Wasserboote, Achterbahn, Schaukeln, Rutschen etc.
April–Juli und erste Septemberhälfte Mi–So 9.30–18 Uhr, Mo/Di geschl., Aug. tägl. 9.30–19 Uhr, März/Okt. Sa/So 9.30–18 Uhr; Eintritt ca. 22 € (Kinder 1–1,40 m Größe und Senioren über 65 J. ca. 17 €). ☎ 02-9090169, www.minitalia.com.

Was haben Sie entdeckt?   Haben Sie eine eine gemütliche Trattoria, eine schöne Wanderung, ein nettes Hotel oder einen Campingplatz entdeckt? Wenn Sie Ergänzungen, Verbesserungen oder neue Tipps zum Buch haben, lassen Sie es uns bitte wissen!

Schreiben Sie an: Eberhard Fohrer, Stichwort „Comer See" | c/o Michael Müller Verlag GmbH | Gerberei 19, D – 91054 Erlangen | eberhard.fohrer@ michael-mueller-verlag.de

Sightseeing Milano: auf der Piazza del Duomo

Milano

(ca. 1,3 Millionen Einwohner)

Als Ziel eines Tagesausflugs bietet sich die lombardische Metropole v. a. für Urlauber im Süden des Comer Sees an. Wer die Autofahrt scheut oder Angst um seinen fahrbaren Untersatz hat, kann von Como und vom gesamten Ostufer aus auch bequem mit dem Zug fahren.

Die 1,3-Millionen-Stadt – Industrie- und Geschäftsmetropole, Banken-, Mode- und Medienzentrum des Landes – ist die wohlhabendste und kosmopolitischste Stadt Italiens und gilt in vielerlei Hinsicht als heimliche Hauptstadt. Vor allem in Sachen Mode werden hier internationale Trends gesetzt und mit Effizienz vermarktet. Während im Bahnhofsviertel moderne Stahlbetonbauten, Wolkenkratzer und rie sige, kahle Plätze dominieren, zeigt sich die Innenstadt imposant und sehenswert. Ein grandioses Schauspiel bietet v. a. die weite Piazza del Duomo mit der himmelstürmenden Gotik des *Doms* und der triumphbogenähnlichen Öffnung der Galleria Vittorio Emanuele II. Das elegante Modeviertel mit den Läden weltberühmter Designer liegt um die *Via Montenapoleone,* etwa zwischen der Piazza della Scala und dem Stadtpark. Ganz in der Nähe findet man das ehemalige Künstlerviertel *Brera* mit der berühmten gleichnamigen Pinakothek. Doch die Topsehenswürdigkeit Mailands ist zweifellos Leonardo da Vincis Fresko „Das letzte Abendmahl", das durch den Bestseller „The Da Vinci Code" („Sakrileg") neue weltweite Aufmerksamkeit gefunden hat. Für einen schönen Abend in der Großstadt bieten sich schließlich die malerischen, alten *Navigli* (Kanäle) im Süden der Stadt an. Tür an Tür liegen dort zahlreiche Restaurants, Kneipen, Osterien und Musikbars, die allabendlich Tausende von Mailändern anziehen.

Ausflüge vom See

Essen & Trinken

1 Da Abele
6 Antica Trattoria della Pesa
7 Pizzeria di Porta Garibaldi
8 Alla Cucina della Langhe
9 Fabbrica
11 Spontini
12 L'Osteria del Treno
15 La Tipica Osteria Pugliese
16 Pizza 40
17 Maruzzella
18 Hostaria Rosso di Brera
21 Bagutta
24 Brek
25 Antica Trattoria dei Magnani „Al Cantinone"
26 Luini
29 La Brisa
32 Milanese
33 Flash
34 Cantina Piemontese
35 Antica Osteria del Laghetto

Nachtleben

5 Loolapaloosa
13 The Club
14 Radetzky Café
27 Magenta
28 Cavour
31 Cicip e Ciciap

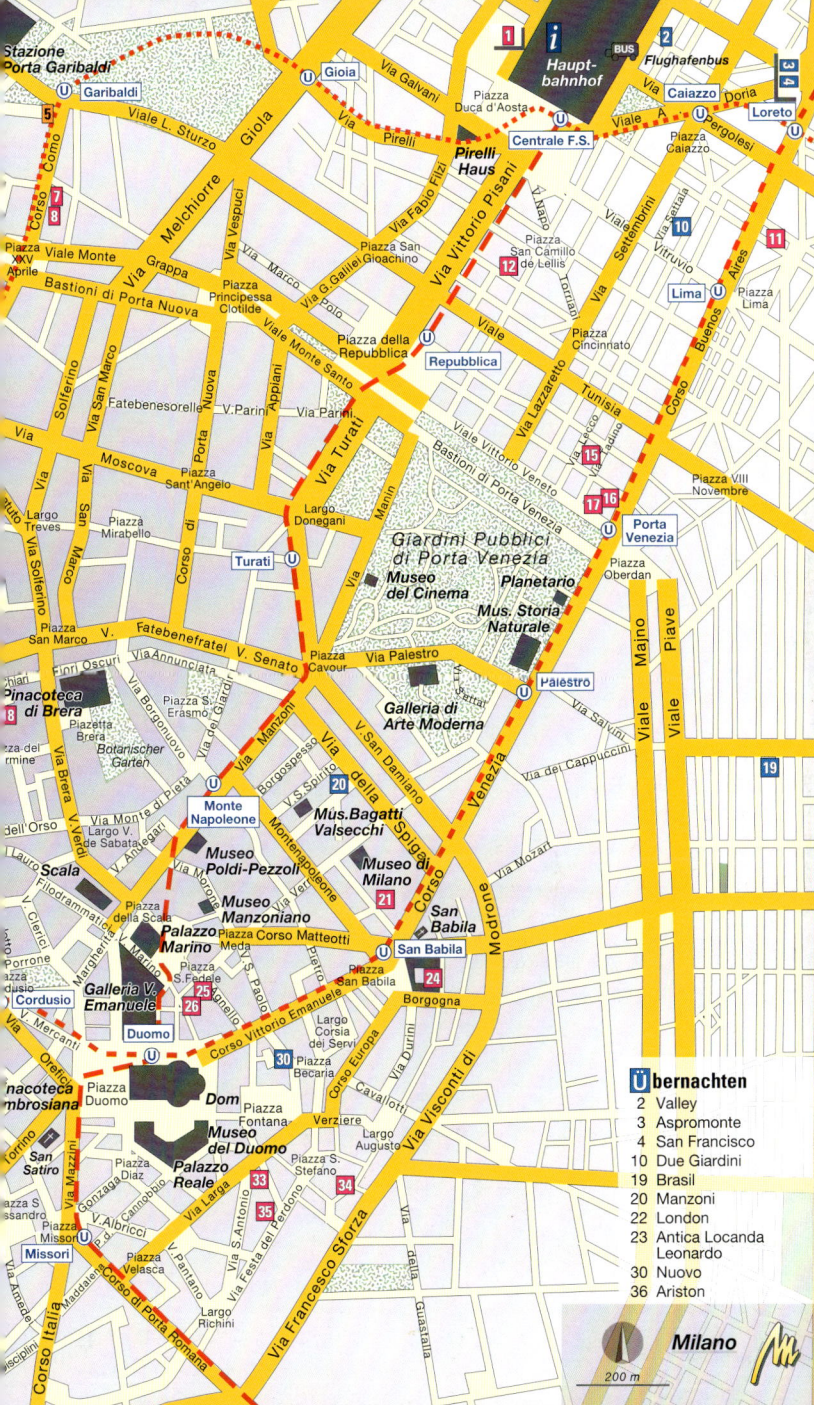

Übernachten

2 Valley
3 Aspromonte
4 San Francisco
10 Due Giardini
19 Brasil
20 Manzoni
22 London
23 Antica Locanda Leonardo
30 Nuovo
36 Ariston

Milano

200 m

Basis-Infos

Information IAT, Piazza Castello 1/Ecke Via Beltrami (vor dem Castello Sforzesco). Stadtplan mit Öffnungszeiten der Museen und Prospektmaterial, viele Infos in den englischsprachigen Broschüren „Hello Milano" und „Milano mese". Für die Unterkunftssuche sollte man sich das „Guide Book of Hotels in Milan" geben lassen. Keine Zimmervermittlung! Mo–Fr 9–18, Sa 9– 13.30, 14–18, So 9–13.30, 14–17 Uhr (im Winter kürzer). Piazza Duomo 19/a. ☎ 02-77404343, 🖅 02-77404333, www.visitamilano.it/turismo

Zweigstelle im ersten Stock der **Stazione Centrale** (gegenüber Gleis 13/14). Dieses Büro hilft bei der Quartiersuche, wenn nicht zu viel Andrang herrscht. Mo–Fr 9–18, Sa 9– 13, 14–18, So 9–13, 14–17 Uhr. ☎ 02-77404318.

Anfahrt/Verbindungen

PKW Park & Ride, an den großen Einfahrtsstraßen weisen Anzeigetafeln auf die nächstgelegenen Parkplätze bei U-Bahnstationen und die Zahl der noch freien Stellplätze hin, diese sind sehr günstig (7–20 Uhr, 8 Std. Parkzeit ca. 2 €, nachts von 20–7 Uhr ca. 7 €).

Fahren Sie nach Möglichkeit nicht in die Innenstadt, es herrscht dichter Verkehr und viele Straßen sind verstopft. Innerhalb des Stadtmauerrings Cerchia dei Bastoni ist das Fahren Mo–Fr 7–19.30 Uhr gebührenpflichtig (Citymaut). Die Einfahrtsscheine sind bei der Post, in Tabac-

Bummel in der Galleria Vittoria Emanuele II

chi-Läden und bei den Infostellen des Mailänder Nahverkehrs erhältlich.

Bahnhöfe (Auswahl) **Stazione Porta Garibaldi**, hier kommen die Züge der Ferrovie dello Stato (www.trenitalia.com) aus Como an, fahren z. T. auch weiter zur Stazione Centrale. Mit der U-Bahn M1 (an der Station Cadorna in die M2 umsteigen) erreicht man den Domplatz.

Stazione Milano Nord, die Bahngesellschaft „Trenord" (www.trenord.it) hat einen eigenen Bahnhof südlich vom Parco Sempione (M2: Cadorna). Etwa halbstündliche Verbindungen gibt es von und nach Como, außerdem zum Flughafen Malpensa (→ unten).

Stazione Centrale, der Hauptbahnhof beeindruckt in seiner Monumentalität. Das typische Beispiel protziger Faschistenarchitektur wurde 1931 fertiggestellt. Hier kommen die Züge aus Lecco, vom südöstlichen Arm des Comer Sees an. Tourist-Info (→ Information) und Gepäckaufbewahrung in der oberen Halle rechts, Ticketbüro für Flughafenbusse in der östlichen Außenfront (Piazza Luigi di Savoia). Die U-Bahn M3 in Richtung San Donato hält auch am Domplatz.

Flug Der Großflughafen **Malpensa** liegt 45 km nordwestlich der Stadt bei Gallarate, nicht weit vom Südende des Lago Maggiore, der kleinere Airport **Linate** nur etwa 6 km östlich vom Zentrum. ☎ 02-232323, www.sea-aeroportimilano.it.

Weitere Infos zu beiden Flughäfen siehe unter Anreise, S. 37.

Unterwegs in Mailand

U-Bahn, Busse & Trams Die U-Bahn Metropolitana Milano (MM) der Verkehrsbetriebe ATM (www.atm-mi.it) besteht aus den drei Linien **M1**, **M2**, **M3** und ist ein ideales Verkehrsmittel, um die großen Entfernungen in der Stadt schnell zu überbrücken. Fahrtzeiten von etwa 6.15 Uhr bis kurz nach Mitternacht. Außerdem gibt es **Busse** und ein gutes **Tramsystem**.

Ein Einzelticket kostet ca. 1,50 € (Carnet für zehn Fahrten ca. 13,80 €), erhältlich in Zeitungs-/Tabacchi-Läden und an Automaten, gültig 75 Min. lang für eine einzige Metrofahrt und beliebig viele Fahrten mit Bus und Tram. In den ATM-Büros der Metrostationen Duomo, Loreto, Romolo und Stazione Centrale gibt es preiswerte **24-Std.-Karten** (ca. 4,50 €) und **48-Std.-Karten** (ca. 8,25 €) zu kaufen, die in allen öffentlichen Verkehrsmitteln gelten.

Taxi Funktaxi über ☎ 02-4040, 6767, 6969 oder 8585.

Die **MilanoCard** kostet 6,50 € für 24 Std. und 13 € für drei Tage. Man kann damit alle öffentlichen Verkehrsmittel kostenlos nutzen und erhält Rabatt in Museen und Restaurants. Verkauf online unter www.milanocard.it, dort sind außerdem die Verkaufsstellen vor Ort aufgelistet.

Übernachten   (→ Karte S. 202/203)

Mailand ist eins der teuersten Pflaster Italiens, DZ mit Bad kosten in Pensionen mit einem Stern mehr als 70 €, für drei Sterne zahlt man mit Frühstück mindestens 140 €, meist deutlich mehr. Zu den zahlreichen Messezeiten ist die Stadt oft völlig ausgebucht. Man sollte immer versuchen, zu reservieren, in den Einstern- und Zweisternepensionen ist das allerdings oft nicht möglich. Dreisternehotels besitzen entweder eine Garage (Stellplatz ca. 15–30 €) oder haben zum selben Preis Stellplätze in nahen Parkhäusern gemietet. Von Fr bis So gibt es in vielen Hotels günstige Wochenendtarife. Zahlreiche Hotels und Pensionen aller Preisklassen findet man im Viertel um den Hauptbahnhof, z. B. liegt ein halbes Dutzend Dreisternehotels in der Via Napo Torriani schräg gegenüber vom Hauptbahnhof. Fast immer Platz gibt es in der großen Jugendherberge und am Campingplatz Città di Milano.

**** Manzoni 20, beliebtes 50-Zimmer-Haus im Modeviertel. Gut ausgestattet und solide möbliert, geräumige Zimmer mit Flachbildschirm und WLAN, Garage (ca. 12–25 €, je nach Länge des PKW). DZ mit Frühstück ca. 160–250 €. Via Santo Spirito 20 (M3: Montenapoleone), ☎ 02-76005700, 📠 02-784212, www.hotelmanzoni.com.

*** Ariston 36, am Südende der Via Torino. Ein vollständig nach Umweltkriterien eingerichtetes Haus im minimalistischen Stil, natürliche Materialien ohne Giftstoffe, Luftreiniger in jedem Zimmer, schlicht-elegantes Ambiente, WLAN. Mit Parkplatz und kostenlosen Gästefahrrädern. DZ mit Ökofrühstück ca. 220–290 €. Largo Carrobbio 2 (M1/M3: Duomo), ☎ 02-72000556, 📠 02-72000914, www.aristonhotel.com.

*** Antica Locanda Leonardo 23, nur wenige Meter von Leonardo da Vincis Abendmahl (→ Sehenswertes). Ruhige Lage im rückwärtigen Gebäude, schöne Zimmer mit Parkettböden und modernen Bädern, alle unterschiedlich eingerichtet. Kleiner Frühstücksraum, hinten hübsche Terrasse. Seit mehr als 40 Jahren geführt vom kommunikativen Signor Mario Frefel mit seiner japanischen Frau. Die Tram 24 hält vor der Tür und fährt in wenigen Minuten zum Domplatz. Das Auto kann man auf der Straße abstellen (sichere Gegend) oder in einer nahen Garage. DZ mit Frühstück ca. 165–245 €. Corso Magenta 78 (M1: Conciliazione), ☎ 02-48014197, 📠 02-48019012, www.anticalocandaleonardo.com.

Ausflüge vom See

Unter den Arkaden am Domplatz

*** **Aspromonte** 🔳, sauberes und gepflegtes Haus an einer netten, baumbestandenen Piazza, östlich vom Corso Buenos Aires. 19 Zimmer mit LCD-TV, WLAN und Klimaanlage, hinten kleiner Frühstücksgarten. DZ ca. 60–190 €, Frühstück extra. Piazza Aspromonte 12 (M1/M2: Loreto), ✆ 02-2361119, 🖷 02-2367621, www.hotelaspromonte.it.

** **London** 🔢, günstige Lage in einer ruhigen Seitengasse, wenige Schritte von der Fußgängerzone Via Dante, nicht weit vom Castello Sforzesco. Familienbetrieb, hübsche Lobby mit Polstermöbeln, oben eher einfach gehalten, Zimmer mit Teppichböden, TV und winzigen Balkonen. DZ mit Bad ca. 90–180 €, Frühstück extra. Via Rovello 3 (M1: Cairoli), ✆ 02-72020166, 🖷 02-8057037, www.hotel-london-milan.com.

** **San Francisco** 🔳, schönes, altes Haus an einer Allee, östlich des Piazzale Loreto. Eins der wenigen Hotels in Mailand mit schattigem Garten, prima zum Frühstücken. Zimmer und Bäder mit TV und Klimaanlage. DZ mit Frühstück ca. 80–140 €. Viale Lombardia 55 (M1/M2: Loreto), ✆ 02-2360302, 🖷 02-26680377, www.hotel-sanfrancisco.it.

** **Due Giardini** 🔟, Nähe Hauptbahnhof, kürzlich renoviert, ordentliche Zimmer mit eigenem Bad, von jungen Leuten aufmerksam geführt. Nach hinten schöner Garten. DZ mit Bad ca. 70–160 €. Via Settala 46 (M3: Centrale), ✆ 02-29521093, 🖷 02-29516933, www.hotelduegiardini.it.

* **Nuovo** 🔟, zentrale Lage. Alter Palazzo mit neuem Innenleben, von den Eigentümern selbst geführt. DZ mit Bad ca. 60–150 €, Frühstück extra. Piazza Cesare Beccaria 6 (M1/M3: Duomo), ✆ 02-86464444, 🖷 02-72001752, www.hotelnuovomilano.com.

* **Brasil** 🔟, schöne, saubere Unterkunft im vierten Stock eines Jugendstilgebäudes, östlich von Stadtpark und Porta Venezia. Gut geführt, freundliche Atmosphäre. Zwölf Zimmer, DZ mit Bad ca. 50–100 €, mit Etagendusche ca. 40–70 €. Via Gustavo Modena 20 (M1: Palestro), ✆/🖷 02-7492482, www.hotelbrasilmilano.it.

* **Valley** 🔳, in unmittelbarer Nähe vom Hauptbahnhof. Aufmerksam geführt, saubere Zimmer. DZ mit TV, eigenem Bad oder Etagendusche für ca. 50–110 €. Via Soperga 19, Verlängerung der Via Lepetit (M3: Centrale), ✆/🖷 02-66987252, www.hotelvalley.it.

Jugendherberge Ostello Pierro Rotta (IYHF), ziemlich weit außerhalb, M1 Richtung Molino Dorino bis Station QT8 (Quartiere T8) und noch 500 m zu Fuß. Moderne JH mit 376 Betten, guten Einrichtungen und Garten, allerdings an einer lauten Durchgangsstraße. Geöffnet morgens 7–9 Uhr, nachmittags ab 16 Uhr (Check-in nur nachmittags). Keine Reservierung, wegen der Größe ist für Individualreisende aber fast immer Platz. Pro Pers. ca. 19,50 € mit Frühstück, Bett im DZ ca. 26 €. Via Martino Bassi 2, ✆ 02-39267095, 📠 02-33000191, www.aighostels.com.

Camping *** Città di Milano, großer Platz an der westlichen Peripherie Mailands, direkt neben dem Wassersportzentrum „Acquatica". Im Westen Mailands beschildert – wenn man auf der Autobahn kommt,

von der Westtangente Abfahrt San Siro nehmen. Verbindungen in die Stadt: Bus 72 (Busstopp ca. 200 m vom Platz) bis Piazza de Angeli, dort Metroanschluss, mit M1 ins Zentrum, z. B. bis zum Dom. Von der Stadt zum Camping: M1 Richtung Inganni bis Piazza de Angeli, dort Bus 72 Richtung Bisceglie bis Via Trivulzio (oder Taxi). Ganzjährig geöffnet. Via Gaetano Airaghi 61, ✆ 02-48207017, 📠 02-48202999, www.campingmilano.it.

Essen & Trinken

(→ Karte S. 202/203)

Zu den Mailänder Spezialitäten zählt natürlich das weltberühmte *Costoletta alla Milanese*, aber auch Risotto in verschiedensten Abwandlungen, besonders gerne mit Safran, außerdem *Ossobuco* (Kalbshachse). Am allerschönsten isst man in Mailand im Viertel *Ticinese* und in *Navigli* im Südwesten, wo im Umkreis der beiden langen Kanäle zahlreiche stimmungsvolle Osterien und Ristoranti aufgemacht haben und jährlich neue eröffnet werden (M2: Porta Genova). Typisch für Mailand sind auch die zahlreichen volkstümlichen Pizzerien, in denen man an langen Tischen hautnah zwischen Familien und Freunde sitzt. Achtung: An Wochenenden sind zahlreiche Lokale überfüllt, rechtzeitig kommen! Siehe auch unter Nachtleben, Stichwort „Aperitivo"!

Zentrum La Brisa **29**, südlich vom Corso Magenta, in der Nähe der Börse. Hervorragende Mailänder Küche zu mittleren Preisen, auch Plätze im Freien. Sonntagmittag und Sa geschl. Via Brisa 15, ✆ 02-86450521.

》》 Mein Tipp: Antica Trattoria dei Magnani „Al Cantinone" **25**, altes Mailänder Lokal mit langer Theke und mehreren Speiseräumen. Gute lombardische Küche, z. B. *Ossobuco* und Risotto, günstiger Mittagstisch. Samstagmittag und So geschl. Via Agnello 19 (Seitengasse des Corso Vittorio Emanuele II), ✆ 02-86464980. 《《

Milanese 32, geräumige, typische Mailänder Trattoria in einer kleinen, engen Gasse, nicht weit vom La Brisa. Angenehme Atmosphäre, familiär geführt, mittlere Preise. Di geschl. Via Santa Marta 11, ✆ 02-86451991.

Flash 33, südlich vom Dom. Die echte neapolitanische Pizza (angeblich die größten im Zentrum), dazu Spezialitäten aus den Abruzzen. Moderate Preise, kein Ruhetag. Via Larga/Ecke Via Bergamini, ✆ 02-58304489.

Antica Osteria del Laghetto 35, in der Straße hinter dem „Flash". Trotz der zentralen Lage ganz ruhige Ecke. Freundliches Lokal mit hausgemachten Nudeln und großer Auswahl an Fisch. Mi geschl. Via Festa del Perdono 4, ✆ 02-58307404.

Cantina Piemontese 34, wenige Schritte weiter, seit 1908 nahe der Uni südöstlich vom Domplatz. Gemütliche Ecke, im Sommer kann man hier unbelästigt vom Straßenverkehr vor dem Haus sitzen. Via Laghetto 2, ✆ 02-784618.

Bagutta 21, ein Bodenmosaik weist auf der Via Montenapoleone den Weg in diese Trattoria, der ihr Ruf als Künstlerlokal vorauseilt. Die verschiedenen Räume sind von oben bis unten mit Büchern sowie Gemälden, Karikaturen und Zeichnungen bekannter und unbekannter Maler geschmückt. Auf der Speisekarte stehen Gerichte lombardischer und toskanischer Küche zu gehobenen Preisen. Im Sommer kann man im großen Innengarten speisen. So geschl. Via Bagutta 14, ✆ 02-76000902.

Brera-Viertel (Via Brera, Corso Como, Corso Garibaldi) Fabbrica **9**, nette Pizzastube mit kleinen Marmortischen, an Wochenenden bilden sich oft lange Schlangen. Filiale auch an den Navigli (→ unten). Viale Pasubio 2 (M2: Moscova), ✆ 02-6552771.

》》 Mein Tipp: Hostaria Rosso di Brera **18**, ruhige Lage auf einer länglichen Piazza vor einer Kirche, schön zum Draußensitzen. Mo geschl. Via Marco Formentini 7, ✆ 02-80509363. 《《

Alla Cucina delle Langhe 🎱, gepflegte und etwas teurere Trattoria auf der beliebten Nachtmeile. Lombardische und piemontesische Küche, beste Risottos und *Cotoletta alla Milanese*, auch viele Salate. Corso Como 6, ✆ 02-6554279.

Pizzeria di Porta Garibaldi 🎱, seit über 50 Jahren, bekannt gute Pizza aus dem holzbefeuerten Ofen. Sonntagmittag und Mo geschl. Corso Como 6, ✆ 02-6551926.

Antica Trattoria della Pesa 🎱, seit 1880 hat die schöne Osteria im alten Stil bereits so berühmte Gäste wie Maria Callas und den Regisseur Visconti gesehen. Typische Mailänder Küche, z. B. Risotto alla Milanese oder Ossobuco, allerdings zu deutlich gehobenen Preisen. Keine Plätze im Freien. So geschl. Viale Pasubio 10 (M2: Moscova), ✆ 02-6555741.

Bahnhofsviertel/Corso Buenos Aires
L'Osteria del Treno 🎱, die Kantine der Eisenbahner hat sich zum schicken In-Treff entwickelt. Mittags speist man hier günstig (Self-Service), abends zu höheren Preisen regionale und überregionale Spezialitäten. Im Sommer kann man auch im Freien sitzen. Sonntagmittag und Sa geschl. Via San Gregorio 46, ✆ 02-6700479.

Da Abele 🎱, nordöstlich vom Bahnhof. Traditionelle Trattoria mit freundlicher Atmosphäre, viel gerühmte Spezialität ist Risotto, das es in Dutzenden von Abwandlungen gibt, dazu reiche Weinauswahl. Nicht mehr billig. Nur abends. Mo geschl. Via Temperanza 5 (M1: Pasteur), ✆ 02-2613855.

Spontini 🎱, seit 1953, populäre Pizzastube, nur eine Sorte Pizza vom laufenden Band, oft großer Andrang mit Wartezeiten, da preislich sehr günstig. Hinten sitzt man an langen Holztischen. Dienstagmittag und Mo geschl. Via Spontini 60 (Kreuzung mit Corso Buenos Aires), ✆ 02-2047444.

》》 Mein Tipp: Pizza 40 🎱, süditalienisch anmutende Pizzastube Nähe Porta Venezia. Man sitzt auf Hockern an langen Tischen und isst in lockerer Atmosphäre Lasagne oder Pizza. Dienstagabend und Mi geschl. Via Panfilo Castaldi 40, ✆ 02-29401272. **《《**

La Tipica Osteria Pugliese 🎱, stuckverzierter Raum mit schlanken Säulen, von oben bis unten mit großformatigen Fotos zufriedener Gäste geschmückt. In mehreren Speiseräumen kann man ein umfangreiches Buffet und apulische Küche genießen.

An Wochenenden sehr voll. So geschl. Via Alessandro Tadino 5, ✆ 02-29522574.

》》 Mein Tipp: Maruzzella 🎱, direkt bei der Porta Venezia. Seit 1978, großes, fröhliches Lokal mit umfangreicher Speisekarte, auch Pizza. Immer voll, preislich sehr korrekt. Mi geschl. Piazza Guglielmo Oberdan 3, ✆ 02-29525729. **《《**

Naviglio Grande (Ticinese) Premiata Pizzeria, große, immer gut besuchte Pizzeria. Drinnen schönes, altes Mobiliar und Marmortische, davor eine offene, im Winter abgedeckte Terrasse. Große Auswahl an Pizza und Focaccia. Mi geschl. Alzaia Naviglio Grande 2, ✆ 02-89400648.

El Brellin, stilvoll eingerichtetes Ristorante in einem prächtig restaurierten historischen Gutshaus. Im Sommer auch Sitzplätze an einem schmalen, überdachten Seitenkanal, in früheren Zeiten Waschplatz der Frauen des Viertels. Gehobene Preise. Alzaia Naviglio Grande 14/Ecke Vicolo dei Lavandai, ✆ 02-58101351.

Officina 12, sehr angesagte Pizzeria ganz in rot. Vorne eine kleine, lauschige Terrasse, dahinter ein erstaunlich großer, verwinkelter Innenbereich mit Hinterhaus und überdachtem Hof. Höhere Preise, trotzdem gut gefüllt. Alzaia Naviglio Grande 12, ✆ 02-89422261.

Osteria dei Formaggi, hier gibt es alles auf Käsebasis, z. B. Fonduta Valdostana (Aosta-Tal), dazu Grappasorten aus allen Regionen Italiens. Uralte Radios füllen den ganzen Raum, im Sommer stehen auch Tische auf einer schwimmenden Plattform. So geschl. Alzaia Naviglio Grande 54 (kurz nach der Eisenbrücke), ✆ 02-89409415.

Anema e Cozze, an der Ecke zur Via Casale, klinisch weiß gehalten, die Küche mit gut einsehbarer Glastür – „Sea & Pizza" heißt hier das Schlagwort. Erlebnisgastronomie, die ankommt, bereits acht Filialen in Mailand. ✆ 02-8375459.

Conconi, ein paar Schritte weiter, mit viel Holzinterieur ansprechend aufgemachte Trattoria. Auf der Speisekarte z. B. Cinghiale, Lepre und Risotto. Alzaia Naviglio Grande 82, ✆ 02-89406587.

Pizzeria Tradizionale con Cucina di Pesce, hauptsächlich junges Publikum trifft sich im gemütlichen Speiseraum, im Angebot Pizza und Focaccia, aber auch Fischgerichte. Mi geschl. Ripa di Porta Ticinese 7, ✆ 02-8395133.

Trattoria im Brera-Viertel

Al Pont de Ferr, wie der Name sagt, kurz vor einer Eisenbrücke über den Kanal. Hübsche Osteria mit hohen Räumen, nostalgisch-gemütlich eingerichtet. Sehr persönliches Ambiente und ebensolche Küche, ausgezeichnete Weinauswahl, alles zu zivilen Preisen. Bis spätabends kann man hier essen, z. B. Pasta e Fagioli, Faraona (Perlhuhn) oder Stracotto d'asino (Eselsschmorbraten). So geschl. Ripa di Porta Ticinese 55, ☎ 02-89406277.

Naviglio Pavese (Ticinese) Delle Mole, großes Freiluftlokal am Beginn des Naviglio Pavese. Im Sommer sehr beliebt bei den Mailändern, die hier allabendlich im Familienverband Pizza essen. Viale Gorizia/Ecke Via Ascanio Sforza, ☎ 02-8323810.

≫ Mein Tipp: Osteria Grand Hotel, etwas versteckt, weitab vom Rummel, noch südlich vom Viale Liguria, doch der Weg lohnt sich. Ein origineller Name für diese Osteria, in der man im stilvoll-gemütlichen Rahmen variantenreiche Gerichte und hervorragende Weine kosten kann. Im Sommer sitzt man sehr schön auf einer Terrasse neben dem Haus. Nur abends, Mo geschl. Via Ascanio Sforza 75, ☎ 02-89511586. ≪

Self-Services & Snacks Brek **24**, gute Self-Service-Kette mit mehreren Filialen, z. B. Piazzetta Umberto Giordano 1 (bei Piazza San Babila). So geschl.

McDonalds, tolle Lage mitten in der Galleria Vittorio Emanuele II.

Lesertipp: „Im zweiten Stock der **Galleria Vittorio Emanuele II** (über dem Burger King) isst man extrem günstig – Self-Service, Primi Piatti, täglich wechselnd und frisch zubereitet."

≫ Mein Tipp: Luini **26**, 1949 gegründet. In und vor diesem winzigen Laden treffen sich die Mailänder nach dem Einkaufsbummel oder Kinobesuch. Spezialität sind Panzerotti, eine Art Minicalzone. Mo geschl. Via Santa Radegonda 16, neben dem Kaufhaus La Rinascente. ≪

Ghireria Greca Kalliopi, griechische Gyros-Kneipe inmitten der Osterien am Naviglio Grande (Ticinese), beliebt bei der Jugend. Ripa di Porta Ticinese 13.

Traditionelle Cafés Ganz stilvoll sitzt man zu hohen und höchsten Preisen in den Freiluftcafés der eleganten Galleria Vittorio Emanuele II. Abends trifft sich halb Mailand dann an den Kanälen im Stadtteil Ticinese (→ Nachtleben).

Zucca in Galleria, am Eingang vom Domplatz. Hier, im früheren „Camparino", wurde der Campari erfunden. Im ersten Stock ein Jugendstilsalon mit Blick auf die Galleria.

Antica Cremeria San Carlo al Corso, schöne Sitzgelegenheiten an einem kleinen Platz vor der gleichnamigen Kirche, direkt an der Fußgängerzone Corso Vittorio Emanuele II.

Cova, 1841 eröffnet, wurde der österreichisch-ungarische Charme des 19. Jh. hier bis heute konserviert, teuer und elegant. So geschl. Via Montenapoleone 8.

Biffi, nicht weit von Leonardo da Vincis Abendmahl (→ Sehenswertes). Traditionelles Café mit Kronleuchtern sowie exzellenten Kuchen und Torten. Corso Magenta 87.

Armani, im neuen Armani Megastore, dem Platz für Modeliebhaber. Via Manzoni 31.

Eis Viel, das bekannteste Eis der Stadt, hübsch bunt aufgemachte Kette für Eis und Fruchtsäfte. Corso Buenos Aires 15, Corso Garibaldi 12, Viale Abruzzi 23.

Grom, „Öko"-Eis, garantiert ohne chemische Zusatzstoffe und mit besten Zutaten.

Fünf Filialen in Mailand, z. B. Via Santa Margherita 16 (100 m vom Teatro alla Scala) und Corso di Porta Ticinese 51.

La Bottega del Gelato, Riesenauswahl und tolle Geschmacksrichtungen mit Gewicht auf exotischen Früchten. Via Pergolesi 3.

Rinomata, nostalgisches Ambiente am Beginn des Naviglio Pavese. Kunstvoll türmen sich die Eiswaffeln in Glasvitrinen, das Eis wird aus traditionellen Deckelbehältern der 50er Jahre geschöpft.

Nachtleben (→ Karte S. 202/203)

Zahllose Kneipen, Osterien und Clubs findet man an den Kanälen (Navigli) im Viertel Ticinese, v. a. am Naviglio Pavese (M2: Porta Genova). Zur Happy Hour (ca. 18–22 Uhr) gibt es fast überall günstiges Essen vom Buffet, genannt „Aperitivo" (ca. 7–9 €) – man zahlt ein Getränk und kann so viel essen, wie man will. Eintritt in Clubs ca. 15–25 €, Drink ca. 6–10 €. Tipp: Für (Erasmus-)Studenten ist fast täglich in einem der Clubs der Eintritt frei. Veranstaltungskalender täglich in der Zeitung *Corriere della Sera* und donnerstags im Magazin „Tutto Milano" der Zeitung *La Repubblica.*

Brera-Viertel (Via Brera, Corso Como, Corso Garibaldi) Radetzky Café **14**, beliebtes In-Café, coole Einrichtung, schon morgens zum Frühstück geöffnet. So geschl. Corso Garibaldi 105.

»» Mein Tipp: The Club **13**, Party auf mehreren Etagen, Livemusik und mehrmals wöch. Disco. Mo geschl. Corso Garibaldi 97, www.theclubmilano.it. **««**

Loolapaloosa **5**, Nähe Stazione Garibaldi. Fröhlicher, oft extrem voller Treff, Mädels tanzen auf den Tischen, die Barkeeper auch. Tägl. bis 4 Uhr morgens . Corso Como 15, www.loolapaloosa.com.

Zentrum Magenta **27**, schöne Jugendstil-Bar mit nostalgischem Flair, sehr angesagt. Sitzplätze auch im Freien, Mittags- und Abendbuffet. Wenn es drinnen zu voll wird, isst man eben draußen vor der Tür. Ganztägig bis 3 Uhr nachts. Mo geschl. Via Carducci 13/Ecke Corso Magenta (M1/M2: Cadorna).

Cavour **28**, Tradition seit dem 19. Jh., heute eine angesagte Cocktailbar. Hinten sitzt man gemütlich, junges Publikum. Corso Magenta/Ecke Via Brisa.

Cicip e Ciciap **31**, in einem großen, leer stehenden Gebäude, seit vielen Jahren eine Kneipe nur für Frauen, mit Kulturprogramm, aber auch essen kann man hier. Mo/Di geschl. Via Gorani 9, ✆ 393-8987215, www.cicipeciciap.org.

Navigli (südlich vom Zentrum) Luca e Andrea, Cafébar mit Tischen draußen am Kanal, was es hier sonst kaum gibt, Essen zu recht günstigen Preisen. Alzaia Naviglio Grande 34.

Antica Osteria della Briosca, Kneipe mit warmer Küche bis 2 Uhr nachts. Mo geschl. Via Ascanio Sforza 13.

El Tropico Latino, großer, populärer Mexikaner, Cafeteria, Kneipe und Speiselokal in einem. Mo geschl. Via Ascanio Sforza 33.

Movida, weitere angesagte Kneipe am Naviglio Pavese. Mo geschl. Via Ascanio Sforza 39.

I Dolci di Poldina, schönes Café mit Birreria. Via Ascanio Sforza 43.

Livemusik La Bodeguita del Medio, seit über 20 Jahren im Viertel Ticinese. Kubanische Kneipe mit kreolischer Küche und fantasievollen Cocktails, fröhliche Stimmung, Gitarrenmusik, Aperitivo. So geschl. Viale Col di Lana 3.

»» Mein Tipp: Le Trottoir à la Darsena, viel besuchte Kneipe an der zentralen Piazza im Navigli-Viertel, geschmückt mit Kunstwerken, am späteren Abend häufig Livemusik. Piazza XXIV Maggio 1, www.letrottoir.it. **««**

Le Scimmie, einer der populärsten Jazztreffs von Mailand, täglich ab 22.30 Uhr Livemusik – Jazz, Folk und Rhythm'n'Blues, aber auch Ethno. Auf dem Boot davor ein bunt ausstaffiertes Nachtcafé. Di geschl. Via Ascanio Sforza 49, Naviglio Pavese, www.scimmie.it.

»» Mein Tipp: Blues Canal, großer Irish Pub mit Restaurant, tägl. Livemusik – Folk,

Reggae, Jazz, Coverrock. Mo geschl. Via Casale 7, Naviglio Grande, www.bluescanal.com. «

Im Freien In der kleinen Sackgasse Via Vetere, die vom Corso di Porta Ticinese abzweigt, treffen sich allabendlich Hunderte von Jugendlichen vor der Bar **Coquetel** (So geschl.) am Rand vom Parco delle Basiliche.

Shopping

Märkte Mercato **Papiano**, am Viale Papiano im Viertel Ticinese findet jeden Di und Sa am Vormittag einer der größten der zahlreichen Märkte Mailands statt, hauptsächlich Lebensmittel und Textilien (M2: Sant'Agostino).

Fiera di Senigallia, altehrwürdiger Flohmarkt im Viale d'Annunzio am alten Kanalhafen Darsena im Navigli-Viertel. Jeden Sa 8.30–17 Uhr.

Mercatone del Naviglio Grande, pittoresker Antiquitätenmarkt am Naviglio Grande, sehr sehenswert. Außer im Juli jeden letzten So im Monat.

Mercato d'Antiquariato di Brera, Antiquitätenmarkt um die Via Foiri Chiari im Brera-Viertel. Jeder dritte So im Monat.

Mode Das Teuerste, was die Designer weltweit zu bieten haben, findet man im „Goldenen Dreieck" der Straßen Via **Montenapoleone**, Via della **Spiga** und Via **San Andrea** (→ Sehenswertes), außerdem am mondänen Corso **Vittorio Emanuele II**. Preiswerter kann man in der Via **Torino** und am 2 km langen Corso **Buenos Aires** kaufen.

» Mein Tipp: Einige Modehäuser verkaufen Designer-Textilien der letzten Saison in den sogenannten „Stocks" um einiges billiger, z. B. **Il Salvagente**, beim Corso Porta Vittoria, Via Fratelli Bronzetti 16, www.salvagentemilano.it. «

> Schnäppchen sind in Mailand zur Zeit des **Sommerschlussverkaufs** *(soldi)* im Juli zu machen.

Sonstiges **Buscemi**, Riesenauswahl an CDs und Schallplatten. Corso Magenta 31, www.buscemi.com.

Mondadori Multicenter, drei Etagen: unten Software, Games und Handys, in der Mitte Bücher, oben Café und Internet. Mo 13–24, Di–So 10–24 Uhr. Via Marghera 28 (M2

Richtung Bisceglie: Wagner).

Hoepli, größte Buchhandlung der Stadt, vier Stockwerke, unter Schweizer Leitung. Via Hoepli 5. Ebenfalls zu empfehlen: **Rizzoli** in der Galleria Vittorio Emanuele II, Nähe Ausgang zur Piazza della Scala.

La Rinascente, elegantes Riesenkaufhaus direkt an der Piazza del Duomo. Auf acht Stockwerken Designerstücke, Wohnaccessoires und Textilien vom Feinsten, ganz oben Café und großartiger Blick über die Stadt. Via Santa Radegonda 3.

Profumeria Vecchia Milano, in der Seitenstraße des Corso Magenta, modernes Angebot einer über hundert Jahre alten Drogerie. Via San Giovanni sul Muro 8.

Spezialität Panzerotti: Schlange stehen bei Luini (siehe S. 209)

Sehenswertes

Die Altstadt liegt innerhalb zweier konzentrischer Straßenzüge, Mittelpunkt zu jeder Tages- und Nachtzeit ist natürlich der Domplatz. Sehenswert und voller buntem Leben sind aber auch die Fußgängerzonen und Hauptgeschäftsstraßen: Via Dante, Corso Vittorio Emanuele II, Via Torino, Corso Magenta u. a.

Look Mi: dreistündige Busrundfahrt mit deutschsprachigen Informationen über Kopfhörer, inkl. Besichtigung des „Abendmahls" von Leonardo da Vinci, Preis ca. 55 €. Abfahrt Di–So 9.30 Uhr am Domplatz, nicht weit vom Taxistand nahe der Kirche (englischsprachige Touren außerdem Mi 13 Uhr und Fr/Sa 14.15 Uhr). Infos und Tickets online, außerdem vor Ort bei Autostradale, z. B. an der Piazza Castello 1 (✆ 02-72001304) oder an der Piazza Duomo, Passaggio Duomo 2, neben TIM (✆ 02-80581354), www.autostradale.it.

Domplatz und Umgebung

Der weite, riesige Platz wird dominiert von der himmelstürmenden Gotik des Doms und der triumphbogenähnlichen Öffnung der Galleria Vittorio Emanuele II. Gegenüber vom Dom erhebt sich das imposante Bronzedenkmal Vittorio Emanueles II..

Dom: ein Werk der Superlative. Er ist der größte gotische Bau Italiens und die viertgrößte Kirche der Welt (nach dem Petersdom, seiner Kopie an der Elfenbeinküste und der Kathedrale von Sevilla). Seitdem ein Visconti-Fürst im Jahre 1386 den Baubeginn verfügte, hat man über 500 Jahre an der Fertigstellung gearbeitet. Der gesamte Baukörper bietet mit seinen Tausenden von Spitzen, Verzierungen und Skulpturen einen faszinierenden Anblick. Fast 160 m ist er lang, der Turm mit der 4 m großen, vergoldeten *Madonnina* misst exakt 108,50 m, 3400 Statuen wurden geschaffen.

Die völlig aus Marmor gefertigte *Fassade* bietet eine großartige Mischung aus Gotik und Barockelementen, die prächtigen Skulpturen lohnen das nähere Hinsehen, z. B. die gequälten Menschlein auf den Sockeln. Auch die fünf Bronzetore sind prall gefüllt mit lebensechten Reliefs christlicher und stadtgeschichtlicher Thematik.

Im gewaltigen fünfschiffigen Innenraum herrscht zwischen turmhohen Säulen ein geheimnisvolles, grünlich-diffuses Licht. Faszinierend gleich hinter dem Haupteingang der lange *Meridian* im Boden – durch ein winziges Loch fällt das Sonnenlicht darauf, und man sieht den Strahl fast in Sekundenschnelle wandern. Die langen, schmalen *Kirchenfenster* sind die schönsten Italiens und gehören zu den größten der Welt. Teilweise sind riesige Einzelbildnisse dargestellt, z. T. auf den Flächen zahlreiche Einzelszenen zusammengefasst. Schaurig-faszinierend wirkt im rechten Querschiff die Statue des *heiligen Bartolomäus,* geschaffen 1562 von Marco d'Agrate, der seine vom Körper abgeschälte Haut wie eine Toga um sich geschlungen hat, sodass Muskeln, Adern und Knochen sichtbar sind.

Hoch in der Apsis hängt ein *Kreuz*, das die wertvollste Reliquie des Doms umschließt, einen Nagel vom Kreuz Christi. Alljährlich am zweiten Sonntag im September lässt sich der Erzbischof mit einem von Leonardo da Vinci konstruierten Aufzug hinauffahren und holt den Nagel herunter, um ihn zwei Tage lang öffentlich auszustellen. Unter dem Chor befindet sich der *Scurolo di San Carlo* mit dem Sarkophag des heiligen Borromäus, im 16. Jh. Erzbischof von Mailand. Benachbart kann man den *Domschatz* mit Silber- und Elfenbeinarbeiten besichtigen. An der Innenfassade gibt es einen Zugang zu den Ausgrabungen unter der Piazza mit Resten der Vorgängerkirche *Santa Tecla* und des Baptisteriums *San Giovanni alle Fonti* (4. Jh.), in dem der Kirchenvater Augustinus getauft wurde.

Die zweifellos originellste „Fußgängerzone" der Stadt ist das *Dach* des Doms (Treppe/Aufzug an der linken Außenseite des Doms). Oben findet man sich hautnah im filigranen Dschungel von gotischen Spitzen, Verzierungen und Ornamenten und hat einen herrlichen Blick über die Stadt.

Dom, tägl. 9–19 Uhr.

Domschatz, Mo–Fr 9–17.30, Sa 9.30–17, So 13.30–15.30 Uhr, Eintritt ca. 2 €.

Ausgrabungen, tägl. 9.30–17.30 Uhr, Mo geschl., Eintritt ca. 4 €.

Dach, April–Okt. tägl. 9–22 Uhr, sonst bis 16.45/17.45 Uhr. Treppe ca. 6 €, Fahrstuhl ca. 10 €.

Es gibt zwei Sammeltickets für 13 € (Dach mit Lift, Schatzkammer und Ausgrabung) bzw. 10 € (Dach zu Fuß, Schatzkammer und Ausgrabung). Onlinebuchung über www.duomomilano.it erspart Wartezeiten (zzgl. ca. 1,50 €).

Corso Vittorio Emanuele II: Die mondänste Fußgängerzone der Stadt beginnt hinter dem Dom und führt breit und bequem zur *Piazza San Babila*. Die hohen, modernen Laubengänge sind ein Eldorado für Modefreaks, ein schicker Laden drängt sich an den anderen.

Galleria Vittorio Emanuele II: Am Domplatz liegt der Haupteingang zur größten, mit einer Glas- und Eisenkonstruktion

überdachten Passage Europas – der „Salon" Mailands. Die elegante kreuzförmige Halle mit riesiger Zentralkuppel sowie Ein- und Ausgang in jeder Himmelsrichtung wurde in der zweiten Hälfte des 19. Jh. als Prunkstück des modernen Mailands erbaut und beherbergt elegante Geschäfte, Buchhandlungen und teure Cafés. (Wenn man sich auf den Hoden des Stiers im Bodenmosaik des zentralen Oktagons auf den Hacken einmal um die eigene Achse dreht, soll das Glück bringen.)

Piazza della Scala und Umgebung: Der Nordausgang der Galleria führt zum *Teatro alla Scala,* dem berühmtesten Opernhaus der Welt. Nach der gewaltigen Galleria wirkt das 1778 eröffnete Haus ziemlich unscheinbar, ist aber bekannt für seine exzellente Akustik. 2004 öffnete es nach jahrelanger Renovierung wieder seine Pforten. Das hausinterne *Museo Teatrale alla Scala* besitzt eine umfangreiche Sammlung von Erinnerungsstücken, Gemälden, Dokumenten, Fotografien und Instrumenten zur Geschichte der Oper und des Opernhauses.

Zwei Museen liegen ganz in der Nähe. Das *Museo Manzoniano* in der Via Morone 1 dokumentiert Leben und Schaffen des bedeutenden Mailänder Schriftstellers Alessandro Manzoni (→ Comer See/Lecco) aus dem 19. Jh., der in diesem Haus lebte. Und das ausgezeichnete *Museo Poldi Pezzoli,* Via Manzoni 12, beherbergt in 25 Räumen eine umfassende Kunstsammlung vom 15.–19. Jh. – Tapisserie, Glas, Möbel und Schmuck, aber v. a. wertvolle Gemälde, u. a. von Mantegna, Botticelli, Giovanni Bellini und Piero della Francesca, darunter auch das berühmte „Porträt einer jungen Frau" von Pollaiolo.

Museo Teatrale alla Scala, tägl. 9–12.30, 13.30–17.30 Uhr, Eintritt ca. 5 €.

Museo Manzoniano, Di–Fr 9–12, 14–16 Uhr, Eintritt frei.

Museo Poldi Pezzoli, Mi–Mo 10–18 Uhr, Di geschl., Eintritt ca. 9 € (unter 18 und über 60 J. 6 €). Sammelticket mit Museo Teatrale alla Scala ca. 9 € (ermäßigt 7 €).

San Satiro: Meisterwerk von Bramante am Beginn der Via Torino, südwestlich vom Domplatz. Typischer Renaissancebau, Mittelschiff und Querhaus mit Tonnengewölben, der Chor mit illusionistischen Mitteln geschickt verlängert.
Geöffnet 9–12, 14.30–18 Uhr, Eintritt frei.

Biblioteca e Pinacoteca Ambrosiana: Das jüngst restaurierte Museum liegt an der Piazza Pio XI 2, westlich vom Domplatz. 1607 von Kardinal Federico Borromeo als Bibliothek eröffnet, bestückte sie der Kunst liebende Kirchenmann wenig später mit Bildern aus seiner Privatsammlung. Die *Pinakothek* zeigt in 24 Sälen Werke von Caravaggio, Tizian und Botticelli, das Gemälde „Portrait eines Musikers" von Leonardo da Vinci, den Entwurfskarton Raffaels für seine berühmte „Schule von Athen" (heute in den Vatikanischen Museen in Rom) sowie Skulpturen von Canova und Thorvaldsen. Die *Bibliothek* besitzt 600.000 Bände, zahllose Handschriften, Briefe und historische Dokumente. Ein Rundgang dauert ca. 90 Min.
Di–So 10–17.30 Uhr, Mo geschl., Eintritt ca. 8 €. ✆ 051-5881589.

Modeviertel und Umgebung

Das teuerste und exklusivste Modeviertel Europas ist das „Goldene Dreieck" zwischen *Via Montenapoleone, Via della Spiga* und *Via Sant'Andrea* (alles Fußgängerzone). In den Palazzi aus dem 18./19. Jh. haben sich die berühmtesten Designer des 20. Jh. niedergelassen – Versace, Armani, Valentino, Ungaro, Krizia, Gaultier, Saint Laurent, Kenzō … Besuchenswert ist v. a. der kühl-futuristisch wirkende *Armani Megastore* in der Via Manzoni 31.

Das *Museo Bagatti Valsecchi* ist in einem Palazzo mit zwei eleganten mosaikge-schmückten Innenhöfen untergebracht (zwei Eingänge: Via Santo Spirito 10 und Via Gesù 5). Die Gebrüder Bagatti Valsecchi haben hier im 19. Jh. eine reichhaltige Sammlung von Renaissancestücken zusammengetragen – ein „Museum im Mu-seum", denn auch der Palast selbst ist sehenswert.

Museo Bagatti Valsecchi, Di–So 13–17.45 Uhr, Mo geschl., Eintritt ca. 8 € (Studenten und über 65J. 4 €, Mi für alle 4 €).

Brera: Das ehemalige Künstlerviertel um die Via Brera ist heute ein elegantes Wohnviertel mit ruhigen Seitengassen, vielen Galerien, kleinen Läden und Lokalen. In einem prachtvollen Palazzo in der Via Brera ist die *Pinacoteca di Brera* unterge-bracht, eine der bedeutendsten Gemäldesammlungen Italiens. Vor allem Werke der lombardischen, venezianischen und mittelitalienischen Schule hängen hier, u. a. von Raffael, Tizian, Tintoretto, Mantegna, Giovanni Bellini und della Francesca. Berühmte Europäer wie El Greco, Rubens, Rembrandt und van Dyck ergänzen die Sammlung, eine kleine moderne Abteilung schafft Abwechslung. Zwei besondere Attraktionen: „Sposalizio della Vergine" (Hochzeit der Jungfrau) von Raffael und „Cena in Emmaus" (Abendmahl in Emmaus) von Caravaggio.

Pinacoteca di Brera, Di–So 8.30–19.15 Uhr, Mo geschl., Eintritt ca. 6 € (zwischen 18 und 25 J. ca. 3 €, EU-Bürger unter 18 und über 65 J. frei).

Giardini Pubblici: Südlich vom großen Stadtpark, einer von ganz wenigen Grünflä-chen in der großstädtischen Steinwüste, findet man in der Via Palestro 16 die *Galle-ria d'Arte Moderna (GAM)* mit lombardischen Werken des 19. Jh., ergänzt durch Cézanne, Renoir, Gauguin und andere Berühmtheiten. An der Ostseite der Giardi-ni Pubblici steht das *Museo Civico di Storia Naturale*, Corso Venezia 55, mit einer umfassenden zoologischen und vorgeschichtlichen Sammlung, darunter Jahrmillio-nen alte Dinosaurierskelette. An der Westseite des Parks, in der Via Manin 2, be-herbergt das *Museo del Cinema* zahlreiche Exponate zur Geschichte des Films.

Galleria d'Arte Moderna, Di–So 9–13, 14–17.30 Uhr, Mo geschl., Eintritt frei.

Museo Civico di Storia Naturale, Di–So 9–17.30, Eintritt ca. 3 €.

Museo del Cinema, Fr–So 15–19 Uhr, Eintritt ca. 3 €.

Castello Sforzesco und Umgebung

Die gewaltige Backsteinfestung wurde Mitte des 15. Jh. erbaut und ab 1911 in fast zwanzigjähriger Arbeit restauriert. Durch den eigenwillig geformten Turm gelangt man in den immens großen und schön begrünten *Haupthof*. Dahinter liegen zwei weitere Höfe, in deren Flügel die weitläufigen *Musei Civici Castello Sforzesco* un-tergebracht sind. Unter anderem sind hier Skulpturen von der Antike bis zur Neu-zeit ausgestellt – Höhepunkt ist die unvollendete „Pietà Rondanini", das letzte Werk Michelangelos. Weiterhin zu sehen sind Waffen, Möbel und Musikinstru-mente, im ersten Stock eine Pinakothek mit Werken von Giovanni Bellini, Mantegna und Tintoretto, ansonsten sind zu besichtigen eine vorgeschichtliche und ägyp-tische Ausstellung, außerdem eine wertvolle Briefmarkensammlung und Münzen.

Hinter dem Kastell liegt der weitläufige *Parco Sempione*. Das *Acquario Civico* zeigt in einem schönen Art-Nouveau-Gebäude am Viale Gadio 2 mehrere Dutzend Be-cken mit 75 Fisch- und Amphibienarten.

Musei Civici Castello Sforzesco, Di–So 9–17.30 Uhr, Mo geschl., Eintritt ca. 3 € (Fr ab 14 Uhr sowie Di–Do u. Sa/So ab 16.30 Uhr Eintritt frei). **Acquario Civico**, Di–So 9.30–13, 14–17.30 Uhr, Mo geschl., Eintritt frei.

Ausflüge vom See

Museo Archeologico: griechische, etruskische und römische Funde in einem ehemaligen Nonnenkloster am Corso Magenta 15, kürzlich renoviert und erweitert. Di–So 9–13, 14–17.30 Uhr, Mo geschl., Eintritt ca. 5 €.

Santa Maria delle Grazie: sehenswerte Kirche am Corso Magenta, einen knappen Kilometer vom Kastell entfernt (vom Dom zu erreichen mit der Tram 24 ab Via Mazzini oder Piazza Cordusio). Der ursprünglich gotische Bau wurde ab 1492 nach Entwürfen von Bramante verändert – der hohe überkuppelte Chor lässt viel Licht in den hellen Innenraum. Angeschlossen ist ein schöner Kreuzgang.

Im benachbarten Refektorium (Cenacolo Vinciano) kann man die Top-Sehenswürdigkeit von Mailand erleben: das weltberühmte *Abendmahl-Fresko* von Leonardo da Vinci, entstanden 1495–98. Es hält den Moment fest, als Jesus seinen Jüngern verkündet: „Einer von euch wird mich verraten" und gilt als besonders tiefgründige Interpretation dieser Schlüsselstelle. Das Fresko war jedoch von Anfang an gefährdet, denn Leonardo hatte mit einem Gemisch aus Tempera- und Ölfarben auf die trockene Wand gemalt anstatt in den feuchten Putz, wie es in der echten Freskotechnik üblich war. Schon wenige Jahre nach seiner Entstehung blätterte deshalb bereits die Farbe durch Nässe ab, es bildeten sich Schimmelflecken und die Leuchtkraft schwand. Seitdem erlebte das Abendmahl eine 500 Jahre lange Leidensgeschichte. 1978 wurde mit einer umfassenden Restaurierung begonnen, die 21 Jahre dauern sollte. Das Ergebnis spaltete zwar die Fachwelt (während die einen die überaus sorgfältige Restaurierung lobten und die Sicherung des Werks für lange Zeit sahen, sprachen andere von einer endgültigen Zerstörung des Gemäldes), doch seit Mai 1999 ist es nun wieder in voller Schönheit zu sehen.

Jesus als Papa?

Der Bestseller „The Da Vinci Code" („Sakrileg") hat das Fresko weltweit in den Fokus der Aufmerksamkeit gerückt. Autor Dan Brown behauptet darin, die weiblich anmutende Person links neben Jesus (vom Betrachter aus gesehen) wäre Maria Magdalena, mit der Jesus Kinder gehabt haben soll, deren Nachkommen bis heute leben. Diese mehr als abenteuerliche Spekulation wird allerdings von keinem ernst zu nehmenden Fachmann geteilt.

Cenacolo Vinciano, Di–So 8.15–19 Uhr; Eintritt ca. 6,50 € (18 bis 25 J. 3,25 €, unter 18 und über 65 J. frei), jeweils zzgl. 1,50 € für die Reservierung.

Wegen etwaiger Schäden durch die Feuchtigkeit des menschlichen Atems werden nur 25 Pers. gleichzeitig für jeweils 15 Min. eingelassen, auch darf das Bild nur aus großer Entfernung betrachtet werden. Die Reservierung ist obligatorisch unter ✆ 02-800360 (Mo–Sa 8–18.30 Uhr) oder www.cenacolovinciano.net. Man lässt sich eine verbindliche Besichtigungszeit geben und muss 20 Min. vorher erscheinen, sonst verfällt der Termin. Achtung: so früh wie möglich reservieren, Wartezeiten von einigen Wochen sind keine Seltenheit!

Sant'Ambrogio: wunderschöne mittelalterliche Basilika, die das Vorbild zahlreicher ähnlicher lombardischer Kirchenbauten war. Gegründet als Märtyrerkirche der für ihren Glauben hingerichteten römischen Soldaten Gervasius und Protasius, die beide in der Krypta begraben liegen. Außerdem über Jahrhunderte Krönungskirche zahlreicher Kaiser des römisch-deutschen Reiches, die sich hier zu Königen der Lombardei weihen ließen. Durch ein arkadengesäumtes *Atrium* wird der Besucher

Das Atrium von Sant´Ambrogio

in den mächtigen dreischiffigen Innenraum mit Vierungskuppel und großem Chor geführt. Im Hauptschiff links vorn ist die prächtige romanische Kanzel zusehen. Über dem Hochaltar mit wertvollem Reliefvorsatz aus Gold und Silber thront ein säulengestützter Baldachin, in der Apsis sind frühmittelalterliche Mosaike eines Vorgängerbaus erhalten.

Vom rechten Seitenschiff gelangt man in das *Sacello di San Vittore in Ciel d'Oro* aus dem 4. Jh., das mit frühchristlichen Mosaiken und Fresken ausgestattet ist. Auch der Kirchenschatz ist hier untergebracht.

An das linke Seitenschiff ist der *Portico della Canonica* angeschlossen, ein unvollendeter Kreuzgang von Bramante.

Sacello di San Vittore in Ciel d'Oro, Di–So 9.30–11.45, 14.30–18, Sa/So 15–17 Uhr, Di geschl., Eintritt ca. 2 €.

Museo Nazionale della Scienza e della Tecnologia: riesiges Technikmuseum in der Via San Vittore 21 mit zahlreichen Abteilungen verschiedenster Art – von den Erfindungen Leonardo da Vincis bis zu modernen E-Loks und Luftschiffen.

Di–Fr 9.30–17, Sa/So 9.30–18.30 Uhr, Mo geschl., Eintritt ca. 10 € (bis 25 J. 7 €, über 65 J. 4 €, ermäßigte Familienkarten).

Weitere Viertel

Bahnhofsviertel: Der *Bahnhof* ist eine imposante Konstruktion der 1920er und 30er Jahre mit deutlichen Anleihen bei der klassischen Antike. Ansonsten dominieren hier wuchtige Hochhausklötze, der größte ist mit über 127 m das windschnittig geformte *Pirelli-Haus,* einer der höchsten Wolkenkratzer in Europa und Sitz der lombardischen Regionalregierung. Interessantester Straßenzug ist der breite *Corso Buenos Aires,* ein geschäftiger, rund um die Uhr vom Verkehrsinfarkt bedrohter Großstadtboulevard mit Läden aller Art, in dessen Seitenstraßen man Restaurants

Ausflüge vom See

Imposant: der Hauptbahnhof Stazione Centrale

und Pizzerien findet. Das Südende markiert die große *Porta Venezia,* wo der Stadtpark beginnt. Am Nordende liegt der *Piazzale Loreto,* dort wurde 1945 der Leichnam des in Giulino di Mezzegra am Comer See von Partisanen erschossenen
„Duce" (→ S. 132) zusammen mit seiner Geliebten Claretta Petacci mit dem Kopf
nach unten an einer Tankstelle aufgehängt.

Casa di Riposo per Musicisti: Verdis Herzensanliegen

Die Casa di Riposo ist ein Altersheim für verarmte Musiker an der Piazza
Buonarroti (M1: Buonarroti), westlich vom Parco Sempione. Sein Gründer
ist der weltbekannte Opernkomponist Giuseppe Verdi, der am 27. Januar
1901 als gefeierter Künstler im „Grand Hotel et de Milan" (Via Manzoni 29)
in Mailand starb. Wie wichtig ihm dieses Heim war und wie solidarisch er
sich mit den ehemaligen Opernsängern, Pianisten und Dirigenten fühlte, die
hier eine Heimat fanden, wird daran ersichtlich, dass er in einer Krypta im
Innenhof des Hauses an der Seite seiner zweiten Frau Giuseppina Strepponi
begraben liegt. Seine Ruhestätte ist täglich zu besichtigen. Da Verdi dem
Heim Aufführungsrechte seiner Opern vermacht hat, kann es mit den
Einnahmen noch heute existieren.
Tägl. 8.30–18 Uhr.

Chinatown: Die Via Paolo Sarpi liegt nördlich vom Parco Sempione. In ihrer Umgebung leben mittlerweile mehr als 15.000 Chinesen, Mailand ist damit nach
London und Paris die europäische Stadt mit dem höchsten chinesischen Bevöl-
kerungsanteil. Wer einkaufen will, findet hier deutlich niedrigere Preise als im
teuren Zentrum, auch das Straßenleben ist den Abstecher wert.

Certosa di Pavia : dekoratives Prachtstück der Lombardei

Nur etwa 20 km südlich von Mailand steht dieser berühmte Klosterkomplex des Kartäuserordens, von den Navigli erreicht man ihn rasch auf der SS 35 oder man nimmt den Zug. 1396 ließ ihn Gian Galeazzo Visconti, Herzog von Mailand, als Grabstätte für sich und seine Familie erbauen, danach übernahmen die Sforza die weitere Ausge-

staltung. Über 300 Jahre hinweg wurde immer wieder angebaut und vergrößert. Die Marmorfassade der Kirche entstand im 15./16. Jh. und gilt als eins der prächtigsten Kunstwerke Oberitaliens. Kurz nach dem Zweiten Weltkrieg verließen die Kartäuser das Kloster, heute ist es im Besitz des Zisterzienserordens. Die Mönche veranstalten Führungen.

Di–So 9–11.30, 14.30–17.30 Uhr, Mo geschl.; Spende erwünscht.

Cimitero Monumentale: Nur wenig nördlich von Chinatown liegt der städtische Friedhof. Er wurde im 19. Jh. außerhalb der Stadtmauern angelegt und ist ein wahrhaftes Gesamtkunstwerk mit architektonisch imponierenden Grabbauten, darunter z. B. das Grab des Schriftstellers Alessandro Manzoni.
Di–So 9–17 Uhr, Mo geschl.

Ticinese/Navigli: Im südwestlichen Stadtteil (M2: Porta Genova finden sich noch am ehesten die Spuren des „alten" Mailands und sogar ein wenig „Amsterdam-Feeling", denn auf den beiden langen Kanälen *Naviglio Grande* und *Naviglio Pavese* ankern Hausboote, hier und dort führen kleine Brücken über die „Grachten". In diesem noch weitgehend volkstümlichen Stadtteil hat sich das Vergnügungsviertel Mailands etabliert – viele Kneipen, stilvolle Osterien und Musiklokale, Secondhandshops, Kunsthandwerker etc.

Hauptachse des Viertels ist der Corso di Porta Ticinese. An der Piazza XXIV Maggio steht der *Arco di Porta Ticinese,* ein Triumphbogen, der zu Ehren Napoleons errichtet wurde. Ein Stück die Straße hinauf steht die mittelalterliche Kirche *Sant'Eustorgio,* deren Cappella Portinari reich mit Fresken geschmückt ist und das Marmorgrab des Märtyrers Petrus (Petrus von Verona) aus dem 13. Jh. birgt.

Noch ein Stück in Richtung Stadtmitte kommt man zum Stadttor *Porta Ticinese* und kurz darauf zu der wunderschönen Anlage von *San Lorenzo Maggiore,* einem Zentralkuppelbau mit Ecktürmen aus dem 16. Jh. Malerisch beleuchtet sind allabendlich die römischen Tempelsäulen an der Straße unmittelbar davor – beliebter Treff, bevor man sich ins Nachtleben stürzt. Eine Straßenbahn kurvt mitten durch das Gelände. Die *Cappella di Sant'Aquilino* besitzt wertvolle spätantike Mosaiken, hinter dem Altar führt eine Treppe hinunter zu den Ruinen eines römischen Amphitheaters.

Museo di Sant'Eustorgio (Cappella Portinari), tägl. 10–18 Uhr, Eintritt ca. 6 € (über 60 J. 3 €). Cappella di Sant'Aquilino, Mo/Fr/Sa 7.30–18, Di–Do 10.30–12.30, 14.30–18.30, So 9–19 Uhr, Eintritt ca. 2 €.

Ausflüge vom See

Auf dem Monte Legnoncino

Wanderung 1: Von Cólico zum Forte di Fuentes und zurück → S. 224

Wanderung 2:
   Vom Dascio zum Oratorio di San Fedelino (Lago di Mezzola) → S. 227

Wanderung 3:
   Vom Rifugio Roccoli dei Lorla auf den Monte Legnoncino → S. 231

Wanderung 4:
   Auf dem „Sentiero del Viandante" von Varenna nach Bellano → S. 233

Kleiner Wanderführer

Wanderung 5:
   Abstieg von den Piani d'Erna zum Piazzale Funivia   → S. 236

Wanderung 6: Von Domaso nach Sórico   → S. 237

Wanderung 7:
   Von Menaggio über den Sasso Rancio nach Acquaseria   → S. 241

Wanderung 8: Auf dem „Greenway
   del Lago di Como" von Colonno nach Cadenabbia   → S. 244

Am Westufer zwischen Domaso und Sorico (Wanderung 6)

Wandern am Comer See

Der Comer See bietet mit seinen weitläufigen Berg- und Hügelregionen eine fast unerschöpfliche Palette von Wandermöglichkeiten: von hochalpinen Klettersteigen bis zum gemütlichen Spazierweg, von jahrhundertealten Karrenwegen bis zu modernen Trimm-Dich-Pfaden.

Wer in den Bergen um den See wandert, erlebt vieles anders als im Urlaubstrubel unten: Verlässt man die viel befahrenen Uferstraßen und steigt von den Touristenorten die Hänge hinauf, findet man nur 200 m über dem See noch Relikte der alten bäuerlichen Kulturlandschaften – Rebgärten, Olivenhaine und Kastanienwälder, kleine Kapellen, jahrhundertalte Bruchsteinhäuser, verrottete Wassermühlen und Festungsruinen. Die Bergdörfer sind oft halb verlassen (werden allerdings zusehends für Ferienapartments und Zweitwohnungsbau genutzt), dazu hat man immer wieder herrliche Ausblicke auf den See und die malerische Bergkulisse.

Auf historische Wegspuren trifft man im Seegebiet häufig, denn schon in römischer Zeit verliefen hier Verbindungsrouten von Mailand nach Chiavenna und zu den Handelsstädten nördlich der Alpen. Die wichtigste war – neben den Schiffstransportrouten über den See – die „Strada Regina", die an der Westseite des Sees verlief. Sie war die Hauptstraße am Comer See, hatte aber nicht nur Bedeutung für den Nord-Süd-Handel, sondern war auch Einfallstor für die Evangelisierung des nördlichen Europas und umgekehrt ein viel genutzter Pilgerweg nach Rom; zahlreiche Kirchen und Abteien wurden in den frühchristlichen Jahrhunderten rund um den See erbaut. Die Ostseite des Sees begleitet dagegen auf voller Länge der Saumpfad „Sentiero del Viandante" (Pfad des Wanderers), der in früheren Jahrhunderten mit Maultieren begangen wurde. Einige Etappen auf beiden Seewegen sind unten beschrieben.

Die nachstehenden Touren wurden im Hinblick auf Familientauglichkeit ausgewählt, d. h., sie fordern keine Höchstleistungen und sind mit Kindern zu begehen, vorausgesetzt diese haben etwas Spaß an der Sache. Wanderung 2 und 7 sind dabei wegen der Aufstiege etwas anstrengender, lediglich Wanderung 5 ist wegen des steilen Abstiegs für Kinder ungeeignet. Selbstverständlich wird mit dieser Auswahl nur ein Bruchteil der Wandermöglichkeiten um den Comer See vorgestellt, doch können die beschriebenen Wege sicherlich als Anregung für weitere Entdeckungen dienen.

Informationen Club Alpino Italiano (CAI), Como, Via Volta 56/58. Di u. Do 17–19.30, Fr 21–22.30 Uhr. ☎ 031-264177, www.caicomo.it.

Wanderausrüstung Auch wenn die folgenden Touren nicht allzu schwer sind, sollte Schutzkleidung gegen Regen und Wind nicht fehlen, auch Sonnenbrille, -hut und -creme sind ein Muss in der südlichen Sommersonne. Teleskopstöcke können bei Abstiegen eine große Hilfe sein, und Wanderstiefel sind für jeden noch so harmlosen Weg immer zu empfehlen. Denken Sie auch stets an Notproviant und informieren Sie sich bei längeren Touren, ob eine Einkehrmöglichkeit besteht. Ein Flüssigkeitsvorrat von 1,5 Litern Wasser ist bei ganztägigen Sommerwanderungen notwendig.

Wanderkarten Von Kompass gibt es die GPS-taugliche Wanderkarte **Lago di Como**

– Lago di Lugano mit Beiheft im Maßstab 1:50.000 (WK 91, ISBN 978-3-85491-098-5).

Ebenfalls für Wanderer und Biker interessant sind die detaillierten Karten **Alto Lario Occidentale** zum nördlichen Teil des Comer Sees im Maßstab 1:35.000 (ISBN 978-8-8900-8962-6) sowie die Karte **Lario Intelvese** zum südwestlicher Seearm im Maßstab 1:35.000 (ISBN 978-8-8900-8961-9). Die zwei letzteren Karten sind vor Ort erhältlich, z. B. bei der Informationsstelle im Rathaus von Dongo aber auch z.B. über http://mapfox.de.

Literatur Wandern auf der historischen **Strada Regina** und Wandern auf dem **Sentiero del Viandante**, beide von Albano Marcarini, erschienen im Lyasis Verlag (www.lyasis.com) und erhältlich in den Buchläden vor Ort.

Wanderung 1:
Von Colico zum Forte di Fuentes und zurück

Charakteristik: Leichte Wanderung zwischen Colico und dem Fluss Adda, landschaftlich reizvoll und abwechslungsreich. Fast völlig eben geht es durch die üppig grüne Wiesenlandschaft am Fluss Adda, lediglich die beiden niedrigen Waldhügel des Forte Montecchio und Forte di Fuentes sind zu besteigen. Am Ende der Wanderung kommen wir an einigen ruhigen Seebadestellen vorbei und erreichen danach den langen Strand von Colico – gegebenenfalls Badesachen mitnehmen. **Dauer**: reine Gehzeit ca. 3 Std. **Einkehr**: Agriturismo Forte di Fuentes (WP 11). **Ausgangspunkt**: Parkplatz in Colico.

Startpunkt ist der **Parkplatz** **1** an der Seeseite des Bahnhofs von Colico. Vom Bhf. führt eine Unterführung unter den Gleisen dorthin, Parken ist gebührenpflichtig

Alles gut ausgeschildert

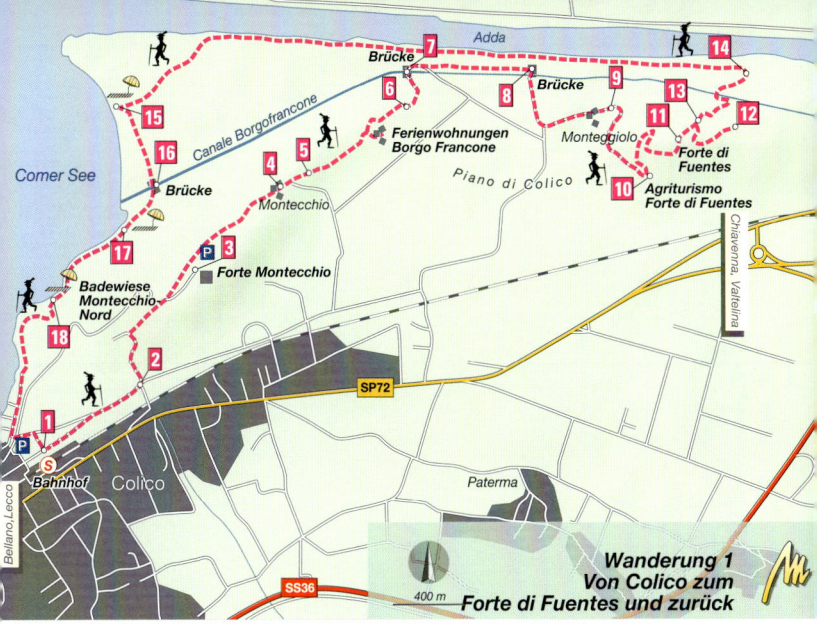

(8–12.30, 14–20 Uhr). Wir gehen über den Kreisverkehr die Via Padania nach Norden und biegen nach wenigen Minuten an einer **Kreuzung 2** links ab (Via alle Torri), beschildert mit „Forte Militare Montecchio" und zahlreichen weiteren Wegweisern. Wir gehen in Richtung Forte Montecchio, kommen an einem Abzweig nach links und dem Hinweis zum mittelalterlichen Turm „Torrette" vorbei und erreichen den bewaldeten Festungshügel. Etwa 15 Min. nach Beginn der Wanderung stehen wir am Abzweig zur Festung. Wenige Meter bergauf stoßen wir auf den Parkplatz und Eingang des **Forte Montecchio 3**. Details zur Festungen, deren Besichtigung sehr lohnt, → S. 74.

Wir gehen zurück zum Abzweig und den Fahrweg weiter nach rechts (Norden), er führt durch Mischwald mit Kastanienbäumen, kleine Schilder mit der Aufschrift „Sentiero dei Forti" sind ab und an zu sehen. Bald treffen wir auf die wenigen Natursteinhäuser von **Montecchio 4**, 30 Min. sind wir nun unterwegs. Wenige Meter nach den Häusern zweigt links ein schmaler **Pfad 5** ab, dem wir folgen. Bald haben wir einen schönen Blick auf die Ebene Piano di Colico und den Beginn des Valtellina dahinter. Der Pfad verläuft oberhalb der schön restaurierten Ferienwohnungen „Borgo Francone" (→ S. 73) mit Pool, weiter geht es durch blühende Wiesen, bis wir auf einen **Fahrweg 6** treffen. Diesen gehen wir nach links bis zum Kanal Canale Borgofrancone, den wir auf einer **Brücke 7** überqueren.

Am Reitstall „Ranch El Picadero" entlang gehen wir nach rechts und queren den Kanal nach 500 m wieder auf einer **Betonbrücke 8**. Links vor uns liegt der Burghügel des Forte di Fuentes. Wir gehen zunächst geradeaus, dann biegen wir links ab, durchqueren Monteggiolo mit seinen restaurierten Natursteinhäusern, bis wir wiederum beim **Hinweisschild zum Reitstall „Crazy Cowboy Ranch" 9** rechts abbiegen und zum **Agriturismo Forte di Fuentes 10** gehen, der am Fuß des Festungshügels liegt. Um zum Hügel hinaufzusteigen, muss man den Agriturismo durchque-

Schnurgerade am Fluss Adda

ren (es gibt eine Bar, eventuell Pause machen), dahinter steigt der Weg in wenigen Minuten hinauf zur weitläufigen Ruine des spanischen **Forte di Fuentes** 🄫. Seit Beginn der Wanderung sind wir jetzt ca. 1:15 Std. unterwegs.

Die Ruinen gruppieren sich um einen grasbewachsenen Platz, es gibt einen Aussichtspunkt, wo man über das Piano di Spagna bis zum See blickt. Man kann zur **Geschützstellung** 🄬 hinaufsteigen, die am höchsten Punkt im rechten Winkel angelegt ist und einst dazu diente, Valtellina und Valchiavenna unter Beschuss nehmen zu können (Details zur Geschichte der Festung → S. 75).

Am Ende des Exerzierplatzes führt der Weg zwischen der ehemaligen Burgkirche und dem spanischen Gouverneurspalast hindurch und bei einer **Absperrung** 🄭 den Hügel wieder hinunter. Nach wenigen Minuten erreichen wir einen Abzweig, gehen nach links (beschildert: „Canale Borgofranco, Foce dell'Adda, Colico") und kommen unten bald zu einer **Brücke** 🄮 über den Kanal.

Nun geht es auf einem Radweg schnurgerade am Fluss Adda entlang, das Ufer ist mit Weiden dicht bestanden, ab und zu kommt ein Radfahrer entgegen. Nach etwa 20 Minuten nähern wir uns der Mündung, der Weg führt nun leicht nach links und erreicht einen kleinen sandigen Strand 🄯 im Grünen. Hier hat man meist himmlische Ruhe und der Blick auf den See ist herrlich. Wenige Meter weiter überqueren wir einen Kanal 🄰 und kommen zwischen Schilf und kleinen Wiesen zu einem weiteren naturbelassenen Strandflecken 🄱. Nun geht es dicht am Ufer entlang, bis wir rasch die große Badewiese Montecchio Nord 🄲 bei Colico erreichen. Hier können wir noch einen ausgedehnten Badeaufenthalt einlegen und einkehren (→ Colico). Bis zum Parkplatz 🄵, wo wir vor etwa 3 Std. die Wanderung begonnen haben, sind es nun nur noch wenige Meter.

Wanderung 2: Vom Dascio zum Oratorio di San Fedelino (Lago di Mezzola)

Charakteristik: Mäßig anstrengende Wanderung zum bildhübschen romanischen Kirchlein am Nordende des Lago di Mezzola (→ S. 76) am Fuß des Monte Peschiera und des Monte Berlinghera (1930 m). Es geht 6 km durch Laubwald über dem Westufer des Sees, immer wieder hat man schöne Ausblicke. Der Anstieg vollzieht sich in mehreren Etappen, dabei werden 330 Höhenmeter überwunden, der Schlussabstieg ist steil und ein wenig unangenehm. Kinder sollten das Wandern gewöhnt sein, unter zehn Jahren nicht zu empfehlen. Tipp: Um den Rückweg auf gleichem Weg zu vermeiden, kann man sich in einer traumhaften Bucht per Boot abholen lassen – ein nachhaltig schönes Erlebnis. In der Bar des Hotels „Del Mera" können Sie vor Beginn der Wanderung die Rückfahrt reservieren lassen oder direkt unter ☎ 346-0873962 (bis zu acht Pers., ca. 10 € pro Pers.). Wer das Kirchlein Oratorio di San Fedelino (siehe unten) von innen besichtigen will, hat dazu nur Samstag und Sonntag Gelegenheit. **Dauer**: reine Gehzeit ca. 2:30 Std. **Einkehr**: zwei Restaurants/Bars in Dascio. **Ausgangspunkt**: Parkplatz in Dascio.

Wir starten am kleinen **Parkplatz von Dascio** ■ kurz nach der Kirche. Von dort gehen wir die wenigen Meter zur Kirche zurück und biegen in die Asphaltstraße ein, hier steht ein Schild mit der Aufschrift „S. Fedelino sec X 2 Std.". Nach etwa 50 m biegen wir beim Haus Nr. 14 rechts ein und folgen dem Fußweg durch die Wiesen. Bei einem **Bauernhaus** ■ treffen wir auf den eigentlichen Weg, der uns nach Norden aus Dascio herausführt. Wir passieren einen Aussichtspunkt und kommen etwa 20 Min. nach Beginn der Wanderung zur Felsnase **Sasso di Dascio** ■. Hier kann man den schönen Seeblick genießen, es gibt eine Ruhebank und eine Kapelle für die Kriegstoten aus Dascio, an der Rückseite finden wir eine eingefasste Quelle mit Wasserhahn.

Über die alte Steinbrücke Ponte Valene

San Fedele, Soldat und Märtyrer

Während der Christenverfolgungen unter Kaiser Maximian (Regierungszeit 286–305) flohen mehrere Soldaten der sagenumwobenen Christenlegion „Legione Tebea" von Mailand nach Como, wurden dort jedoch gefangen genommen und getötet. Lediglich Fedele gelang die Flucht in einem Boot über den ganzen See bis zur Nordspitze. Doch auch er wurde dort von den Häschern des Kaisers aufgespürt und an Ort und Stelle wegen seines Glaubens geköpft. Die Bevölkerung errichtete daraufhin ein einfaches kleines Bauwerk, um seine Reliquien aufzubewahren. Viele hundert Jahre später (964) erschien der Märtyrer einer Frau im Traum und zeigte ihr die Stelle, wo seine sterblichen Überreste lagen. Der Bischof von Como ließ an dieser Stelle eine neue Erinnerungskapelle errichten, die Gebeine wurden in die Basilica di Santa Eufemia von Como überführt, die in Basilica di San Fedele umbenannt wurde (→ S. 150). Im 16. Jh. wurden die Reliquien des Heiligen in die Chiesa di San Fedele nach Milano gebracht, wo sie sich noch heute befinden. Das kleine Kirchlein an Mera geriet indes in Vergessenheit, die Spanier machten daraus einen befestigten Wachposten, später wurde es als Stall genutzt, dann als Lager und Küche für die Arbeiter des nahen Steinbruchs. Im Inneren sind noch Fresken erhalten, hauptsächlich in der Apsis, z. B. eine Christusdarstellung mit Engeln und die zwölf Apostel. Von der Feuchtigkeit zerstörte Fragmente findet man aber noch an allen Innenwänden, wahrscheinlich war San Fedelino ursprünglich vollständig bemalt. 2004 wurde das Oratorio restauriert.

Mitte April bis Ende Okt. Sa/So 11–12, 14.30–16.30 Uhr, Eintritt ca. 1 €, Schüler/Stud. und über 60-Jährige ca. 0,50 €, ☎ 339-2908864.

Auf gut befestigtem Weg geht es jetzt durch Esskastanienwald halb hoch über dem See weiter, vorbei an einigen Ferienhäusern, den Case Borzi, die man bei der Rückfahrt per Boot vom See aus sehen kann. Wir treffen auf die **Kurve einer Asphaltstraße 4**, die wir gleich wieder verlassen, um auf einem schmalen Pfad weiter nordwärts zu gehen; linker Hand passieren wir eine Quelle mit Wasserhahn und Steintrog. Durch den Wald geht es weiter zum Tal des Wildbachs Acqua Bianca, der sich als Wasserfall seinen Weg nach unten bahnt. Auf der malerischen Steinbrücke Ponte Valene wird er überquert. Nun folgt eine **Linkskurve 5** und ein steiler Aufstieg zu einigen Ruinen, rot-weiß-rote Markierungen sind zu sehen. Weiter geht's durch Wald, vorbei an überall verstreuten Felsbrocken. Der Bach Acqua Marcia wird erreicht, der hölzerne **Ponte Poncio 6** überquert ihn, eine weitere, halb verfallene Brücke sieht man flussabwärts. Etwa 1 Std. nach Aufbruch führt der Weg durch einen alten **Steinbruch 7**, in dem seit dem 18. Jh. der „Granito di San Fedelino" abgebaut wurde. Viele halbfertig behauene Granitblöcke liegen herum, überall sieht man Sträucher der mediterranen Baumheide (Erica arborea), die im Frühjahr weiß blüht. Auf Stufen geht es noch höher bis zu einem **Ausguck über dem See**, kurz darauf folgt ein weiterer **8**. Zwischen mächtigen Felsbrocken steigen wir bis zum höchsten Punkt der Wanderung, dem **Brentaletto 9**, einem wunderbaren Aussichtspunkt mit flachen Felsplatten – man blickt hinunter auf den Flusslauf des Mera, dahinter erheben sich majestätisch die imposanten Berge um die Täler Val Codera und Valle dei Ratti. Zum Rasten ist dieses Fleckchen wie geschaffen, wir sind nun etwa 1:30 Std. unterwegs.

Giumellasco

Mera

Zementfabrik

Giumello

SS36

11

12

Felsrücken

10

13

Oratorio di
San Fedelino

9

Brentaletto

8

Bootsverbindung (auf Anfrage)

7

Steinbruch

6

Ponte Poncio

Wasserfall

Lago di Mezzola

5

Albonico

Ponte Valene

4

2

Sasso di Dascio

3

P

Start

1

Dascio

SS36

Sorico, Colico

Wanderung 2
Von Dascio zum Oratorio di San Fedelino

250 m

Nun folgt der steile Abstieg bis hinunter zum Mera. Anfangs gehen wir auf Zementstufen, dann zieht sich der Pfad in Serpentinen durch Wald den Hang hinunter. Nach längerem Abstieg erreichen wir einen **Wegweiser** 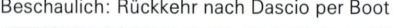. Nach rechts kommt man hier in 15 Min. zum Kirchlein San Fedele – verlockend, aber nicht ungefährlich, da es hier sehr steil und unbefestigt hinuntergeht. Besser, wir folgen dem Hauptweg weiter, beschildert mit „Percorso storico di Valle Via Francesca", der in einem langen, recht steilen und felsigen Stufenabstieg zum Mera hinunterführt, genannt Scalone, im letzten Stück unter einer senkrechten Felswand. Achtung: Auf diesem Stück ist Trittsicherheit gefordert, langsam und bedächtig gehen. Unten angekommen, treffen wir auf einen **Fußweg** ⓫, dem wir nach rechts folgen, etwa 2 Std. sind wir nun seit Dascio unterwegs.

Es geht nun bequem am Ufer des Mera entlang, die große Zementfabrik am anderen Ufer sorgt für lautstarke Untermalung. Ein felsiger Rücken muss noch mit Hilfe von **Metallleitern** ⓬ überwunden werden, dann erreichen wir endlich das Ziel. Das harmonische Bruchsteinkirchlein **Oratorio di San Fedelino** ⓭ steht heute an einem lauschigen Fleckchen am Ufer des Mera, umgeben von einer saftig grünen Wiese. Es wurde Ende des 10. Jh. zu Ehren des Märtyrers San Fedele erbaut (→ Kasten S. 228) und hat damit schon über tausend Jahre allen Zeitenwenden getrotzt. Es misst in der Länge gerade mal 3,5 m, besitzt eine schöne kleine Apsis und einen Tympanon, der über das Gebäude hinausragt. Das Dach ist wie eine traditionelle Berghütte mit Schieferplatten gedeckt.

Nun sind es nur noch wenige Meter durch die Ufervegetation zum Bootsanleger, der in einer selten schönen Bucht liegt. Es gibt einen kleinen Sandstrand, rechts ragen dunkle Felswände senkrecht in die Höhe, kaum ein Mensch lässt sich hier blicken – nach der Anstrengung der Wanderung ein idealer Platz für eine ausgedehnte Siesta. Bei der Rückfahrt nach Dascio genießt man wunderbare Panoramen vom See und den Bergen im Norden, auch ein malerischer Wasserfall wird passiert.

Beschaulich: Rückkehr nach Dascio per Boot

Wanderung 3: Vom Rifugio Roccoli dei Lorla auf den Monte Legnoncino (1714 m)

Charakteristik: Der kleine Zwillingsbruder des mächtigen Monte Legnone, der majestätisch oberhalb der nordöstlichen See-Ecke aufragt, ist relativ leicht zu besteigen, allerdings ist die Anfahrt zum Startpunkt, dem Parkplatz am winzigen, in der warmen Jahreszeit fast völlig ausgetrockneten Bergweiher Roccoli dei Lorla in 1468 m Höhe, etwas langwierig. Vom See sind es etwa 17 km auf enger kurviger Straße (Näheres → S. 83). Die Bergauf-Wanderung wird mit einem fantastischen Blick über den Comer See belohnt, allerdings sollte man sich dafür unbedingt einen vollkommen klaren Tag aussuchen! Wer nach der Rückkehr zum Parkplatz noch Kräfte übrig hat, kann sich auf einem weiteren Weg einige Geschützstellungen der sog. Linea Cadorna aus der Zeit vor dem Ersten Weltkrieg anschauen.
Dauer: reine Gehzeit ca. 1:45 bis 2 Std. **Einkehr**: Rifugio Roccoli dei Lorla (einige Meter oberhalb des gleichnamigen Weihers), 60 Betten, Juni bis Sept. tägl. geöffnet, übrige Zeit nur am Wochenende, ☎ 0341/875014. Rifugio Bellano, 12 Betten, geöffnet nur im August und an Wochenenden, ☎ 0341/804309. **Ausgangspunkt**: Parkplatz am Lago Roccoli dei Lorla.

**Wanderung 3
Vom Rifugio Roccoli
dei Lorla auf den
Monte Legnoncino**

Kurz vor der Einfahrt zum **Parkplatz** ▮ am Lago Roccoli dei Lorla führt linker Hand eine mit Schranke versehene Piste zum Gipfel, am Beginn steht ein entsprechendes Hinweisschild. Es handelt sich dabei um eine ehemalige Militärstraße aus dem Ersten Weltkrieg, die keinerlei Orientierungsschwierigkeiten bietet und leicht zu begehen ist. Allerdings geht es stetig bergan, sodass eine gewisse Kondition erforderlich ist. Zwischen flechtenüberwucherten Nadelbäumen und bizarren Felsbrocken steigt die seitlich mit Gneisplatten befestigte Piste mit einigen Serpentinenkurven allmählich in höhere Lagen. Nach etwa 50–60 Min. erreicht man ein **Wiesenplateau** ▮ mit Picknicktischen und -bänken. Hier genießt man bei klarer Sicht einen herrlichen Blick auf den hoch aufragenden Monte Legnone, aber auch auf den tief unten liegenden Comer See, gegenüber erkennt man Domaso.

Nun geht es noch wenige Minuten weiter aufwärts bis zur kleinen, 1771 erbauten Gipfelkirche **Chiesa di San Sfirio** ▮, darunter sind noch Geschützgalerien im Berg erhalten (nicht zugänglich). Der Heilige der Schafhirten, der hier verehrt wird, war der Legende nach der älteste von sieben Geschwistern (sechs Brüder und eine Schwester), die sich alle an verschiedene Orte in die Berge oberhalb des Lago zurückzogen hatten, um dort als Eremiten zu leben. Sfirio hatte die Einsamkeit des Monte Legnoncino gewählt, alljährlich am 17. Juli wird hier oben ein großes Fest zu seinen Ehren gefeiert. Auch an seine Geschwister erinnern noch Kapellen. Die völlige Isolierung war allerdings wohl nur schwer zu ertragen – wie es heißt, verständigten sie sich untereinander mit Rauchzeichen.

Von der Chiesa di San Sfirio geht es nun noch etwa 200 m weiter auf schmalem, holprigem Pfad zum etwas höher stehenden Gipfelkreuz mit benachbarter Marienstatue – hier ist der Seeblick noch viel umfassender als vom Picknickplatz, und man kann problemlos bis Bellagio in der Seemitte schauen, sogar noch darüber hinaus.

Jetzt geht es auf demselben Weg, den Sie hergelaufen sind, zurück zum **Parkplatz 1**. Dort orientiert man sich am rechten Ufer des (ausgetrockneten) Lago Roccoli dei Lorla in Richtung der **Wegweiser 4**, die kurz hinter dem Weiher stehen. Nach links führt ein schöner Waldweg an einigen Überresten der sog. „Linea Cadorna" vorbei. Am Vorabend des Ersten Weltkriegs erwarteten die Italiener eine deutsch-österreichische Invasion über die Pässe Simplon und Gotthard und errichteten unter General Luigi Cadorna eine massive Verteidigungslinie bis hoch in die Gipfelregionen – mit Erfolg, der Gebirgskrieg biss sich in den Dolomiten weiter östlich fest, im Bereich von Comer See und Lago Maggiore fiel kein Schuss. Wegen der zahlreichen Felsbrocken ist der schmale, leicht abschüssige Weg abschnittsweise etwas mühsam zu begehen, doch nach 15 Min. erreicht man die erste Geschützstellung namens **Galleria Mitragliera 5** mit dem Schild „Appostamento in caverna". Etwa 50 m zieht sich ein dunkler Stollen durch den Berg, von dem aus zwei Querstollen zum Berghang führen, an deren Ausgängen Maschinengewehre stationiert waren. Mit der gebotenen Vorsicht und einer Taschenlampe kann man den Hauptstollen entlanggehen und kommt am anderen Ende wieder heraus. Wer jetzt noch weitergehen will, erreicht 30 Min. ab Wegbeginn den Schützengraben Trincea, nach 45 Min. die Fortificazione Artesso. Zwischen beiden Befestigungen kommt man am „Rifugio Bellano" vorbei, das in 1309 m Höhe am Westhang des Monte Legnoncino steht.

Blick vom Sentiero del Viandante

Wanderung 4: Auf dem „Sentiero del Viandante" von Varenna nach Bellano

Charakteristik: Der Weg des Wanderes ist ein historischer Saumpfad, der entlang des gesamten Ostufers verläuft und früher von Maultieren begangen wurde (Mulattiera). Das Streckenstück von Varenna nach Bellano in der Seemitte ist einfach zu begehen, denn nach dem steilen Aufstieg zum Castello di Vezio folgen nur noch kleinere Anstiege, ansonsten geht es weitgehend flach durch den Laubwald der Uferhänge. Der Weg ist mit roten und orangen Schildern „Sentiero del Viandante" ausgezeichnet markiert und für Familien mit Kindern gut geeignet. **Dauer**: reine Gehzeit ca. 2:30 Std. **Einkehr**: Restaurant/Bar im Castello di Vezio. **Ausgangspunkt**: Fährhafen von Varenna.

Wir starten im **Fährhafen von Varenna** ◼ und gehen auf dem hübschen Uferweg Richtung Süden zum malerischen **Porticciolo** ◼ im alten Zentrum (→ S. 89). Von dort steigen wir die malerische Via del Prestino zur Durchgangsstraße hinauf, vorbei am Hotel Du Lac (→ Stadtplan Varenna, S. 91). Wir treffen neben der Villa Cipressi auf die Straße und folgen ihr nach rechts. Gegenüber der Villa Monastero nehmen wir den asphaltierten **Abzweig** ◼ landeinwärts der Straße, dort wird gerade ein großen Parkhaus gebaut. Nach kurzem Anstieg weist uns vor dem Hotel „Eremo Gaudio" ein Schild mit der Aufschrit „Sentiero del Viandante" nach links. Nach ein paar Kurven beginnt dort der **Pfad** ◼ zum Castello di Vezio. Zwischen Olivenbäumen geht es schmal und steil durch Wiesen hinauf, man genießt schöne Seeblicke, Trittsicherheit und Vorsicht ist allerdings auf diesem Wegstück gefragt, vor allem mit Kindern. Nachdem das letzte Stück schattig unter Bäumen verläuft, erreichen wir das Plateau mit der Burg. Der Zugang zum Kastell beginnt an einer kleinen Piazza mit der Kirche Sant'Antonio Abate aus dem 15. Jh. Sie ist steht meistens offen und einige alte Wandfresken sind noch erhalten. Wer die Burg mit ihrem fantastischen Panoramablick besichtigen möchte, findet die Beschreibung auf S. 95.

Cólio

Restaurant
Cavallo Bianco

Bootshafen ⚓ **18**
17 Orrido di Belano
16

Oratorio Santa Marta

Bellano

15 Cappella dell'
Addolorata

14 Valletta di Biosio

Comer See

SP72 Wegkapelle **13**

Cestaglia

12
Holzbrücke

11

Wegkapelle

10

9

Regolo

Piazetta
Bassa

Menaggio, Bellagio

Fährhafen ⚓ Bahnhof
Start **1** Mullatiera **8**
Varenna **7**

Keramik
Laden
5 **6** Torrente
Esino

2 Castello
di Vezio Vezio

Porticciolo Sant'Antonio
Abate

Lecco

3

Villa Cipressi **4**

SP72 ◼ Hotel Eremo

**Wanderung 4
Auf dem „Sentiero del Viandante"
von Varenna nach Bellano**

400 m

Wir gehen nun in entgegengesetzter Richtung vom Kastell in den alten Ortskern und verlassen ihn nach einem **Keramikladen 5** nach links. Ein Abstieg führt uns durch den Wald hinunter, bis wir auf einen **Wegweiser 6** nach Perledo treffen. Wir überqueren die Straße und gehen den Weg weiter, queren auf einer alten Steinbrücke mit ehemaligen Mühlengebäuden den Torrente Esino, der nördlich vom Fährhafen von Varenna in den See mündet, und erreichen im Gewerbegebiet Campallo wieder die **Straße 7**. Der Wegweiser „Perledo, Bellano" führt uns weiter auf einer ansteigenden Mulattiera. Wir gehen durch eine **Wegkapelle 8** hindurch, die zu den Wallfahrtskirchen der Marianer (Kongregation der Marienverehrer) gehört und erreichen den Ortsteil Regolo. Seit dem Aufbruch in Varenna sind wir etwa 1 Std. unterwegs.

Im Ort muss man auf die Wegschilder achten, an der Piazzetta Bassa geht es auf schönem, von Mauern gefassten Weg aus dem Ort hinaus. Bei einer **Gabelung 9** wenden wir uns rechts und

Schöne alte Mulattiera mit Olivenbäumen

treffen bald auf die Straße nach Gittana und Regoledo. Unser Weg führt uns zunächst parallel oberhalb der Straße weiter Richtung Norden, dann steigen wir zur **Straße 10** hinunter und gehen auf ihr weiter, vorbei an einer weiteren Wegkapelle. Nach einigen Kurven verlassen wir die Straße bei einer Kreuzung mit einer weiteren Straße, ein **Sentiero-del-Viandante-Schild 11** weist den Weg. Wir überqueren den Torrente Masna auf einer **Holzbrücke 12**, passieren Cestaglia und gehen auf schönem Waldweg weiter in Richtung Bellano. Eine **Wegkapelle 13** erinnert an die Verschleppung von Kriegsgefangenen nach Russland.

Der Weg ist fast eben, vor uns ist schon bald Bellano zu sehen. Auf einer weiteren Brücke überqueren wir das **Valletta di Biosio 14**, kurz darauf steht die neoklassizistische **Cappella dell'Addolorata 15** am Weg, unterhalb liegt Bellano. Schnell erreichen wir die Straße oberhalb vom Bahnhof von Bellano, verlassen sie aber bald auf einem **Fußweg 16** nach unten. Beim Friedhof kommen wir an der Kirche San Rocco vorbei, die den im Ersten Weltkrieg Gefallenen von Bellano gewidmet ist (Granaten vor der Kirche weisen darauf hin) und steigen hinunter zum berühmten **Orrido di Bellano 17**, Näheres dazu → S. 86. Nun sind es nur noch wenige Schritte in den Ortskern, vorbei an der Pfarrkirche Santi Nazaro e Celso und am Oratorio Santa Marta kommen wir in die schmale Fußgängerzone und nach wenigen Meter zum kleinen mauergefassten **Bootshafen 18** von Bellano. Wenige Meter weiter nördlich lädt das Ristorante „Cavallo Bianco" mit seiner schönen Seeterrasse zur wohlverdienten Rast ein. Zurück nach Varenna kann man mit dem Zug oder der Fähre bzw. dem Schnellboot fahren (→ Stadtplan Bellano, S. 85).

Wanderung 5: Abstieg von den Piani d'Erna zum Piazzale Funivia

Charakteristik: Mit der Seilbahn hinauf zum Hochplateau über Lecco und per pedes zurück. Ein nicht ganz unanstrengender Abstieg auf steilem, von Regenfällen stark ausgewaschenem Waldpfad, der sich ziemlich zieht. 600 m Höhenmeter geht es abwärts, gute Trittsicherheit und Kondition sind erforderlich, für Kinder und Senioren eher ungeeignet. Besser nicht allein gehen, denn der Weg ist einsam, außerdem Handy mitnehmen. Einkehren kann man unterwegs im Rifugio Stoppani. Anfahrt zur Talstation der Seilbahn auf S. 102. **Dauer**: reine Gehzeit ca. 2 Std. **Einkehr**: Rifugio Stoppani, Mitte Juni bis Mitte Sept. tägl., sonst nur Sa, So u. Mi, ✆ 0341-491517 o. 347-0323045, www.rifugiostoppani.it. **Ausgangspunkt**: Bergstation der Seilbahn an den Piani d'Erna.

Nach Verlassen der **Seilbahnstation 1** wenden wir uns nach rechts und gehen zum Piazzale Funivia. Dort führt ein schmaler **Steig mit Stufen 2** steil hinunter,

Klettersteig zu den Piani d'Erna, im Hintergrund Lecco

ein wenig tiefer geht es **rechts ab 3**. Der vom Sturzwasser stark ausgewaschene Hohlweg führt weiter steil abwärts, hier und dort muss man vielleicht die Hände zu Hilfe nehmen. Nun geht es gut 30–40 Min. in stetigen Abwärtsserpentinen durch den Wald, bis man auf einen Querweg mit einem **Schild 4** stößt, das das Rifugio Stoppani in 10 Minuten ankündigt. Hier ist der anstrengendste Teil des Abstiegs beendet.

Wir gehen nun auf ebenem Gelände nach rechts und kommen an einer tröpfelnden Quelle vorbei, kurz danach müssen wir uns **links halten 5**. Das **Rifugio Stoppani 6** erreichen wir etwa 50 Min. nach Beginn der Wanderung. Hier kann man essen und auch übernachten, für beides ist Vorbestellung erwünscht.

Weiter geht es mit nur noch mäßigem Gefälle bis zur **Cappella del Resegone 7**, von der aus man über die Bäume weit voraus einen Blick auf den Parkplatz bei der Talstation der Seilbahn erhaschen kann. Kurz darauf kommen wir zwischen ein paar alten **Steinhäusern 8** hindurch, die ersten Anzeichen der Zivilisation, etwa 1:10 Std. sind wir nun unterwegs. Eine **Abzweigung 9** nach rechts führt uns auf einen grob gepflasterten Weg, der sich nun durch den Wald langsam abwärts zieht, bis wir etwa 1:30 Std. nach Wanderbeginn auf eine **Asphaltstraße 10** stoßen.

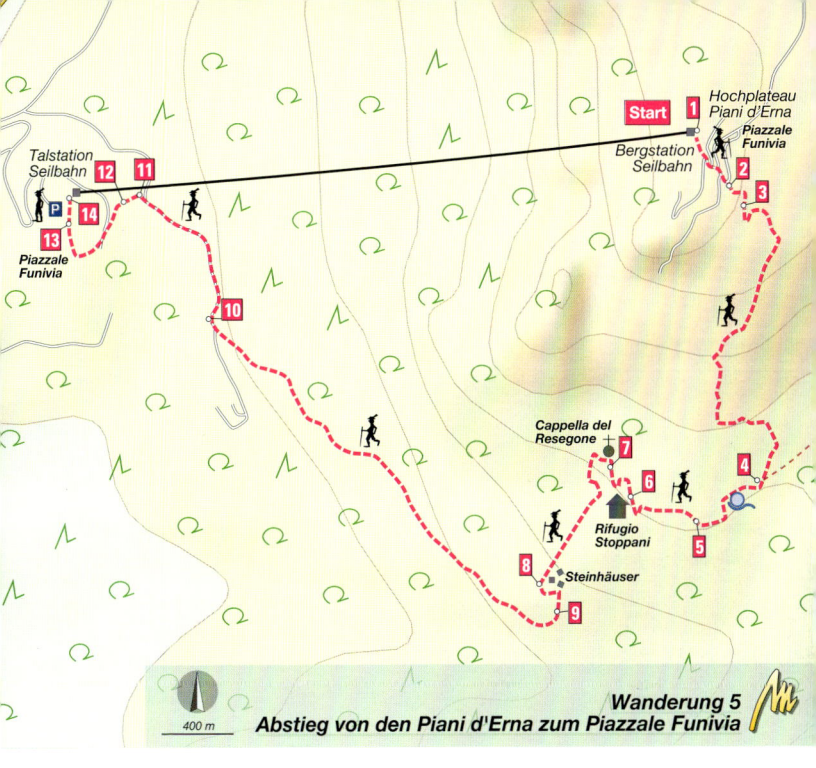

Wanderung 5
Abstieg von den Piani d'Erna zum Piazzale Funivia

400 m

Wir gehen auf der Straße weiter, bis wir nach etwa 15 Min. links zur **Funivia Malnago** 🔟 abzweigen, die Stelle ist beschildert, im Himmel sieht man die Kabel der Seilbahn. Durch den Wald geht es leicht bergauf, an einer **Abzweigung** 🔟 halten wir uns links und erreichen endlich **Stufen** 🔟, die uns zum **Parkplatz** 🔟 bei der unteren Seilbahnstation bringen.

Wanderung 6: Von Domaso nach Sorico

Charakteristik: Abgesehen vom etwas schweißtreibenden Aufstieg bis kurz unterhalb von Caino eine leichte Wanderung durch üppiges Grün mit schönen Panoramablicken über den See. Nachdem man den Aufstieg bewältigt hat, folgt ein längeres, weitgehend flaches Stück bis Aurogna, dann der unproblematische Abstieg und zu guter Letzt ein Spaziergang auf der Seepromenade von Gera Lario nach Sorico. Rückkehr nach Domaso mit dem etwa stündlich verkehrenden Bus. **Dauer**: reine Gehzeit ca. 3 bis 3:30 Std. **Einkehr**: Pizzeria Bellavista in Arbosto. **Ausgangspunkt**: Piazza Ghislanzoni in Domaso.

Wir starten in Domaso an der kleinen zentralen **Piazza Ghislanzoni** 🔟 direkt an der Uferstraße gegenüber der Fähranlegestelle. Von hier gehen wir die Via Regina nach rechts durch das historische Dorfzentrum hinauf bis zur barocken **Chiesa San Bartolomeo** 🔟, die reich mit Intarsien, Stuck und Malereien geschmückt ist. Nun nehmen wir die Straße nach Gaggio und Pozzolo (Straßenschild beachten), zweigen aber schon nach etwa hundert Metern **rechts ab** 🔟, zu erkennen an einem **Überbau neben der Straße**. Zwischen Hauptstraße und Überbau verläuft der Weg zur Steinbrücke über den Bach Livo. Gleich nach der Brücke führt ein gepflasterter Weg links hinauf zum profanierten **Oratorio San Silvestro** 🔳. Vor dem Oratorium gehen wir links in Richtung Vercana weiter bergan. Bald treffen wir auf die Asphaltstraße, gehen nach links bis zur Kurve und nehmen dort den beginnenden **Saumweg** 🔳, der nach wenigen Metern auf das Santuario Madonna della Neve trifft, errichtet im Gedenken an die Pest von 1634, die von plündernden Landsknechten eingeschleppt worden war.

Links zwischen Kirche und Felswand verläuft der Weg zunächst in einer dunklen Passage, dann geht es auf schönem Weg zwischen Weinreben hinauf nach Cassera. Wir treffen auf die Straße und gehen 20 m weiter rechts auf dem Weg weiter bis zur **Chiesa San Salvatore** 🔳, der Pfarrkirche von Arbosto mit ihrem großen Vorplatz. Benachbart lockt die Pizzeria „Bellavista" mit prächtigem Ausblick auf den See. Vom Beginn der Wanderung sind jetzt knapp 45 Min. unterwegs. Falls die Kirche geöffnet ist (in der Regel nur zur Messe am Sonntag), sollte man sich ihr reiches barockes Inneres nicht entgehen lassen: Erhalten sind u. a. Fresken des einheimischen Malers Antonio Maria Caracciolo (18. Jh.).

Bildstock am Beginn des Aufstiegs nach Caino

Im Folgenden gibt es mehrere Möglichkeiten:

1) Wer auf Nummer Sicher gehen will, folgt nun einfach der Asphaltstraße nach links, bis in einer Kurve oberhalb des Dörfchens Vico (dritte Steilkehre ab Kirchenplatz) der beschilderte **Fußweg „Pozzo di Vico - Caino"** 🔳 beginnt. Ihn steigt man, vorbei am alten Waschhaus, weiter hinauf durch die Wiesen. Bald treffen wir auf die **Straße nach Caino** 🔳, gehen nach rechts und gleich wieder links in die Via Masino, die nach wenigen Metern an einer großen, nagelneuen Apartmentanlage vorbeiführt – genau hier mündet der Weg der Variante 3), der durch die Wiesen heraufkommt.

2) Interessanter ist folgende Variante: Wir nehmen von der Kirchenpiazza San Salvatore die Straße nach links (Via Vico) und gehen vor dem Municipio rechts den schmalen gepflasterten Fußweg hinauf, Teilstück eines einstigen Maultierpfads (Mulattiera). Wir treffen bald wieder auf die Straße, überqueren sie auf dem Zebrastreifen und gehen den Weg weiter (Schild „Via Vico") bergan in den Ortskern von Vico mit seinem labyrinthisch anmutenden Netzwerk von kieselgepflasterten Gässchen. Wir bleiben im Dorf zunächst auf dem Hauptweg, verlassen ihn aber bei nach rechts (eventuell muss man im Ort ein wenig suchen, bis man den richtigen Abzweig findet) und steigen auf schmalen Weg hinauf zur Straße, die wir an einer Spitzkehre erreichen. Gegenüber steigt der unter 1) erwähnte Weg „Pozzo di Vico –

Wanderung 6
Von Domaso nach Sórico

500 m

Caino" durch die Wiesen hinauf. Bald treffen wir auf die **Straße,** gehen nach rechts und gleich wieder links in die Via Masino.

3) Auch diese Option hat ihren Reiz: Wir nehmen von der Chiesa San Salvatore die Straße nach links und zweigen in der zweiten Kurve in die **Via Antonio Maria Caracciolo** ab. Nach vielleicht 200 m (gleich nach zwei Häusern rechts) zweigt links ein nur in den Anfangsmetern betonierter **Weg** ab, der als schmaler Wiesenpfad hinaufführt zur **Via Masino.** Er mündet dort gegenüber der oben erwähnten großen Apartmentanlage.

> **Tipp**: Genau an der Einmündung der Via Masino führt ein Fußweg hinauf ins abgelegene Dörfchen **Caino**. Wer nach den stetigen Anstiegen noch Kraft und Lust hat, steigt die paar Minuten hinauf und findet oben die Dorfkirche San Sebastiano, eingebettet in saftig-grünen Rasen – ein besonders schöner Picknick- und Rastplatz mit tollem Rundblick weit ins Valtellina und Richtung Süden bis nach Bellagio. Auch das idyllische Caino selber ist mit seiner Beschaulichkeit und den alten Bruchsteinhäusern einen kleinen Bummel wert. Anschließend geht es auf demselben Weg wieder hinunter zur Via Masino.

Ab jetzt sind keine größeren Anstiege mehr zu bewältigen. Wir folgen der nur am Beginn asphaltierten Via Masino, die sich als breiter Fahrweg weitgehend eben durch Wiesen in ein Waldgebiet hineinzieht. Ab und an passiert man alleinstehende Gehöfte, teils neu gebaut, teils Ruinen, weit vorne sieht man schon Aurogna, das nächste Etappenziel. Wir überqueren einen Wasserlauf und gelangen schließlich im Laubwald zum Ende der **Fahrspur.**

Erfrischender Brunnen in Aurogna

Von hier geht es auf schmalem Pfad weiter, wir überqueren im Valletta di Vercana einen schmalen Bachlauf und erreichen bald das Dorf Aurogna, das noch
viel alte Bausubstanz besitzt. Die Asphaltstraße verläuft am unteren Ortsrand,
man kann aber auch in die alten Dorfgässchen hinaufsteigen. An der Piazza am
Ortsende, dort wo die Asphaltstraße von Gera Lario heraufkommt, lockt ein erfrischender Brunnen.

Nun beginnt der Abstieg: Wir gehen ein kleines Stück die Straße in Richtung Gera Lario und verlassen sie beim **Haus Nr. 4** 🟦 nach rechts auf einem schmalen
Pfad ins Grüne. Wir treffen auf den Sportplatz, umgehen ihn und erreichen bald
die **Straße** 🟦. Gegenüber geht es ein kleines Stück geradeaus weiter (Stufen),
dann biegen wir rechts ab und erreichen bald wieder die Straße 🟦. Hier folgen
wir der Straße nach links und verlassen sie nach der nächsten steilen Serpenti-
nenkurve 🟦 und kürzen ein Stück ab, bis wir wieder auf die Straße treffen. Dieser
folgen wir nach links bis zur großen und weithin sichtbaren Kirche **San Vincenzo**
🟦 folgen, die am südlichen Ortseingang von Gera Lario an der Durchgangsstraße
steht (→ S. 109).

Wir gehen jetzt über die kleine Straßenbrücke nach links, überqueren die Straße
auf dem Zebrastreifen und folgen dem kanalisierten Bett des Bachs San Vincenzo
zum Seeufer. Nun geht es den schönen Promenadenweg am See entlang, wir passieren den Hafen und die Uferwiesen mit Vergnügungszone (Hüpfburg, Spielgeräte
etc.), genießen die schönen Ausblicke aufs andere Seeufer, gehen an den Campingplätzen vorbei und erreichen bald die **Piazza von Sorico** 🟦. In der dortigen Bar
kann man sich erfrischen, während man auf den Bus wartet. Die Tickets gibt es in
der Bar „Piscen" neben der Kirche, die Haltestelle (Schild) liegt ein Stück weiter in
Richtung Domaso neben der Pizzeria „Spluga".
Wer noch Lust hat, kann von Sorico aus zur etwas erhöht stehenden Wallfahrtskirche San Miro hinaufsteigen (→ S. 107).

Wanderung 7: Von Menaggio über den Sasso Rancio nach Acquaseria

Charakteristik: Abwechslungsreiche Wanderung mit Panoramablicken hoch über dem Seeufer, am besten an einem sonnigen Tag gehen. Zunächst steigt man in Menaggio hinauf, dann geht es durchs Grüne ins Dörfchen Nobiallo. Die anschlie-ßende Überquerung des Felskaps Sas-

Bei der Kirche Madonna della Pace beginnt der Aufstieg zum Sasso Rancio

so Rancio (orangeroter Felsen) galt frü-her als gefährlich – heute ist sie wegen des steilen Aufstiegs nur anstrengend, belohnt wird man aber mit herrlichen Ausblicken über den See. Zum Ende der Wanderung gemächlicher Spazier-weg bis Acquaseria, dort schöne Ba-demöglichkeit. Zurück geht es rasch per Bus. **Dauer**: reine Gehzeit ca. 2 Std. **Einkehr**: Trattoria La Vecchia Magnolia (→ Menaggio, S. 124), Bars in Nobiallo. **Ausgangspunkt**: Piazza Garibaldi in Menaggio.

Wir starten an der **Piazza Garibaldi** ❶ in Menaggio und gehen zunächst durch die Fußgängerzone zur Pfarrkirche Santo Stefano. Hinter der Kirche neh-men wir die Via Leoni nach rechts und biegen gleich links in die kieselgepflas-terte **Via Castellino da Castello** ab ❷ An der Gabelung vor einem **Nymphä-um** [3] mit Quelle nehmen wir rechts den von Mauern gesäumten Weg namens „Strecioum" und erreichen bald die Brücke Ponte di Cheglio über den Wildbach Senagra. Wir überqueren sie und steigen parallel zum Fluss hin-auf, bis wir zur Via Nazario Sauro kommen. Hier gehen wir rechts in Richtung Loveno und Villa Vigoni. Nach dem Hotel „Loveno" kürzen wir links auf einem **Stufenaufgang** ❹ den Weg ab und treffen wieder auf die Via Nazario Sauro. Die-se gehen wir nach links und steigen hinauf zum **Oratorio San Rocco** [5]. Rechts davon steigt ein schmaler Pflasterweg weiter hinauf, wir queren eine Straße und erreichen schließlich etwa 30 Min. nach Wanderbeginn die Trattoria **La Vecchia Magnolia** [6], eventuell ein Plätzchen für eine Pause.

Weiter geht es auf der Via Fabio Filzi in Richtung See, vorbei an einer opulenten Ju-gendstilvilla unter der Nummer 37. Wir queren die **Via per la Grona** ❼ und neh-men gegenüber die alte Mulattiera (Maultierweg) namens „Ghidolda". Hier verlas-sen wir nun Menaggio und wandern mit Blick auf den See bergab, ein schöner Weg mit üppiger Vegetation zwischen Wiesen und Sträuchern, später durch Wald und teilweise gepflastert. Nach einer Metallbrücke erreichen wir einen **Steinbruch** ❽. Hier endet der Weg abrupt oberhalb einer abwärts führenden Straße. Wir können aber nach links durch den Steinbruch ausweichen und erreichen so problemlos die Straße, die hinunter ins Küstendorf Nobiallo führt. Bei der Kirche **Santi Bartolomeo e Nicola** ❾ mit ihrem schiefen Glockenturm sind wir etwa eine Stunde unterwegs.

Reinster Jugendstil in der Via Fabio Filzi

Hier befinden wir uns nun auf der Trasse der historische „Strada Regina" und folgen ihr durch den Ort. Vor uns sehen wir schon die Wallfahrtskirche **Madonna della Pace** etwas erhöht am Beginn des Anstiegs zum felsigen Sasso Rancio. Wir erreichen sie über eine malerische **Brücke 10** aus dem 14. Jh. und genießen den Blick bis zur Halbinsel Balbianello bei Lenno. Nun geht es gut 20 Min. auf schmalem Waldpfad bergauf, der anstrengendste Teil der Tour. Endlich endet der Aufstieg, und bei einer **Lichtung 11** können wir voraus einen Einschnitt sehen, den wir landeinwärts umgehen. Vereinzelt stehen hier Ruhebänke, und man kann die herrlichen Ausblicke auf den See genießen, auch Menaggio ist von hier aus zu sehen. Tief unten am See steht auf einem Vorsprung die imposante Villa Gaeta, die burgähnliche Palastvilla eines Industriellen, in der heute auch Ferienwohnungen vermietet werden. Eine moderne **Feriensiedlung 12** wird von hinten umgangen, Trittsicherheit ist auf dem schmalen Pfad hin und wieder erforderlich.

Nun sind es nur noch wenige Meter abwärts bis zur **alten Uferstraße 13**. Wir gehen auf ihr weiter, bis wir auf die verkehrsreiche **SS 340 14** treffen. Hier müssen wir vorsichtig ein kleines Stückchen am Randstreifen entlanglaufen, bis wir die Tunneleinfahrt der Galleria Sassoldo erreichen. Dort nehmen wir die alte Straße nach rechts, zweigen aber schon nach 20 m links auf einen grasbewachsenen **Fahrweg 15** ab, der uns hoch über der Staatstraße bequem durch die Wiesen nach Acquaseria führt. Vorbei an Gärtchen und Ferienhäusern erreichen wir die **Brücke 16** über den Wildbach Serio, von dem das Örtchen seinen Namen hat, und gehen hinunter zur Staatsstraße, wo wir in der **Bar Carlo 17** Bustickets kaufen können (So geschl.). Die Bushaltestelle liegt ein paar Meter in Richtung Menaggio (Abfahrtszeiten sind angeschlagen), gegenüber kann man zu einem hübschen Kiesstrand hinuntersteigen und die müden Füße ins Wasser halten.

Breglia

Plesio

Comer See

Madonna
della Pace
10
Brücke

Strada Regina

Nobiallo
Santi Bartolomeo
e Nicola
Steinbruch
8
9
Metallbrücke

Ghisallo

Via per la Grona **7**
Trattoria
La Vecchia Magnolia
6
Oratorio
San Rocco
Jugendstilvilla

5
Stufen-
aufgang
Strandbad
Lido

4
Hotel Loveno
Via Nazario Sauro
Ponte di Cheglio

Nymphäum
2
Via Castellino
da Castello
3
Santo Stefano

Menaggio

1 Piazza Garibaldi

11
Sasso Rancio

12
Feriensiedlung
Villa Gaeta

13
Alte Uferstraße

Galleria Sassoldo
14

Fahrweg **15**

Brücke **16** **17**
Acquaseria

Wanderung 7
Von Menaggio über den Sasso Rancio nach Acquaseria

400 m

Immer im Blickfeld: die Isola Comacina

Wanderung 8: Auf dem „Greenway del Lago di Como" von Colonno nach Cadenabbia

Charakteristik: Dieser schöne und leicht zu bewältigende Wanderweg in der westlichen Seemitte verbindet Colonno (südlich von Ossuccio) mit Cadenabbia. Er ist fast durchgehend asphaltiert oder gepflastert und mit blau-gelben Hinweisschildern bestens markiert, zusätzlich sind im Boden hübsche Metallscheiben mit der Aufschrift „Greenway del Lago di Como" eingelassen. Anstrengende Steigungen gibt es kaum, insofern ist die Tour besonders gut geeignet für Familien mit Kindern. Zunächst geht es in halber Höhe am See entlang und durch die Ortschaften, später läuft man auch direkt am See. Von den Höhenstellen genießt man die herrlichen Seepanoramen, besonders reizvoll ist der Blick auf die Isola Comacina. Hin oder zurück kann man mit dem Bus fahren, die nächste Bushaltestelle ist in der Ortsmitte von Colonno bei der „Bar Sport". Beim Startpunkt sind außerdem ausreichend Parkplätze vorhanden. Gut Pause machen kann man auf halber Strecke an der Uferpromenade von Lenno. **Dauer**: reine Gehzeit ca. 3 Std. **Einkehr**: Bar „Lido di Lenno" und Albergo/Ristorante/Bar „Plinio" in Lenno (Mi geschlossen). **Ausgangspunkt**: südliches Ortsende von Colonno

Am südlichen Ortsende von Colonno führt eine Straße im spitzen Winkel nach oben, der Beginn der Wanderung ist mit **blau-gelbem Schild** **1** markiert. Wir folgen dem Weg, der Colonno am Hang durchquert. Nach 20 Min. passieren wir den **Friedhof** **2**, der Panoramablick auf die Isola Comacina begleitet uns im weiteren Wegverlauf. Wenig später kommen wir an einer Wegkapelle vorbei, wo ein Treppenpenweg zur Uferstraße hinunterführt. Wir folgen aber unserem Wanderweg weiter, auf dem wir ebenfalls bald zur **Uferstraße** **3** gelangen. Wir überqueren sieund folgen einem stimmungsvollen Hohlweg zwischen Mauern, der durch den Ortsteil Spurano an alten Villen und Gärten vorbei bald wieder zur **Straße** **4** zurückführt.

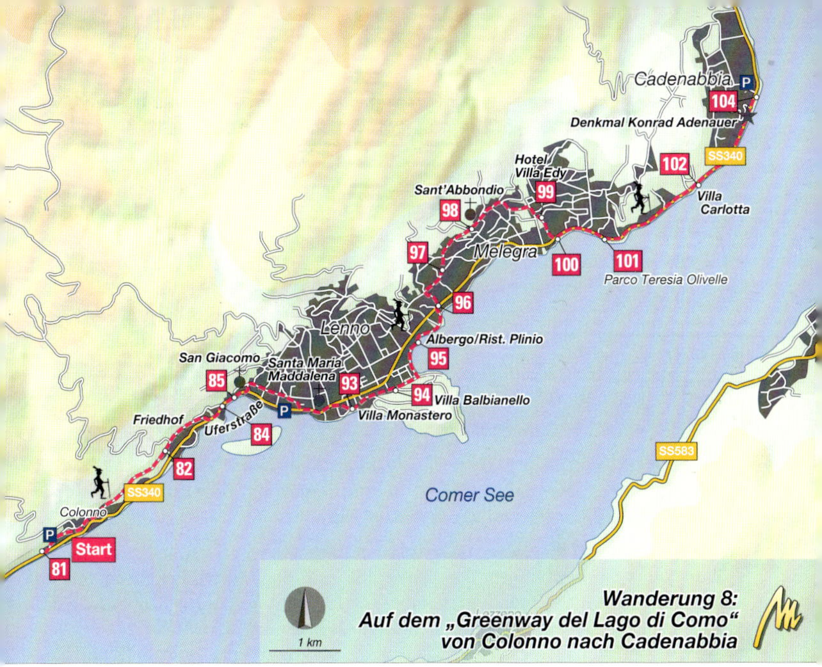

Wir folgen ihr ein Stück vorbei an der Kirche San Giacomo, in der noch Fresken erhalten sind (→ S. 138). Kurz darauf geht es landeinwärts der Straße eine **Treppe 5** hinauf, bei der Kreuzung weiter oben halten wir uns rechts und folgen der Via Castelli, vorbei an einem Spielplatz und einem großen Parkplatz. Ein Kreisverkehr wird überquert und die Straße senkt sich wieder zur Uferstraße. Wir folgen ihr ein Stück, vorbei an der Chiesa Santa Maria Maddalena mit ihrem auffallenden Glockenturm (→ S. 138). Gegenüber von einem Kriegsgefallenendenkmal zweigt der Weg von der Straße in Richtung See ab. Wir passieren die imposante Villa Balbiano

(durchs Parktor hat man einen schönen Blick auf Anwesen), überschreiten die Brücke über den Torrente Perlana und durchqueren im Folgenden den alten Ortskern von Ossuccio mit der **Villa Monastero 6** linker Hand.

Nach Verlassen des Ortskerns kommen wir an einer breiten Auffahrt vorbei, die wir aber ignorieren; stattdessen geht es auf dem Weg links davon weiter vorbei am Camping Lavedo. Bald erreichen wir den Zugang zur berühmten **Villa Balbianello 7** (→ S. 135) und dann bei der Bar „Lido di Lenno" die weite Bucht von Lenno. Wir folgen der Promenade noch bis zum **Albergo/Ristorante/Bar „Plinio" 8**, der ideale Platz für eine genussvolle Eisbecherpause.

Die Villa Balbiano in Ossuccio

Seit Beginn der Wanderung sind wir etwa 1:30 Std. unterwegs.

Weiter an der Uferfront entlang passieren wir das schöne alte Hotel San Giorgio mit Badestrand und kommen dann auf einem gepflasterten Treppenweg hinauf zur **Straße 9**. Die überqueren wir, gelangen dann durch grüne Wiesen den Hang empor und gehen oben nach **rechts 10** in den Ort Mezzegra. Mit schönen Seeblicken geht es vorbei an der „Residence Celeste" zur **Chiesa di Sant'Abbondio 11** mit großem Panoramavorplatz. Weiter durch Bonzanigo und beim **Hotel Villa Edy 12** rechts hinunter, über den Torrente Bolvedro und auf hübschem Weg durch Bolvedro di Tremezzo erneut zur **Uferstraße 13**.

Nun folgen wir nur noch der Straße und kommen vorbei an der schönen Villa La Quiete mit ihrem prächtigen Treppenzugang zum See, durch den **Parco Teresio Olivelli 14** mit dem Café „Acqua Cheta" (→ S. 130) und durch den Laubengang des Hotels „La Darsena", an das die Wellen des Sees klatschen. Es folgen das repräsentative Grand Hotel Tremezzo, kurz danach die berühmte **Villa Carlotta 15** und bald das Hotel Britannia. An der Promenade steht ein Denkmal des früheren Bundeskanzlers Konrad Adenauer, der hier Bocchia spielend seine Sommerferien verbrachte. Kurz nach dem Hotel Britannia folgt das Strandbad Lido di Cadenabbia, und am großen Parkplatz endet der **Greenway del Lago di Como 16**. Die Bushaltestelle für die Rückfahrt nach Colonno befindet sich beim Hotel Britannia.

MM-Wandern

Die innovativen Tourenbegleiter aus dem Michael Müller Verlag

GPS Tracks & Waypoints

Etwas Italienisch

Aussprache   (Hier nur die Abweichungen von der deutschen Aussprache)

c: vor e und i immer „*tsch*" wie in *rutschen*, z. B. *centro* (Zentrum) = „*tschentro*". Sonst wie „*k*", z. B. *cannelloni* = „*kannelloni*".

cc: gleiche Ausspracheregeln wie beim einfachen **c**, nur betonter: *faccio* (ich mache) = „*fatscho*"; *boccone* (Imbiss) = „*bokkone*".

ch: wie „*k*", *chiuso* (geschlossen) = „*kiuso*".

cch: immer wie ein hartes „*k*", *spicchio* (Scheibe) = „*spikkio*".

g: vor e und i „*dsch*" wie in *Django*, vor a, o , u als „*g*" wie in *gehen*; wenn es trotz eines nachfolgenden dunklen Vokals als „*dsch*" gesprochen werden soll, wird ein i eingefügt, das nicht mitgesprochen wird, z. B. in *Giacomo* = „*Dschakomo*".

gh: immer als „*g*" gesprochen.

gi: wie in *giorno* (Tag) = „*dschorno*", immer weich gesprochen.

gl: wird zu einem Laut, der wie „*lj*" klingt, z. B. in *moglie* (Ehefrau) = „*mollje*".

gn: ein Laut, der hinten in der Kehle produziert wird, z. B. in *bagno* (Bad) = „*bannjo*".

h: wird am Wortanfang nicht mitgesprochen, z. B. *hanno* (sie haben) = „*anno*". Sonst nur als Hilfszeichen verwendet, um c und g vor den Konsonanten i und e hart auszusprechen.

qu: im Gegensatz zum Deutschen ist das u mitzusprechen, z. B. *acqua* (Wasser) = „*akua*" oder *quando* (wann) = „*kuando*".

r: wird kräftig gerollt!

rr: wird noch kräftiger gerollt!

sp und **st:** gut norddeutsch zu sprechen, z. B. *specchio* (Spiegel) = „*s-pekkio*" (nicht *schpekkio*), *stella* (Stern) = „*s-tella*" (nicht „*schtella*").

v: wie „*w*".

z: immer weich sprechen wie in *Sahne*, z. B. *zucchero* (Zucker) = „*sukkero*".

Elementares

Frau …	*Signora*	Macht nichts	*Non fa niente*
Herr ...	*Signor(e)*	Bitte! (*gern geschehen*)	*Prego!*
Guten Tag	*Buon giorno*	Bitte	*Per favore...*
Guten Abend	*Buona sera*	(als Einleitung zu einer Frage oder Bestellung)	
(ab nachmittags!)		Sprechen Sie Englisch/Deutsch?	*Parla inglese/ tedescso?*
Gute Nacht	*Buona notte*	Ich spreche kein Italienisch	*Non parlo l'italiano*
Auf Wiedersehen	*Arrivederci*		
Hallo/Tschüss	*Ciao*	Ich verstehe nichts	*Non capisco niente*
Wie geht es Ihnen?	*Come sta?*	Könnten Sie langsamer sprechen?	*Puo parlare un po` più lentamente?*
Wie geht es dir?	*Come stai?*		
Danke, gut.	*Molto bene, grazie*	Ich suche nach...	*Cerco...*
Danke!	*Grazie*	Okay, geht in Ordnung	*va bene*
Entschuldigen Sie	*(Mi) scusi*		
Entschuldige	*Scusami/Scusa*	Ich möchte	*Vorrei*
Entschuldigung, können Sie mir sagen...?	*Scusi, sa dirmi...?*	Warte/Warten Sie!	*Aspetta/Aspetti!*
		groß/klein	*grande/piccolo*
ja	*si*	Geld	*i soldi*
nein	*no*	Ich brauche ...	*Ho bisogno ...*
Tut mir leid	*Mi dispiace*	Ich muss ...	*Devo ...*

in Ordnung	*d'accordo*	Toilette	*bagno*
Ist es möglich, dass ...	*È possibile ...*	verboten	*vietato*
		Wie heißt das?	*Come si dice?*
mit/ohne	*con/senza*	bezahlen	*pagare*
offen/geschlossen	*aperto/chiuso*		

Fragen

Gibt es/Haben Sie...?	*C'è ...?*	Wo? Wo ist?	*Dove?/ Dov'è?*
Was kostet das?	*Quanto costa?*	Wie?/Wie bitte?	*Come?*
Gibt es (mehrere)	*Ci sono?*	Wieviel?	*Quanto?*
Wann?	*Quando?*	Warum?	*Perché?*

Smalltalk/Orientierung

Ich heiße ...	*Mi chiamo ...*	... die Bushaltestelle	*...la fermata*
Wie heißt du?	*Come ti chiami?*	... der Bahnhof	*...la stazione*
Wie alt bist du?	*Quanti anni hai?*	Stadtplan	*la pianta della città*
Das ist aber schön hier	*Meraviglioso!/Che bello!/Bellissimo!*	rechts	*a destra*
		links	*a sinistra*
Von woher kommst du?	*Di dove sei tu?*	immer geradeaus	*sempre diritto*
Ich bin aus München/Hamburg	*Sono di Monaco, Baviera/di Amburgo*	Können Sie mir den Weg nach ... zeigen?	*Sa indicarmi la direzione per..?*
Bis später	*A più tardi!*	Ist es weit?	*È lontano?*
Wo ist bitte...?	*Per favore, dov'è..?*	Nein, es ist nah	*No, è vicino*

Bus/Zug

Fahrkarte	*un biglietto*	... der letzte?	*...l'ultimo?*
Stadtbus	*il bus*	Abfahrt	*partenza*
Überlandbus	*il pullman*	Ankunft	*arrivo*
Zug	*il treno*	Gleis	*binario*
hin und zurück	*andata e ritorno*	Verspätung	*ritardo*
Ein Ticket von X nach Y	*un biglietto da X a Y*	aussteigen	*scendere*
		Ausgang	*uscita*
Wann fährt der nächste?	*Quando parte il prossimo?*	Eingang	*entrata*

Auto/Motorrad

Auto	*macchina*	Reifen	*le gomme*
Motorrad	*la moto*	Kupplung	*la frizione*
Tankstelle	*distributore*	Lichtmaschine	*la dinamo*
Volltanken	*il pieno, per favore*	Zündung	*l'accensione*
Bleifrei	*benzina senza piombo*	Vergaser	*il carburatore*
Diesel	*gasolio*	Mechaniker	*il meccanico*
Panne	*guasto*	Werkstatt	*l'officina*
Unfall	*un incidente*	funktioniert nicht	*non funziona*
Bremsen	*i freni*		

Bank/Post/Telefon

Wo ist eine Bank?	*Dove c' è una banca*	Brief	*lettera*
Postamt	*posta/ufficio postale*	Briefkasten	*la buca*
Geldwechsel	*cambio*		*(delle lettere)*
Ich möchte Reise- schecks einlösen	*Vorrei cambiare dei* *traveller cheques*	Briefmarken Wo ist das Telefon?	*i francobolli* *Dov' è il telefono?*
Postkarte	*cartolina*		

Hotel/Camping

Haben Sie ein Einzel/ Doppelzimmer?	*C'è una camera* *singola/doppia?*	Halbpension	*mezza pensione*
Können Sie mir ein Zimmer zeigen?	*Può mostrarmi* *una camera?*	Frühstück Hochsaison	*prima colazione* *alta stagione*
Ich nehme es/wir nehmen es	*La prendo/la* *prendiamo*	Nebensaison Zelt	*bassa stagione* *tenda*
Haben Sie nichts Billigeres?	*Non ha niente che* *costa di meno?*	kleines Zelt Schatten	*canadese* *ombra*
mit Dusche/Bad	*con doccia/ bagno*	Schlafsack	*sacco a pelo*
ein ruhiges Zimmer	*una camera tranquilla*	warme Duschen	*docce calde*
Wir haben reserviert	*Abbiamo prenotato*	Gibt es warmes	*C'è l'acqua*
Schlüssel	*la chiave*	Wasser?	*calda?*
Vollpension	*pensione completa*		

Zahlen

der erste	*il primo*	halb	*mezzo*
zweite	*il secondo*	ein Viertel	*un quarto di*
dritte	*il terzo*	ein Paar	*un paio di*
einmal	*una volta*	einige	*alcuni*
zweimal	*due volte*		

0	*zero*	12	*dodici*	40	*quaranta*
1	*uno*	13	*tredici*	50	*cinquanta*
2	*due*	14	*quattordici*	60	*sessanta*
3	*tre*	15	*quindici*	70	*settanta*
4	*quattro*	16	*sedici*	80	*ottanta*
5	*cinque*	17	*diciassette*	90	*novanta*
6	*sei*	18	*diciotto*	100	*cento*
7	*sette*	19	*diciannove*	101	*centuno*
8	*otto*	20	*venti*	102	*centodue*
9	*nove*	21	*ventuno*	200	*duecento*
10	*dieci*	22	*ventidue*	1.000	*mille*
11	*undici*	30	*trenta*	2.000	*duemila*

Uhrzeit

Wie spät ist es?	*Che ore sono?*	viertel nach	*... e un quarto*
mittags	*mezzogiorno*	viertel vor	*... meno un quarto*
	(für 12 Uhr gebräuchlich)	halbe Stunde	*mezz'ora*
Mitternacht	*mezzanotte*		

Gestern, heute, morgen

heute	*oggi*	später	*più tardi*
morgen	*domani*	jetzt	*adesso*
übermorgen	*dopodomani*	der Morgen	*la mattina*
gestern	*ieri*	der Nachmittag	*il pomeriggio*
vorgestern	*l'altro ieri*	der Abend	*la sera*
sofort	*subito*	die Nacht	*la notte*

Wochentage

Tag	*giorno*	Donnerstag	*giovedì*
Woche	*settimana*	Freitag	*venerdì*
Montag	*lunedì*	Samstag	*sabato*
Dienstag	*martedì*	Sonntag	*domenica*
Mittwoch	*mercoledì*		

Monate

Monat	*mese*	Juli	*luglio*
Januar	*gennaio*	August	*agosto*
Februar	*febbraio*	September	*settembre*
März	*marzo*	Oktober	*ottobre*
April	*aprile*	November	*novembre*
Mai	*maggio*	Dezember	*dicembre*
Juni	*giugno*		

Jahreszeiten

Jahr	*anno*	Sommer	*estate*
halbes Jahr	*mezz'anno*	Herbst	*autunno*
Frühling	*primavera*	Winter	*inverno*

Maße & Gewichte

ein Liter	*un litro*	100 Gramm	*un etto*
ein halber Liter	*un mezzo litro*	200 Gramm	*due etti*
ein Viertelliter	*un quarto di un litro*	Kilo	*un chilo, due chili*
ein Gramm	*un grammo*		

Arzt/Krankenhaus

Ich brauche einen	*Ho bisogno*	Fieber	*febbre*
Arzt	*di un medico*	Durchfall	*diarrea*
Hilfe!	*Aiuto!*	Erkältung	*raffreddore*
Erste Hilfe	*pronto soccorso*	Halsschmerzen	*mal di gola*
Krankenhaus	*ospedale*	Magenschmerzen	*mal di stomaco*
Schmerzen	*dolori*	Zahnweh	*mal di denti*
Ich bin krank	*Sono malato*	Zahnarzt	*dentista*
Biss/Stich	*puntura*	verstaucht	*slogato*

Drogerie/Apotheke

Seife	*sapone*	Zahnpasta	*pasta dentifricia*
Tampons	*tamponi, o.b.*	Schmerztabletten	*qualcosa contro il dolore*
Binden	*assorbenti*	Kopfschmerzen	*mal di testa*
Waschmittel	*detersivo*	Abführmittel	*lassativo*
Shampoo	*shampoo*	Sonnenmilch	*crema solare*
Toilettenpapier	*carta igienica*	Pflaster	*cerotto*

Einkaufen

Haben Sie ...	*Ha ...?*	dieses hier	*questo qua*
Ich hätte gern ...	*Vorrei ...*	dieses da, dort	*questo là*
etwas davon	*un poco di questo*	Was kostet das?	*Quanto costa questo?*

Geschäfte

Apotheke	*farmacia*	Reinigung (chemische)	*lavanderia/ lavasecco*
Bäckerei	*panetteria*	Reisebüro	*agenzia viaggi*
Buchhandlung	*libreria*	Touristeninformation	*informazioni turistiche*
Fischhandlung	*pescheria*	Schreibwarenladen	*cartoleria*
Laden, Geschäft	*negozio*	Supermarkt	*alimentari, supermercato*
Metzgerei	*macelleria*		

Essen & Trinken

Haben Sie einen Tisch für x Personen?	*C'è un tavolo per x persone?*	Es war sehr gut	*Era buonissimo*
Ich möchte zahlen	*Il conto, per favore*	Trinkgeld	*mancia*
Gabel	*forchetta*	Extra-Preis für Gedeck, Service und Brot	*coperto/ pane e servizio*
Messer	*coltello*	Vorspeise	*antipasto*
Löffel	*cucchiaio*	erster Gang	*primo piatto*
Aschenbecher	*portacenere*	zweiter Gang	*secondo piatto*
Mittagessen	*pranzo*	Beilagen	*contorni*
Abendessen	*cena*	Nachspeise (Süßes)	*dessert*
Eine Quittung, bitte	*Vorrei la ricevuta, per favore*	Käse	*formaggio*

Getränke

Wasser	*acqua*	(einen) Kaffee	*un caffè*
Mineralwasser	*acqua minerale*	(das bedeutet Espresso)	
mit Kohlensäure	*con gas (frizzante)*	(einen) Cappuccino	*un cappuccino*
ohne Kohlensäure	*senza gas*	(mit aufgeschäumter Milch, niemals mit Sahne!)	
Wein	*vino*	(einen) Kaffee mit wenig Milch	*un latte macchiato*
weiß	*bianco*		
rosé	*rosato*	(einen) Eiskaffee	*un caffè freddo*
rot	*rosso*	(einen) Tee	*un tè*
Bier	*birra*	mit Zitrone	*con limone*
hell/dunkel	*chiara/scura*	Cola	*coca*
Saft	*succo di ...*	Milkshake	*frappè*
Milch	*latte*	(ein) Glas	*un bicchiere di ...*
heiß	*caldo*	(eine) Flasche	*una bottiglia*
kalt	*freddo*		

Alimentari/Diversi – Lebensmittel, Verschiedenes

aceto	Essig	*olio*	Öl
brodo	Brühe	*olive*	Oliven
burro	Butter	*pane*	Brot
marmellata	Marmelade	*panino*	Brötchen
minestra/zuppa	Suppe	*l'uovo/le uova*	Ei/Eier
minestrone	Gemüsesuppe	*zucchero*	Zucker

Erbe – Gewürze

aglio	Knoblauch	*prezzemolo*	Petersilie
alloro	Lorbeer	*sale*	Salz
capperi	Kapern	*salvia*	Salbei
pepe	Pfeffer	*senape*	Senf
peperoni	Paprika	*timo*	Thymian

Preparazione – Zubereitung

affumicato	geräuchert	*cotto*	gekocht
ai ferri	gegrillt	*duro*	hart/zäh
al forno	überbacken	*fresco*	frisch
con panna	mit Sahne	*fritto*	frittiert
alla pizzaiola	Tomaten/Knobl.	*grasso*	fett
allo spiedo	am Spieß	*in umido*	im Saft geschmort
al pomodoro	mit Tomatensauce	*lesso*	gekocht/gedünstet
arrosto	gebraten/geröstet	*morbido*	weich
bollito	gekocht/gedünstet	*piccante*	scharf
alla casalinga	hausgemacht	*tenero*	zart

Contorni – Beilagen

asparago	Spargel	*finocchio*	Fenchel
broccoletti	wilder Blumenkohl	*insalata*	allg. Salat
carciofo	Artischocke	*lattuga*	Kopfsalat
carote	Karotten	*lenticchie*	Linsen
cavolfiore	Blumenkohl	*melanzane*	Auberginen
cavolo	Kohl	*patate*	Kartoffeln
cetriolo	Gurke	*piselli*	Erbsen
cicoria	Chicoree	*polenta*	Maisbrei
cipolla	Zwiebel	*pomodori*	Tomaten
fagiolini	grüne Bohnen	*riso*	Reis
fagioli	Bohnen	*spinaci*	Spinat
funghi	Pilze	*zucchini*	Zucchini

Pasta – Nudeln

cannelloni	gefüllte Teigrollen	*penne*	Röhrennudeln
farfalle	Schleifchen	*tagliatelle*	Bandnudeln
fettuccine	Bandnudeln	*tortellini*	gefüllte Teigtaschen
fiselli	kleine Nudeln	*tortelloni*	große Tortellini
lasagne	Schicht-Nudeln	*vermicelli*	Fadennudeln
maccheroni	Makkaroni	*gnocchi*	(Kartoffel-) Klößchen

Pesce e frutti di mare – Fisch & Meeresgetier

aragosta	Languste	*polpo*	Krake
aringhe	Heringe	*razza*	Rochen
baccalà	Stockfisch	*salmone*	Lachs
calamari	Tintenfische	*sardine*	Sardinen
cozze	Miesmuscheln	*seppia/totano*	großer Tintenfisch
gamberi	Garnelen	*sgombro*	Makrele
merluzzo	Schellfisch	*sogliola*	Seezunge
muggine	Meeräsche	*tonno*	Thunfisch
nasello	Seehecht	*triglia*	Barbe
orata	Goldbrasse	*trota*	Forelle
pesce spada	Schwertfisch	*vongole*	Muscheln

Carne – Fleisch

agnello	Lamm	*lingua*	Zunge
anatra	Ente	*lombatina*	Lendenstück
bistecca	Beafsteak	*maiale*	Schwein
capretto	Zicklein	*maialetto*	Ferkel
cinghiale	Wildschwein	*manzo*	Rind
coniglio	Kaninchen	*pollo*	Huhn
fagiano	Fasan	*polpette*	Fleischklöße
fegato	Leber	*trippa*	Kutteln
lepre	Hase	*vitello*	Kalb

Frutta – Obst

albicocca	Aprikose	*lamponi*	Himbeeren
ananas	Ananas	*limone*	Zitrone
arancia	Orange	*mandarino*	Mandarine
banana	Banane	*mela*	Apfel
ciliegia	Kirsche	*melone*	Honigmelone
cocomero	Wassermelone	*pera*	Birne
dattero	Dattel	*pesca*	Pfirsich
fichi	Feigen	*pompelmo*	Grapefruit
fragole	Erdbeeren	*uva*	Weintrauben

Abruzzen • Ägypten • Algarve • Allgäu • Allgäuer Alpen *MM-Wandern* • Altmühltal & Fränk. Seenland • Amsterdam *MM-City* • Andalusien • Andalusien *MM-Wandern* • Apulien • Athen & Attika • Australien – der Osten • Azoren • Bali & Lombok • Baltische Länder • Bamberg *MM-City* • Barcelona *MM-City* • Bayerischer Wald • Bayerischer Wald *MM-Wandern* • Berlin *MM-City* • Berlin & Umgebung • Bodensee • Bretagne • Brüssel *MM-City* • Budapest *MM-City* • Bulgarien – Schwarzmeerküste • Chalkidiki • Cilento • Cornwall & Devon • Dresden *MM-City* • Dublin *MM-City* • Comer See • Costa Brava • Costa de la Luz • Côte d'Azur • Cuba • Dolomiten – Südtirol Ost • Dominikanische Republik • Ecuador • Elba • Elsass • Elsass *MM-Wandern* • England • Fehmarn • Franken • Fränkische Schweiz • Fränkische Schweiz *MM-Wandern* • Friaul-Julisch Venetien • Gardasee • Gardasee *MM-Wandern* • Genferseeregion • Golf von Neapel • Gomera • Gomera *MM-Wandern* • Gran Canaria • Graubünden • Griechenland • Griechische Inseln • Hamburg *MM-City* • Harz • Haute-Provence • Havanna *MM-City* • Ibiza • Irland • Island • Istanbul *MM-City* • Istrien • Italien • Italienische Adriaküste • Kalabrien & Basilikata • Kanada – Atlantische Provinzen • Kanada – der Westen • Karpathos • Katalonien • Kefalonia & Ithaka • Köln *MM-City* • Kopenhagen *MM-City* • Korfu • Korsika • Korsika Fernwanderwege *MM-Wandern* • Korsika *MM-Wandern* • Kos • Krakau *MM-City* • Kreta • Kreta *MM-Wandern* • Kroatische Inseln & Küstenstädte • Kykladen • Lago Maggiore • La Palma • La Palma *MM-Wandern* • Languedoc-Roussillon • Lanzarote • Lesbos • Ligurien – Italienische Riviera, Genua, Cinque Terre • Ligurien & Cinque Terre *MM-Wandern* • Liparische Inseln • Lissabon & Umgebung • Lissabon *MM-City* • London *MM-City* • Lübeck *MM-City* • Madeira • Madeira *MM-Wandern* • Madrid *MM-City* • Mainfranken • Mallorca • Mallorca *MM-Wandern* • Malta, Gozo, Comino • Marken • Mecklenburgische Seenplatte • Mecklenburg-Vorpommern • Menorca • Mittel- und Süddalmatien • Mittelitalien • Montenegro • Moskau *MM-City* • München *MM-City* • Münchner Ausflugsberge *MM-Wandern* • Naxos • Neuseeland • New York *MM-City* • Niederlande • Niltal • Nord- u. Mittelgriechenland • Nordkroatien – Zagreb & Kvarner Bucht • Nördliche Sporaden – Skiathos, Skopelos, Alonnisos, Skyros • Nordportugal • Nordspanien • Normandie • Norwegen • Nürnberg, Fürth, Erlangen • Oberbayerische Seen • Oberitalien • Oberitalienische Seen • Odenwald • Ostfriesland & Ostfriesische Inseln • Ostseeküste – Mecklenburg-Vorpommern • Ostseeküste – von Lübeck bis Kiel • Östliche Allgäuer Alpen *MM-Wandern* • Paris *MM-City* • Peloponnes • Pfalz • Pfalz *MM-Wandern* • Piemont & Aostatal • Piemont *MM-Wandern* • Polnische Ostseeküste • Portugal • Prag *MM-City* • Provence & Côte d'Azur • Provence *MM-Wandern* • Rhodos • Rom & Latium • Rom *MM-City* • Rügen, Stralsund, Hiddensee • Rumänien • Rund um Meran *MM-Wandern* • Sächsische Schweiz *MM-Wandern* • Salzburg & Salzkammergut • Samos • Santorini • Sardinien • Sardinien *MM-Wandern* • Schleswig-Holstein – Nordseeküste • Schottland • Schwarzwald Mitte/Nord *MM-Wandern* • Schwäbische Alb • Shanghai *MM-City* • Sinai & Rotes Meer • Sizilien • Sizilien *MM-Wandern* • Slowakei • Slowenien • Spanien • Span. Jakobsweg *MM-Wandern* • St. Petersburg *MM-City* • Südböhmen • Südengland • Südfrankreich • Südmarokko • Südnorwegen • Südschwarzwald • Südschwarzwald *MM-Wandern* • Südschweden • Südtirol • Südtoscana • Südwestfrankreich • Sylt • Teneriffa • Teneriffa *MM-Wandern* • Thassos & Samothraki • Toscana • Toscana *MM-Wandern* • Tschechien • Tunesien • Türkei • Türkei – Lykische Küste • Türkei – Mittelmeerküste • Türkei – Südägäis • Türkische Riviera – Kappadokien • Umbrien • Usedom • Venedig *MM-City* • Venetien • Wachau, Wald- u. Weinviertel • Westböhmen & Bäderdreieck • Warschau *MM-City* • Westliche Allgäuer Alpen und Kleinwalsertal *MM-Wandern* • Westungarn, Budapest, Pécs, Plattensee • Wien *MM-City* • Zakynthos • Zentrale Allgäuer Alpen *MM-Wandern* • Zypern

Register

Abbadia-Lariana 98
Abbazia di Piona,
   Kloster 81
Acquaseria 119
Adenauer, Konrad 128
Airolo 32
Albonico 76
Albulapass 32
Angeln 55
Annone di Brianza 188
Anreise, Bahn 34
Anreise,
   eigenes Fahrzeug 30, 32
Anreise, Fahrrad 37
Anreise, Flugzeug 36
Arbosto 238
Argegno 139
Ärztliche Versorgung 38
Asso 158
Augustinus 213
Aurogna 240

Baden 38
Bellagio 160
Bellano 85
Bene Lario 185
Bergamo 192
Blevio 159
Borgo di Garbagnate 190
Bosisio Parini 190
Breglia 127
Bresciadega 78
Brianza, Landschaft 188
Brienno 140
Brunate 151

Cadenabbia 128
Caino 239
Calozzo 117
Campari 209
Campodolcino 182
Canzo 171
Capriate 200

Carate Urio 141
Cascata dell'Acquafraggia,
   Wasserfall 182
Cassera 238
Castello di Musso 116
Cavargna 186
Cernobbio 142
Certosa di Pavia,
   Kloster 219
Charlotte, Prinzessin 131
Cima di Porlezza 187
Civate 188
Codera 78
Colico 69
Colleoni, Bartolomeo 198
Como 143
Corenno Plinio 82
Cortinaccio 182
Cremia 117

Dascio 79
Delebio 84

Logenplatz Castello di Vezio (Varenna)

Dervio 83
Dizzasco 140
Domaso 109
Dongo 115
Donizetti, Gaetano 198
Dorio 82
Dosso del Lavedo,
  Halbinsel 133

Einkaufen 39
Esino Lario 97
Essen 42

Fallschirmspringen 55
Feiertage 50
Feste 49
Fiumelatte 96
Flora 20

Garlate 103
Garzola 138
Geld 50
Genico 116
Geografie 16
Gera Lario 108
Geschichte 24
Giulino di Mezzegra 132
Golf 56
Gravedona 113
Grigna, Berg 17, 96
Grimselpass 32
Grotta dei Bulberi,
  Höhle 159

Handy 57

Information 50
Internet 51
Isola Comacina, Insel 136

Julierpass 32

Kinder 51
Kitesurfen 56
Klima 53

L'Orrido, Wasserfall 86
Laghetto di Piona,
  Landschaft 80
Laglio 141
Lago del Segrino, See 191
Lago di Acquafraggia,
  See 183
Lago di Alserio, See 191
Lago di Annone, See 188
Lago di Garlate, See 99

Lago di Lugano
  (Luganer See)
  italienischer Teil, 184
Lago di Mezzola, See 76
Lago di Piano, See 184
Lago di Pusiano, See 190
Lanzo 140
Lasnigo 171
Lecco 99
Lenno 133
Lezzeno 159
Lierna 97
Limonta 158
Literatur 28
Loveno 125

Mandello del Lario 97
Manzoni,
  Alessandro 101, 214
Melzi d'Eril, Francesco 169
Menaggio 120
Mietwagen 61
Milano 201
Minitalia Leolandia,
  Vergnügungspark 200
Monte Berlinghera,
  Berg 227
Monte Bisbino, Berg 143
Monte Boletto, Berg 152
Monte Generoso, Berg 140
Monte Grona, Berg 127
Monte Legnoncino,
  Berg 83
Monte Legnone,
  Berg 82, 83
Monte Moregallo 157
Monte Pasquella, Berg 139
Monte Resegone,
  Berg 102
Moregallo 157
Motorrad (Autobahn) 62
Musso 116
Mussolini, Benito 132

Nesso 159
Nobiallo 127
Notrufe 38
Novate Mezzola 76
Nufenenpass 32

Olcio 98
Oliveto Lario 156
Onno 157
Oratorio di San Fedelino,
  Kirche 227, 230
Oria 187

Ossuccio 138
Osteno 187

Pannenhilfe 61
Paragliding 55
Pian di Spagna –
  Lago di Mezzola,
  Naturschutzgebiet 76
Pian di Spagna,
  Landschaft 76
Pianello del Lario 117
Piani d'Erna 102
Pigra 139
Piona, Halbinsel 81
Pizzo di Gino 186
Polenta 42
Porlezza 186
Pozzolo 110
Premana 88
Promillegrenze 62
Pusiano 190

Radfahren 56
Regio Insubrica 27
Reisepapiere 54
Reisezeit 53
Rezzonico 118
Rovenna 143

San Fedele 140
San Giovanni
  Bianco 200
San Mamete 187
San Pellegrino Terme 200
San Siro 119
San Vincenzo,
  Kirche 240, 109
San Vito 117
Santa Maria 119
Santuario della Madonna
  della Caravina 187
Sasso di Dascio 227
Sasso di Musso 116
Sasso Rancio 127
Savogno 183
Scaria 140
Segelfliegen 55
Segeln 56
Sorico 107
Sport 55
St. Gotthard-Pass 32

Taleggio 199
Tanken 61
Tauchen 56

Telefon 57
Torno 158
Tremezzina, Landschaft 106
Tremezzo 129

Übernachten 58
Umwelt 22

Val Codera, Tal 78
Val d'Intelvi 139, 140
Val Varrone, Tal 88
Valbrembo 200

Valchiavenna 174
Vallassina, Landschaft 171
Valmadrera 156
Valsolda, Tal 187
Varenna 89
Vassena 158
Veranstaltungen 49
Vercana 238, 110
Verceia 77
Verkehrsschilder 61
Verkehrsvorschriften 62
Versasio 102
Vezio 95

Viacard 31
Vico 238
Vinci, Leonardo da 216
Volta, Alessandro 151

Wandern 56
Wein 48
Windsurfen 57
Wirtschaft 22

Zoll 65

 Mit dem grünen Blatt haben unsere Autoren Betriebe hervorgehoben, die sich bemühen, regionalen und nachhaltig erzeugten Produkten den Vorzug zu geben.

ISBN 978-3-89953-739-0

Die in diesem Reisebuch enthaltenen Informationen wurden von dem Autor Eberhard Fohrer nach bestem Wissen erstellt und von ihm und dem Verlag mit größtmöglicher Sorgfalt überprüft. Dennoch sind, wie wir im Sinne des Produkthaftungsrechts betonen müssen, inhaltliche Fehler nicht mit letzter Gewissheit auszuschließen. Daher erfolgen die Angaben ohne jegliche Verpflichtung oder Garantie des Autors Eberhard Fohrer bzw. des Verlags. Autor und Verlag übernehmen keinerlei Verantwortung bzw. Haftung für mögliche Unstimmigkeiten. Wir bitten um Verständnis und sind jederzeit für Anregungen und Verbesserungsvorschläge dankbar.

Aktuelle Infos zu unseren Titeln, Hintergrundgeschichten zu unseren Reisezielen sowie brandneue Tipps erhalten Sie in unserem regelmäßig erscheinenden Newsletter, den Sie im Internet unter **www.michael-mueller-verlag.de** kostenlos abonnieren können.

Was haben Sie entdeckt?

Haben Sie eine gemütliche Trattoria, eine schöne Wanderung oder ein nettes Hotel entdeckt? Wenn Sie Ergänzungen, Verbesserungen oder neue Tipps zum Buch haben, lassen Sie es uns bitte wissen!

Schreiben Sie an: Eberhard Fohrer, Stichwort „Comer See" | c/o Michael Müller Verlag GmbH | Gerberei 19, D – 91054 Erlangen | eberhard.fohrer@michael-mueller-verlag.de